Hayykitap - 467
Hayat Güzeldir - 67

Gerçek Tıbbın 10 Şifresi
Prof. Dr. M. Canan Efendigil Karatay

Editör: Nihal Doğan

Kapak Tasarımı: Mükremin Seçim
Sayfa Tasarımı: Turgut Kasay

ISBN: 978-975-2477-75-9
1. Baskı: İstanbul, Şubat 2018
15. Baskı: İstanbul, Ekim 2022

Baskı: Yıkılmazlar Basım Yay.
Prom. ve Kağıt San. Tic. Ltd. Sti.
15 Temmuz Mah. Gülbahar Cad. No: 62/B
Güneşli - İstanbul
Sertifika No: 45464
Tel: 0212 630 64 73

Hayykitap
Zeytinoğlu Cad. Şehit Erdoğan İban Sk.
No: 36 Akatlar, Beşiktaş 34335 İstanbul
Tel: 0212 352 00 50 Faks: 0212 352 00 51
info@hayykitap.com
www.hayykitap.com
facebook.com/hayykitap
twitter.com/hayykitap
instagram.com/hayykitap
Sertifika No: 12408

Gerçek Tıbbın 10 Şifresi

Prof. Dr. M. Canan Efendigil Karatay

Prof. Dr. Canan Karatay

1943 yılında Elazığ'da doğdu. 1961 yılında Üsküdar Amerikan Kız Lisesi'nden, 1967 yılında da İstanbul Üniversitesi Tıp Fakültesi'nden mezun oldu.

1972 yılında İstanbul Üniversitesi Tedavi Kliniği'nde İç Hastalıkları Uzmanlık Eğitimi'ni tamamladıktan sonra, İngiliz hükümeti bursu ile Liverpool Regional Cardiac Center'da Kardiyoloji alanında uzmanlık eğitimine başladı.

1974-1976 yılları arasında İstanbul Üniversitesi Tedavi Kliniği'nde baş asistan olarak çalıştı. Bu sırada Türkiye'de bir kardiyolog olarak (cerrahi yardım almaksızın) bir ilki gerçekleştirdi. Kalıcı ve geçici kalp pili implantasyonu tekniğini başarıyla uyguladı. Koroner Yoğun Bakım'da 'Vena Subklavya Ponksiyon' tekniğini yerleştirdi.

1976-1978 yılları arasında, Güney Afrika Cape Town Üniversitesi Groote Schuur Hastanesi'nde, dünyada ilk kez kalp nakli ameliyatını gerçekleştirmiş olan Christiaan Barnard'ın ekibinde çalışarak, Doçentlik Tezi'ni kalp nakli yapılmış olan hastalar üzerinde gerçekleştirdi ve 1979 yılında doçent oldu.

İstanbul Üniversitesi Kardiyoloji Enstitüsü'nde, Cape Town'da eğitimini görmüş olduğu (şu anda ülkemizde yaygın bir şekilde uygulanmakta olan) 'femoral arter' yolu kullanılarak yapılan koroner anjiyografi tekniğini (Judgkin tekniği) yine ilk kez ülkemizde uyguladı ve bu uygulamayı ülkemize yerleştirdi.

1987-1995 yılları arasında State University of New York Health Science'ta kalp hastalıkları alanında araştırmalar yaptı.

1986 yılında Kalp Hastalıkları Uzmanı, 1998 yılında Profesör, 2002 yılında da 'European Cardiologist' (Avrupa Kalp Hastalıkları Uzmanı) oldu.

1995-1997 yılları arasında Gaziantep ve İstanbul'daki birçok özel hastanede, 'koroner yoğun bakım' ve 'koroner anjiyografi laboratuvarları'nı kurdu.

1997-2002 yılları arasında Yeditepe Üniversitesi Tıp Fakültesi, 2002-2006 yılları arasında da Kadir Has Üniversitesi Tıp Fakültesi'nde öğretim üyesi olarak görev yaptı.

2006-2010 yılları arasında Türkiye'deki ilk sağlık üniversitesi olan İstanbul Bilim Üniversitesi'nde Kurucu Rektör olarak görev yaptı.

2012 yılından itibaren Kadıköy Florence Nightingale Hastanesi'nde İç Hastalıkları ve Kardiyoloji Profesörü olarak çalışmaktadır.

'Kolesterole Kuşkuyla Bakanların Uluslararası Ağı' (The International Network Of Cholesterol Skeptics-THINCS) ve 'Uluslararası D Vitamini Konseyi' üyesidir. Bu oluşumlardaki diğer üyeler ile sürekli bilgi alışverişinde bulunmakta ve tartışmalara aktif olarak katılmaktadır.

Profesör Karatay'ın *British Heart Journal, Cardiovascular Research, American Journal of Emergency Medicine, Europace, British Journal of Nutrition*ve *Türk Kardiyoloji Derneği Arşivi* gibi yerli ve yabancı birçok bilimsel dergide çalışmaları yayınlanmıştır.

M. Canan Efendigil Karatay, Ali Başak Karatay ile evlidir ve çiftin Mehmet Rahmi Karatay adında bir oğulları vardır.

Hayykitap'tan yayımlanan kitapları:

Gerçek Tıbbın 10 Şifresi, Şubat 2018
Anne Adayları ve Hamileler İçin Karatay Diyeti, Nisan 2015
Karatay Diyeti'yle Beslenme Tuzaklarından Kurtuluş Rehberi, Ekim 2013
Karatay Diyeti'yle Obezite ve Diyabete Çözüm Var, Şubat 2013
Karatay Mutfağı (ortak yazarlı), Mayıs 2012
Karatay Diyeti'yle Yaşam Boyu Sağlık, Kasım 2011
Karatay Diyeti, Nisan 2011

İÇİNDEKİLER

Önsöz

Dünya Sağlık Örgütü'nün Eylül 2017 basın bültenine göre, bütün dünyada antibiyotik rezistansı yani direnci ile sıkı bir mücadele gerekmektedir. Antibiyotiklere direnç gösteren enfeksiyonlar sürekli artmakta ve bütün dünya sağlığına çok ciddi bir tehdit oluşturmaktadır. Örneğin, tüberkülozda, yani akciğer veremi tedavisinde kullanılan antibiyotiklere karşı yaygın olarak direnç gelişmiş olduğundan, her sene maalesef bu nedenle 250.000 hasta kaybedildiği bildirilmiştir.[1] Netice itibariyle senelerden beri kullandığımız antibiyotikler artık işe yaramıyor. Bağırsaklarımızda bulunan DOST BAKTERİLERİ yok etmekten başka!

Oktay Akbal'ın belirtmiş olduğu gibi "*Önce Ekmekler Bozuldu!*" Bu bağlamda, ben de bir ilave yaparak "*Sonra Sağlığımız Bozuldu*" diyorum...

Karatay Diyeti ya da Karatay prensipleri, kilo vermek ya da 'fit' olmak amacıyla önerilmedi, önerilmiyor. Ben, yarım asırlık bir hekim, bir iç hastalıkları uzmanı ve aynı zamanda kardiyoji uzmanı olarak önerilerde bulunuyorum. Vücutta sinsi sinsi gelişen kronik dejeneratif hastalıkların başlamaması, başlamış olan hastalıkların iyileşmesi ve sağlıklı kalmak, sağlıklı yaşamak ve dinç yaşlanmak amacı doğrultusunda, asırlar boyunca insanoğlunun uygulamış olduğu beslenme ve yaşam biçimini hatırlatıp dile getiriyorum. Zaten mevcut olan geleneksel uygulamaları hatırlatıyorum ve bu uygulamaların insan sağlığına neden son derece yararlı olduklarını, en son elde edilen bilimsel çalışmaların sonucu olan bilgi ve belgelere dayanarak, en son gelişmelere değinerek ve kanıtlar göstererek açıklıyorum.

Bir organizmada dengelerin, neden ve nasıl bozulduğunu, bozulabileceğini açıklıyorum. Bozulmuş olan dengelerin, tekrar rayına oturabileceğinin mümkün olduğunu vurguluyorum. Organizmanın normal işlevlerini yapabilmesini hedefliyorum.

Bütün gelişmiş ülkelerde, devlet, hükümet ve ders programları bu öğretilerle yüklüdür ve sürekli bir şekilde uygulanmaktadır. Hükümetler,

---

1 The world is running out of antibiotics. WHO website (www.who.int).
© 2017 World Health Organization

aileler ve toplumun refahı ve huzuru için gerekli olan, en kolay ve en ucuz yolun artık sağlıklı yaşam biçimi ve sağlıklı doğal beslenmeden kaynaklandığının bilincine varmıştır ve anlamıştır. Bir ülkenin, bir toplumun ayakta kalabilmesi ve varlığını sürdürebilmesi için, toplumun temeli olan sağlıklı ve mutlu bireylerin çoğalması ve huzur içinde yaşaması gereklidir.

Bu bağlamda, 50 yıllık bir hekim, Kalp ve İç Hastalıkları Uzmanı olarak, çocukların, yeni ve genç jenerasyonların, annelerinden, babalarından, büyükannelerinden ve büyükbabalarından daha çok ve daha sık hastalandıkları, daha sık hastanelere, muayenehanelere koştukları gerçeğini üzülerek gözlemekteyim. Ne acıdır ki, 20-30 yaşlarındaki gençlerin birçoğu, kutu kutu ilaç kullanıyor ve bütün çabalara rağmen de sağlık sorunlarından ve sıkıntılarından kalıcı olarak kurtulmaları maalesef pek mümkün olmuyor.

Gerek ABD, gerek İngiltere gibi gelişmiş Batı ülkeleri, 21. yüzyılın en büyük sorunlarından biri olarak, *"Çocuklarımız bizlerden daha kısa ömürlü olacaktır"* endişesini yaşıyorlar. Çözüm aramaya ve bulmaya çabalıyorlar.

Bugüne kadar yazdığım kitaplarda, yaptığım açıklamalarda AYKIRI GÖRÜŞ diye ileri sürülen, 'aykırı görüş' diye ifade edilen, ama hiçbiri de yeni olmayan söylemler, elbette yeni jenerasyonları, gençleri şaşırtıyor. Oysa bu kitabı okuyunca, *"Bu bilgileri şimdiye kadar bize neden hiç kimse söylemedi, neden açıklamadı, neden ilk kez duyuyoruz"* diye yine şaşıracaksınız!

"Prof. Karatay bilimsel konuşmuyor, hiçbir kanıt göstermiyor" ifadelerine karşı şunu belirtmek isterim ki, bu kitapta 500 adetten fazla, en saygın bilim dergilerinde yayınlanmış olan, bağımsız bilimsel çalışma ve en az 20 bilimsel kitap yer almıştır. Referanslar arasında, Ekim 2017 dönemine kadar yayınlanmış olan en yeni bilimsel yayınlar dahi mevcuttur. Çünkü iki seneden beri üzerinde çalıştığım bu kitap, ancak Ekim 2017 tarihinde bitebilmiş ve yayınevine gönderilmiştir.

Sağlıklı olan bir organizma bütünüyle, dengeli bir şekilde saat gibi işler ve sürekli çalışır. Tabiatın bahşettiği bu denge bozulmaya başladığı zaman, taşlar da bir bir yerinden oynamaya başlar. Oysa bir organizma içinde, bir tek kan dolaşımı vardır. Tüm hücrelerimizin, organlarımızın ve metabolizmamızın işleyebilmesi için gerekli olan besin ögeleri, aynı kanla tüm hücrelerimize kadar ulaştırılır.

Bir organizmanın sağlıklı bir şekilde çalışabilmesi, ayakta durabilmesi için, ihtiyacı olan besinleri MAKRO VE MİKRO olarak iki grup altında toplayabiliriz. MAKRO BESİNLER, temel gıdalardır, olmazsa olmaz olanlardır. Bu besinler, doğal/sağlıklı yağlar, doğal/sağlıklı proteinler ve doğal/sağlıklı karbonhidratlardır.

Hiçbir ısıl ve kimyasal işlem görmemiş, temel olan MAKRO BESİNLERİN önemini ve faydalarını daha önce yayınlanmış olan, ***Karatay Diyeti, Karatay Diyeti'yle Yaşam Boyu Sağlık, Karatay Mutfağı, Karatay Diyeti'yle Obezite ve Diyabete Çözüm Var, Karatay Diyeti'yle Beslenme Tuzaklarından Kurtuluş Rehberi*** ve ***Anne Adayları ve Hamileler İçin Karatay Diyeti*** isimli kitaplarımda detaylı bir şekilde kaleme almıştım.

İşlenmiş, fabrikadan çıkmış, rafine olmuş, pakete girmiş, boyanmış, kimyasallarla raf ömrü uzatılmış, ısıl işlem görmüş, bütün MAKRO BESİNLERİ, bir organizmada bulunan hücreler, kullanmaya ya da faydalanmaya programlanmamıştır.

Bu nedenle, hakiki besin değeri olmayan, yapay kimyasal ilaçlar ve hormonlarla yetiştirilmiş yapay besinler organizmaya girince ya da arz olununca, vücutta bulunan her hücre, her organ ve her gudde şaşırıyor, ne yapacağını bilemiyor. Doğal sonuç olarak, tüm hormonlar, tüm enzimlerin dengeleri alt üst oluyor ve gereken görevini yapamıyorlar. Sonuç olarak da, organizmada yavaş yavaş sinsice gelişen, yıllar sonra ortaya çıkacak hastalıkların temelleri atılmış oluyor. Tüm vücut hücrelerinde, sinsi bir mücadele başlamış oluyor, sinsi bir vücut savaşının temeli en genç yaşlarda atılmış oluyor.

Doğallıktan uzaklaştıkça bütün bu saydıklarımız bizi hastalandırıyor. Bu konuda en başta, geçtiğimiz yıllarda kaybetmiş olduğumuz Rahmetli Prof. Dr. Ahmet Aydın (***7'den 70'e Taş Devri Diyeti***) olmak üzere, Prof. Dr. Ahmet Rasim Küçükusta (***Biri Bizi Hasta Ediyor, Adamın Biri Doktora Gitmiş Gidiş O Gidiş, Büyük Kolesterol Yalanları***), Doç. Dr. Yavuz Dizdar (***Yemezler***), Psikiyatri Uzmanı Dr. Mutluhan İzmir (***Antidepresan Tuzağı, Yaramaz Çocukları İlaçlamayın***) ve Patoloji&Fitoterapi Uzmanı Dr. Elif Güveloğlu (***Kanser İyileşir***) gibi saygın, bağımsız değerli bilim insanlarımız tarafından bilimsel referanslarla yazılmış birçok kitap senelerden beri bizleri aydınlatmaktadır.

Temeli atılmış olan sinsi mücadeleye, tıp dilinde mikropsuz olan KRONİK İNFLAMASYON diyoruz. Kronik inflamasyon, KRONİK DEJENERATİF VE KRONİK NÖRO-DEJENERATİF diye adlandırılan bütün hastalıkların ana nedenidir, temelidir. Bu hastalıkların tümü, karaciğer yağlanması ile birlikte başlayan ve gelişen KRONİK METABOLİZMA bozukluklarını işaret etmektedir.

Doğallıklarını kaybetmiş, işlenmiş, bozulmuş, kimyasallarla boyanmış, ilaçlanmış vb YAPAYLAŞTIRILMIŞ MAKRO BESİNLER, bu şekilde hücrelerin normal çalışmasını engellemeye başlayınca, MAKRO BESİNLERİN işlevlerini yapabilmeleri için gerekli olan, katalizör ya da kofaktör de dediğimiz MİKRO BESİNLER de vücuda yeterli oranda giremiyor ya da vücutta etkili bir şekilde üretilemiyor.

MİKRO BESİNLER katalizör olarak yetersiz kalınca, doğal ve işlenmemiş SAĞLIKLI MAKRO BESİNLER bozulmadan vücuda girmiş olsalar dahi, hücrelerimiz ve organlarımız tarafından besin olarak işlenemiyor ve kullanılamıyor maalesef!

Vücudumuzda yeterli miktarda katalizör ya da kofaktör bulunmadığı zaman da, tüm hücrelerimiz, tüm guddelerimiz, beynimiz, sinir sistemimiz, bağışıklık sistemimiz, gözlerimiz, tiroidimiz, kalbimiz, karaciğerimiz, pankreasımız, mide-bağırsak sistemimiz, üreme organlarımız, tırnaklarımız ve cildimiz dâhil, özetle bütün dokularımızda bozukluklar ve aksaklıklar ortaya çıkmaya başlıyor. KRONİK İNFLAMASYON başlamış oluyor ve sinsi olarak giderek artıyor.

İnsan vücudu bir okyanus gibidir, en ufak elementlerin bir arada uyum içinde bulunmaları ve çalışmaları gerekmektedir. Aynı zamanda insan vücudu bir MİKRO KOZMOZDUR. Nasıl ki uzayı MAKRO KOZMOZ olarak kabul ediyorsak, keşfedilmemiş olan bilemediğimiz belki binlerce yıldız, dünya, gezegen varsa, insan organizması da henüz tam olarak bütünüyle keşfedilmemiş bir MİKRO KOZMOZDUR. Dolayısıyla, insan vücudu ya da organizmasında da, keşfedilmeyi bekleyen, bilemediğimiz birçok enzim, birçok mekanizma, işlem ve etkileşim vardır. MİKRO KOZMOZ alanında da sürekli yeni bilimsel keşifler her gün ortaya çıkmaktadır.

Bu bağlamda, HİSTO-BİYOKİMYA BİLİMİ yani hücre ve biyokimya temel bilimleri, giderek tüm organizmada, beynimizde, sinir sistemimizde işlevi olan MİKRO BESİNLER dediğimiz vitaminler, mineraller, enzimler yani kofaktörlerin, katalizörlerin asıl görevlerini keşfetmeye başlamıştır ve yeni buluşlar, bilimsel olarak yayınlamaktadır.

Örnek verecek olursak, KRONİK İNFLAMASYON sonucu ortaya çıkan, şeker hastalığının bir İNSÜLİN DİRENCİ hastalığı olduğu, ALZHEİMER HASTALIĞININ da beynin insülin direnci hastalığı olduğu, mide bağırsak sistemimizin bir İKİNCİ BEYİN olduğu, KARDİYOVASKÜLER

HASTALIKLARIN temelinde karaciğer yağlanmasının bulunduğu,[2] diyabet hastalığının kardiyologlar için daha önemli hale geldiği[3] gibi birçok gerçek, bilim insanları ve tıp otoriteleri tarafından bildirilmiştir.

Gerek HİPOKRAT, gerek İBN-İ SİNA ve birçok bilim insanı, bütün hastalıkların bağırsaklarda başladığını asırlarca önce dile getirmişlerdir. İşte şimdi elimizde bulunan, ilerlemiş teknolojileri kullanan bilimsel araştırmacılar, bu bilgilerin ve hastalıkların köküne inebilmiş ve KRONİK İNFLAMASYONUN başlatan temel hücresel ve biyokimyasal düzeyde mekanizmaları ortaya çıkarmışlardır.[4]

Bugün artık, mide ve bağırsaklarımızda simbiyoz halinde birlikte yaşadığımız trilyonlarca canlı bakterinin bulunduğunu öğrenmiş bulunuyoruz. MİKROBİYOM dediğimiz faydalı bakterilerin, cinsini, şeklini, işlevlerini ve görevlerini, bir vücudun sağlıklı olmasında ya da sağlığını kaybetmesinde ne kadar önemli rolü olduğunu binlerce bilimsel araştırmanın yayınlanması ile görmüş oluyoruz ve hayretler içinde izliyoruz.

Elinizde bulunan bu kitap, binlerce bilimsel yayının incelenmesi sonucu ortaya çıkan bir sentez ve değerlendirme olarak kabul edilmelidir.

Bu bağlamda, 'mucize' diye pazarlanan tek bir otu ya da tek bir tohumu yemekle ya da herhangi bir meyveyi tüketmekle veya devamlı olarak sayısız ilaç kullanmakla, vücudumuzda senelerden beri oluşmuş KRONİK İNFLAMASYONUN düzeltilmesinin mümkün olmadığı ortaya çıkmıştır. KRONİK DEJENERATİF ve KRONİK NÖRO-DEJENERATİF HASTALIKLARI, yerleşmiş ve gelişmiş olan METABOLİK BOZUKLUKLARI düzeltmek, KRONİK İNFLAMASYONU gidermeden mümkün değildir diyebiliriz.

Kronik inflamasyonu önlemek elimizdedir, kronik hastalıkları başlatmamak, kronik hastalıklardan kurtulmak da mümkündür. Bilinenin aksine kronik dejeneratif ve kronik nöro-dejeneratif hastalıklar genetik değildir ve bu hastalıklar ilaç eksikliğine de bağlı değildir!

---

2 A study analyzing the medical data of more than 133,000 people shows that those with diabetes and a medical history of non-alcoholic fatty liver disease have a significantly higher risk of cardiovascular disease and mortality.
http://www.easl.eu/discover/news/do-you-have-diabetes-liver-disease-watch-out-for-cvd

3 Latest Updates for September 30, 2017. Has Diabetes Now Become More Relevant for the Cardiologist? *Medscape*. Has Diabetes Now Become More Relevant for the Cardiologist?

4 Gut Microbe-Mediated Suppression of Inflammation-Associated Colon Carcinogenesis by Luminal Histamine Production Chunxu Gao. Et al, DOI: http://dx.doi.org/10.1016/j.ajpath.2017.06.011

Elinizde bulunan bu kitapta, bu hastalıkları ve onları başlatan KRONİK İNFLAMASYONU önlemenin ve tedavi etmenin şifrelerini, bilimsel referanslar ışığında bulacaksınız.

MÖ 551-479 yılları arasında yaşayan Konfüçyüs, yaşadığı dönemde insanlara bireysel hayatlarında mutluluğa ulaşmaları amacıyla birçok öğüt vermiştir. Bunlardan birkaçı da şöyledir: *"Bilge olan kişi, insan kaybetmez, söz de kaybetmez... Bildiğini bilenin arkasından gidiniz, bildiğini bilmeyeni uyarınız, bilmediğini bilene öğretiniz, bilmediğini bilmeyenden kaçınız... Bilgi özgüveni, özgüven ise gücü yaratır... Bilgi insanı şüpheden, iyilik acı çekmekten, kararlı olmak korkudan kurtarır!"*

Doğru bilgi ile hastalıkların şifresini çözerek, tüm kronik dejeneratif hastalıklarınızdan ve bunlarla ilgili korkularınızdan kurtulmanız dileğiyle...

Prof. Dr. Canan Efendigil Karatay
İstanbul, Şubat 2018

TÜM ŞİFRELERİN ŞİFRESİ:

TIP BİR SANATTIR!

Anahtarlar:

Beslenme Tıbbı
İnsan Vücudunun Bütünlüğü
Hücre ve Organların Ahengi
Tüm Hastalıkların Temel Nedeni

Voltaire diyor ki: "*Tıp bir sanattır, kişileri oyalar, bu arada vücut kendi kendini iyileştirir ve toparlar!*"

Evet, gerçekten tıp bir sanattır, objesi İNSAN olan tek sanattır!

Ünlü İngiliz Patolog, modern patoloji biliminin kurucusu olan Sir William Osler de (adıyla anılan Osler nodüllerini bütün tıp öğrencileri bilir); "*TIP EĞİTİMİNDE EN ÖNEMLİ ÖĞRETMEN HASTADIR*" demiştir. Diğer bir deyişle, hastalık yoktur, hasta vardır! Her hastanın kendine has kişiliği ve özelliği vardır.

Karacaoğlan da diyor ki: "*MECLİSTE ARİF OL, KELAMI DİNLE. EL İKİ SÖYLERSE SEN BİRİN SÖYLE. ELİNDEN GELDİKÇE İYİLİK EYLE.*"

Hastayla konuşulmadan, hastayla iyi bir iletişim kurulmadan ya da özellikle hastayı bizzat dinlemeden ne yaparsak yapalım, hastanın tam olarak tedavi edilmesi, yani şifa bulması mümkün değildir.

Bu alanda yapılan araştırmalar da bütün dünyada hastaların müşterek ve tek şikâyetlerinin aynı olduğunu ortaya koymuştur! Yapılan araştırmaların sonucu, bütün dünyada hastaların en sık şikâyet ettikleri konunun 'HEKİMİMİN BENİ DİNLEMESİNİ İSTİYORUM' olduğunu belirlemiştir. Böylece, 'I WANT TO BE LISTENED TO, BY MY DOCTOR' diye bir ortak payda ortaya çıkmıştır.

İbni-Sina asırlarca önce, "*HER HASTA ÖZELDİR, HER HASTA KENDİ AİLESİ, KENDİ YAŞADIĞI, HATTA YETİŞTİĞİ ORTAM, İKLİM VE ÇEVRESİ İÇİNDE TEDAVİ EDİLMELİDİR*" demiştir.

Sözün özü, UZAKTAN KUMANDA İLE HASTA TEDAVİ EDİLEMEZ, EDİLMEMELİDİR DE, BU BÜYÜK BİR YANLIŞTIR!

Modern tıp uygulamaları amacıyla son 50-60 yıldan beri süregelmekte olan hekim eğitimi, maalesef yalnız 'HASTALIK' odaklı kılınmıştır.

Son 10-20 senedir tıp fakültelerinde hastalıklar anlatılmakta, hastalık ortaya çıktıktan sonra hangi şekilde tanı koyulacağı ve hangi tedavinin yapılacağı ya da önerileceği öğretilmektedir. Tıp fakültelerinin ders plan ve programları, maalesef artık hasta üzerine değil de hastalık odaklı olarak hazırlanmakta ve genç hekimler bu şekilde eğitilmektedirler.

Kısaca, hastanın kendisi değil de, önceden hazırlanmış bazı kriterlere bakılarak (kılavuzlar) hastalıklar tedavi edilmeye çalışılmaktadır! Tıbbi kılavuzların nasıl ve ne amaçla hazırlandıklarını önceki kitaplarımda açıklamış olduğum için[5] burada değinmeye gerek görmüyorum.

Bu nedenle, hastalıkları önleme, sağlığımızı koruma dersleri eğitim programlarında önemini maalesef kaybetmiştir ve çok az yer almaktadır. Teknoloji ilerlediği, tedavi amacıyla binlerce yeni ilaç keşfedilerek hastalara arz edildiği, genetik bilim ilerlediği halde, hastalıklar azalacağına nedense bir salgın şeklinde, mantarlar gibi giderek artmıştır.

En başta antibiyotikler (anti-biyo yani anti-canlı ilaçlar), kolesterol düşürücü ilaçlar yani statinler[6], antidepresan ilaçlar leblebi gibi kullandığı halde, ne öldürücü enfeksiyonlar ne kalp krizi ve inme ne şeker hastalıkları ve komplikasyonları ne de kanserler önlenebilmiştir!

Her türlü kanser hastalığı mantar gibi artarak devam etmektedir. Bu ve benzeri hastalıklarda kullanılan sentetik ilaçların etkili olamadığı birçok hastalık geliştiği gibi, leblebi gibi kullanılan bu ilaçların (başta antibiyotikler) birçok zararlı yan etkileri ortaya çıkmış, ayrıca ilaçlara karşı organizmalarda direnç gelişmiştir. Birkaç örnek verecek olursak, otoimmün hastalıklardan kronik tiroid hastalığı olan Haşimato, Tip-1 diyabet, kanserler, Alzheimer ve nörodejeneratif hastalıklar son yıllarda giderek artmıştır ve artmaya devam etmektedir.

Son yıllarda bütün gelişmiş ülkeler (genetik bilimi çalışmaları da dahil), hastalıkların temel nedenlerinin altında doğallıktan uzak sağlıksız beslenme, streslerle yüklü yaşam biçimleri ve toksik bir yaşam ortamı bulunduğunu bildirmektedirler.

Prof. Karatay, yayınlanmış olan bütün kitaplarında bu konuları açıklamaya, katıldığı televizyon/radyo programları ve halk konferanslarında detaylı ve açık bir şekilde bu konuları halka anlatmaya çalışmıştır.

Özetle, artık kesin olarak gösterilmiştir ki, eğer bir organizmada te-

---

5 Karatay, C. E., ***Karatay Diyeti,*** Hayykitap, İstanbul (Nisan 2011). Karatay, C. E., ***Karatay Diyeti'yle Yaşam Boyu Sağlık,*** Hayykitap, İstanbul (Kasım 2011). Karatay, C. E. & Doğan, N., ***Karatay Mutfağı,*** Hayykitap, İstanbul (Mayıs 2012). Karatay, C. E., ***Karatay Diyeti'yle Obezite ve Diyabete Çözüm Var,*** Hayykitap, İstanbul (Şubat 2013). Karatay, C. E., ***Karatay Diyeti'yle Beslenme Tuzaklarından Kurtuluş Rehberi,*** Hayykitap, İstanbul (Ekim 2013). Karatay, C. E., ***Anne Adayları ve Hamileler İçin Karatay Diyeti,*** Hayykitap, İstanbul (Nisan 2015).

6 February 28, 2012-FDA Warning on Statin Side Effects.
Safety Alerts Cite Cholesterol Drugs' side Effects. Federal health officials on Tuesday added new safety alerts to the prescribing information for statins, the cholesterol-reducing medications that are among the most widely prescribed drugs in the world, citing rare risks of memory loss, diabetes and muscle pain. It is the first time that the Food and Drug Administration has officially linked statin use with cognitive problems like forgetfulness and confusion, although some patients have reported such problems for years. Among the drugs affected are huge sellers like Lipitor, Zocor, Crestor and Vytorin.

mel hormonal ve enzimatik düzeylerde bozukluklar gelişmişse, eğer sonuç olarak vücutta bulunan hücreler sağlıklı bir şekilde çalışamıyorsa, bu temel bozukluklar giderilmeden hiçbir ilacın faydası yoktur ve de olmamaktadır.

Bu nedenle artık 'NUTRITIONAL MEDICINE', yani 'BESLENME TIBBI' diye bir kavram ortaya çıkmıştır. Gelişmiş ülkeler, 'BESLENME TIBBI'nın geç de olsa önemini kavramaya başlamıştır. Bilimsel araştırmalar da bu yönde yapılmaktadır. Deyim yerindeyse, rüzgârın yönü değişmeye başlamıştır.

Bizler artık kabul edelim ki, maalesef toksik bir dünyada yaşamaktayız. Havamız bozuldu, suyumuz bozuldu, toprağımız ve de denizlerimiz bozuldu. İklimler birbirine karıştı... Yiyeceklerimiz, içeceklerimiz doğallıklarını kaybetti ve hemen hemen çoğu yapay kimyasallarla yüklü endüstri ürünleri olarak önümüze sürülüyorlar. Temizlik ve hijyen için kullanılan malzemelerimiz de, canlı bir organizmanın kabul edemeyeceği, kullanamayacağı kadar binlerce tehlikeli kimyasal maddelerle yüklü.

Çocuklarımızda ve gençlerimizde şimdiye kadar görülmeyen birçok hastalık erken yaşlarda ortaya çıkmaya başladı. 5 Eylül 2016 tarihinde, Amerikan Gıda ve İlaç Kurumu olan FDA, halk sağlığını koruma amacıyla, sıvı sabunlara eklenen 19 adet kimyasal maddenin yasaklandığını yeni açıkladı.[7]

ABD'de ve İngiltere'de, 'Çocuklarımız bizlerden daha kısa ömürlü olacaklar' kaygısı 2005 yılından beri başlamış durumda.[8]

Büyük usta Oktay Akbal'ın 71 yıl önce, 1946 yılında yayınlamış olduğu ***Önce Ekmekler Bozuldu*** romanı, yaşadığımız dünyanın geleceğini açıklayan önemli bir eserdir. Bu bağlamda, Karatay da 'ÖNCE EKMEKLER BOZULDU, YILLAR SONRA DA SAĞLIĞIMIZ BOZULDU' ifadesini kullanmaktadır.

Oysa Türkiye coğrafyasında bulunan Anadolu toprakları buğdayın anavatanıdır! ABD'de son yıllarda popüler olan ve tahılı hayatımızdan çıkar-

7 September 5, 2016, 7:36 AM|Public health experts applaud a new FDA ban on chemicals in many antibacterial soaps. The government is targeting 19 ingredients found in soaps and body washes, saying they could do more harm than good. Companies have one year to remove the chemicals or take the products off store shelves. Dr. David Agus joins "CBS This Morning" from Los Angeles to discuss the ruling.

8 Olshansky SJ et al. A potential decline in the life expectancy in the United States in the 21st century. *Nejm.*, 2005; 352(11):1138-1145.

mamızı öneren kitaplarda, dünyada çok az miktarda bulunan ve 14 kromozomlu gerçek buğday olan SİYEZ'den bahsedilir. Gluten hassasiyetinin temel sebebi olarak görülen 42 kromozomlu MODERN/CÜCE BUĞDAY ile arasındaki farklar anlatılır. Ancak SİYEZ BUĞDAYININ BUGÜN SADECE ADADOLU TOPRAKLARINDA VE HALEN KENDİ TOHUMUNDAN DOĞAL OLARAK YETİŞTİRİLDİĞİ ANLATILMAZ.

Son yıllarda toplumda oluşan farkındalık ve talep doğrultusunda atalık buğday ve ekşi maya ile yapılmış ekmekler küçük butik üreticiler tarafından arz edilmeye başlandı.

Ancak genele baktığımızda, fırınlarda ekmek üretiminde MODERN BUĞDAY ve İNSTANT MAYA (endüstriyel maya) ile yüksek miktarda RAFİNE TUZ ve YAPAY KİMYASAL KATKI MADDESİ kullanımı yaygın. Sevindirici olan bir gelişme, Gıda Tarım ve Hayvancılık Bakanlığı'mız, 1 Temmuz 2013 tarihinden itibaren ekmeklere eklenen yapay kimyasal maddelerden 17 tanesinin yasaklandığını bildirmiştir.

Tıp fakültelerinde anlatılan ilk derslerin başında, 'Medicine 101' kodlu bir ders vardır. Tıp 101 kodlu olan bu ders, bir organizmanın fizyolojisini öğretir. Yani vücudun yapısında olan hücrelerin, organların normal çalışmasını ve görevlerini anlatan temel ve önemli bir bilim alanıdır FİZYOLOJİ.

Tıp fakültelerinde ileri senelerde ise, bozulmuş, normal görevini yerine getirmeyen fizyolojik olaylar anlatılır, yani FİZYOPATOLOJİ öğretilir. Bu bilgilerin üzerine de insan ve hasta bilgileri yerleştirilir. Bir hastanın durumunun irdelenmesi ise en önemli eğitim öğesidir, gerçekçi olan bir kanıttır. Hastanın anlattıkları, yaşadıkları iyi dinlenip irdelenirse, hastanın temel hastalığının tanısı %90 oranında koyulabilmektedir. Geri kalan %10 da, elle muayene ve laboratuvar verileri ile destek alınmasıdır.[9, 10]

9 Semptomdan-Teşhise.
10 Semiyoloji.

ORGANİZMANIN NORMAL ÇALIŞMASINI ÖĞRENMEDEN, BİLMEDEN, HASTALIKLARIN KLİNİK BELİRTİLERİNİ ANLAMAK MÜMKÜN OLAMAZ!

İnsan vücudu bir bütündür, sağlıklı bir vücut için, tüm hücre ve organların bir arada ahenk içinde çalışması şarttır. Dolaşımda bir tane kan bulunur. Vücudun her organına, her doku ve her hücresine aynı kan, temel beslenme öğelerini, oksijeni ve gıdalarımızda bulunan endüstriyel katkı maddelerini, yani kimyasalları ulaştırır.

Örülen bir duvarın altından bir iki tuğla çekilirse, o duvar yıkılmasa bile öne yatar, eğilir, yan yatar ve en ufak bir sarsıntıda da yerle bir olur. İşte insan vücudunda da temel olan bir iki ana öğe bozulmaya başladığı zaman, yavaş yavaş fizyolojik bozukluklar belirti vermeye ve belli belirsiz şikâyetler ortaya çıkmaya başlar! Hastalık belirtileri de her kişiye özel olarak yavaş yavaş kendini gösterir.

Kronik dejeneratif hastalıkların ileri yaşlarda ortaya çıkması bu nedenlerledir. Kronik dejeneratif hastalıkların temeli, ana rahminden itibaren atılmaktadır. Anne rahminde baş göstermesi, hastalığın genetik olduğunun kanıtı da değildir. Anne rahminde oluşan çeşitli çevresel faktörlere bağlıdır. Temel olarak, baba ve annenin beslenmesi ve yaşam biçimine bağlı olduğu gösterilmiştir. Annenin dolaşımından fetusa iletilen tehlikeli besin öğeleri önemli etkenlerden biridir. Örneğin bir annenin hamileliği sırasında aşırı kilo alıp almaması da son derece önemlidir. Normal yolla doğum olup olmaması, erken doğum ya da sezaryenle doğum olması önemli birer etkenlerdir.[11]

Ek olarak, bir bebeğin doğumdan sonra beslenmesinin de ileri yaşlarda ortaya çıkabilecek hastalıklar açısından son derece önemli olduğu bildirilmiştir. Ağustos 2016 tarihinde Amerikan Kalp Derneği olan (AHA), 2 yaşına kadar çocuklara şeker verilmemesini önermiştir. Yapılan bilimsel çalışmalarda 2 yaşına kadar şeker verilmeyen bebeklerde, ileri yaşlarda kalp krizi riskinin anlamlı oranda azaldığını gösterilmiştir.

Yıllardan beri yapılan bütün çalışma ve araştırmalar, kronik dejeneratif dediğimiz bütün hastalıkların temel nedeninin ortak bir paydası bulunduğunu ortaya koymuştur. Ana temel nedenin ne olduğunu anlamadan sağlıklı kalmamız mümkün değildir.

---

11 Karatay, C. E., *Anne Adayları ve Hamileler İçin Karatay Diyeti*, Hayykitap, İstanbul (Nisan 2015).

1. ŞİFRE:

VÜCUTTA SİNSİ SİNSİ BAŞLAYAN HASTALIKLARIN TEMEL NEDENİ KRONİK İNFLAMASYONDUR!

Anahtarlar:

Mikropsuz Kronik Yangın
Kronik Dejeneratif Hastalıklar
Kan Şekeri
İnsülin Hormonu
İnsülin Direnci
Diyabet Tedavisi

Kronik dejeneratif hastalıkların ortak noktası nedir?

Kronik dejeneratif hastalıkların ortak paydası kronik inflamasyon, yani mikropsuz olan kronik yangıdır. KRONİK İNFLAMASYONU DÜZELTMEDEN SAĞLIMIZA KAVUŞAMAYIZ.[12]

Eskilerin dediği gibi, *"Toprak sağlam olmaz ise, ektiğin hiçbir tohum yeşermez!"*

Kronik inflamasyon ne demek, açıklar mısınız?

İnflamasyonun sözlükte karşılığı, 'YANMA' ya da 'YANGIN' olarak geçmektedir.

İnflamasyon, organizmanın kendini korumak için aldığı önlem mekanizmasının göstergesidir. Bir organizmada inflamasyonun başlamış olması, o bedende doğal dengelerin bozulmuş olduğunun, gerekli birçok elzem öğenin eksik olduğunun, bazı toksik maddelerin vücuda girip dengeleri rayından çıkarmış olduğunun göstergesidir.

Vücudumuz son derece akıllıdır. Vücudumuzun doğal düzeni bozulmamışsa ve eğer saat gibi çalışıyorsa aklı başındadır. Kendine zararlı olacak, mükemmel olarak çalışan düzenini bozacak her türlü yabancı etkeni düşman olarak algılar, onları etkisiz kılmak için canla başla çalışır. Bütün organlarımız ve hücrelerimiz, kendilerini yabancı ve toksik maddelere karşı korumak için programlanmışlardır. Organizma yabancı zararlı etkenleri birer düşman olarak algılar, mücadele ederek onlardan kurtulmaya çabalar. Bu mücadelenin adı da 'İNFLAMASYON'dur!

Organizmada bir savaş mı oluyor yani?

Evet, aynen bir savaş gibidir. Vücudumuzu işgal ederek savaş, yani yangın çıkaran, inflamasyona neden olan başlıca iki tür etken vardır.

1. Birincisi, akut dediğimiz inflamasyondur. Akut inflamasyona neden olanlar/başlatanlar da mikroplar, bakteriler ve virüslerdir. Yani tüm mikrobik ajanların başlattığı ateşli enfeksiyonlardır. Akut yangıdır, akut inflamasyonlardır.
2. İkincisi, kronik dediğimiz inflamasyondur. Kronik inflamasyona ya da

12 Giugliano D. et al. The effects of diet on inflammation.: emphasis on thr metabolic syndrome. *J Am Coll Cardiol.*, August 15, 2006;48(4):677-685.

yangıya neden olan dış etkenler, yabancı maddeler, kimyasallar, toksinler, hava kirliliği, su ve yiyeceklerin kirliliği gibi, yaşayan canlı bir organizmanın, biyolojik bir varlığın kullanmaya programlamış olduğu dış ve çevresel öğelerdir.

Akut inflamasyon

Düşman bakteriler ve virüsler, davetsiz misafirlerdir. Organizmaya girip işgal eden, ateşimizi yükselten, yani vücudumuzda yangına neden olan bu düşmanları geri püskürtmek gerekmektedir. Tüm vücudumuzda, yangını söndürmek amacıyla derhal güçlü savaşçı askerler sahaya sürülür. GÜÇLÜ SAVAŞÇILARIMIZ, BEYAZ KAN HÜCRELERİMİZ, YANİ AKYUVARLAR DA DEDİĞİMİZ LÖKOSİTLERDİR.

Tüm vücudumuzda, işgal kuvvetleri ile organizmanın askerleri arasında amansız bir savaş başlar. Organizmada süregelen bu meydan savaşı işgal kuvvetlerinin tümü yok edilinceye kadar devam eder gider. İŞTE BU SÜRE İÇİNDE SAVAŞIN, YANİ AKUT İNFLAMASYONUNUN EN CİDDİ BELİRTİSİ, ATEŞİMİZİN YÜKSELMESİDİR! Ateşimizin yükselmesi, vücudumuzun savunma mekanizmasının güçlü olduğunun önemli bir göstergesidir. Ayrıca halsizlik, baş ağrısı, boğaz ağrısı gibi diğer birçok belirti de AKUT İNFLAMASYON göstergesidir.

Bir örnek daha verecek olursak, bir sinek ya da böcek soktuğunda cildimizde meydana gelen hafif kızarıklık, şişlik ve kaşıntı, hatta ağrı da AKUT İNFLAMASYON'un başka bir türüdür.

Kanımızda sayıları artmış olan beyaz kan hücreleri, yani lökositler mi akut inflamasyonunu/yangını başlatmıştır? Yoksa akut inflamasyonu/yangını önlemek/söndürmek için mi lökositlerin sayıları artmıştır?

Akut inflamasyonun/yangının, yani ateş yükselmesinin asıl nedeni, düşman bakteri ya da virüslerle lökositlerin girdiği savaştır, mücadeledir. Lökositlerimizin yükselmesi ise vücudumuzun doğal korunma mekanizmasının bir göstergesidir. Etkili ve yeterli bir antibiyotik tedavisi [13] ile düşman bakteriler yok edilince savaş da biter. Ateş düşer ve askerlerimiz yuvalarına döner-

13 Antibiyotik tedavisi prensiplerini, Uffe Ravnskov'un, *Kolesterol Gerçeği* (Hayykitap, İstanbul, Kasım 2012) kitabına yazdığım önsözde detaylı bir şekilde açıklamıştım.

ler. ATEŞİN DÜŞMESİ AKUT İNFLAMASYONUNUN SONA ERDİĞİNİN, İYİLEŞTİĞİMİZİN BELİRTİSİDİR. Özet olarak lökositler, mikrobik akut inflamasyonu, yani yangını/yangıyı söndürmek için çoğalmışlardır.

Burada şunu da açıklamamız gerekmektedir; antibiyotik denilen ilaçlar leblebi gibi kullanılmamalıdırlar! ANTİ-BİYO olan bu ilaçlar, ANTİ-CANLI, yani canlıya karşı demektir. Bağırsaklarımızda bulunan dost bakterileri de öldürürler ve başımıza ciddi sorunlar açarlar. Bu sebeple doktor kontrolünde, gerekli hallerde ve dikkatli kullanılmalıdır![14]

Kronik inflamasyon

İnflamasyonun ikinci türü, mikropsuz olan kronik dejeneratif inflamasyon, yani yangıdır. Vücudumuz, yabancı olan, toksik olan, kullanmaya programlanmamış olduğu dış öğelere maruz kaldığı zaman (bunu maruziyet diye adlandırmaktayız), tüm hücrelerimizin içyapısı, tüm hücrelerimizin çekirdekleri, tüm hücrelerimizin zarı bozulur.

Önemli diğer bir faktör de, sağlıklı beslenmeyen, sağlıklı yaşamayan bir organizmada, hücrelerimizin normal çalışmaları için elzem olan, yani şart olan birçok temel öğenin de yanlış beslenme sonucu giderek azalmasıdır.

Sonuçta biz farkında bile olmadan, hücrelerimizin normal çalışmaları yavaş yavaş bozulmaya başlamıştır. HÜCRESEL DÜZEYLERDE DÜŞÜK YOĞUNLUKLU SAVAŞLAR DEVAM EDER VE GİDEREK KRONİK DEJENERATİF HASTALIK BELİRTİLERİ BİR BİR BELİRMEYE, ORTAYA ÇIKMAYA BAŞLAR.

Kronik dejeneratif hastalıklar hangileridir?

Kronik dejeneratif hastalıklara, kardiyometabolik hastalıklar ve dismetabolik hastalıklar da diyebiliriz. Başta OBEZİTE olmak üzere, TANSİYON YÜKSEKLİĞİ, KALP KRİZİ, FELÇ, ŞEKER HASTALIĞI (dismetabolik has-

14 Antibiyotik kullanma kuralları geneldir ve her zaman geçerlidir. Örneğin bizim öğrencilik yıllarımızda, yani 1960'lı yıllarda antibiyotik olarak fazla seçeneğimiz yoktu. Üzerinde en hassasiyetle durulan antibiyotik ise penisilin iğnesinin kullanılmasıydı. Sözkonusu kullanım ilkelerini kısaca şu şekilde özetleyebilirim: Penisilin genelde bazı kişilerde alerjiye ve ölüme neden olabiliyor. Bu nedenle, eğer iğneyle tedavi yapılacaksa önce kişinin cilt altına sulandırılmış ufak bir miktar verilerek, o kişinin olası alerjik durumunun anlaşılması şarttır ve bu bir altın kuraldır. Antibiyotikler, ancak onlara hassas olarak bilinen bakterilerin neden olduğu enfeksiyonlara karşı kullanılmalıdır. Etkili bir antibiyotik tedavisi için gereken en yüksek doz, en kısa sürede kullanmalıdır (bakterilerin direnç geliştirmesi önlemek için). Virüslerin neden olduğu nezle ve grip enfeksiyonlarında antibiyotiklerin etkisi sıfırdır, kullanılmamalıdır.

talıktır), KRONİK TİROİDİT yani HAŞİMATO hastalığı, her türlü KANSER, DEPRESYON, ALZIEMER HASTALIĞI, UNUTKANLIK, KRONİK ARTRİT ve ARTROZLAR, EKLEM ve KAS AĞRILARI, POLİKİSTİK OVER, FİBROKİSTİK MEME VE FİBROMİYALJİ gibi hastalıklar, artık kronik dejeneratif hastalıklar olarak kabul edilmektedir. SAYDIĞIMIZ BU HASTALIKLARIN HEPSİ BAŞKA BAŞKA GİBİ GÖZÜKÜYOR OLSA DA, HEPSİNİN TEMELİNDE KRONİK İNFLAMASYON BULUNMAKTADIR.

Kronik inflamasyon düzeltilmeden bu hastalıklar iyileşmez.

Temel neden olan kronik inflamasyon ilaçlarla düzelmez! Bu sebeple bu tür hastalıklara, modern tıbbın önerdiği ilaçlarla tedavi çok masraflı ve meşakkatli olduğu için halk arasında 'zengin hastalığı' denmektedir ve modern tıbbın ilkeleri ile bu hastalıkları tedavi etmeye çalışan doktorlar, hastalara ve hasta yakınlarına *"Bu hastalıkla yaşamaya alışmalısın..."*, *"Ölünceye kadar bu ilaçları kullanacaksın..."* gibi sözler sarf etmektedirler. İlaç mahkûmu olan kronik dejeneratif hastalık sahibi hastalar ve hasta yakınları da kısır bir döngüye girmekte ve kullanılan ilaçların yan etkileriyle, bir zincir şeklinde yeni yeni hastalıklarla tanışmaktadırlar.

Karatay Diyeti ile başlayan Prof. Karatay kitapları işte bu hastalıkların beslenme ve yaşam biçimini iyileştirerek nasıl durdurulup geriletilebileceğini, yani iyileşebileceğini anlatmaktadır.[15]

Peki, bu hastalıklar nasıl başlamaktadır?

BU HASTALIKLARIN HİÇBİRİ GENETİK DEĞİLDİR AMA HEPSİ AİLESELDİR!

Bu hastalıklar, Harvard Tıp Fakültesi Beslenme Bölümü'nden Prof. Dr. David Ludwig'in de açıklamış olduğu gibi, SON 40 YILDA SALGIN GİBİ ARTMIŞTIR VE GENETİK DEĞİLLERDİR. Son 40 yıldan beri uygulanmakta olan az yağlı gibi yanlış beslenme politikaları sonucu mantar gibi artmışlardır.[16, 17]

---

15 Karatay, C. E., ***Karatay Diyeti***, Hayykitap, İstanbul (Nisan 2011). Karatay, C. E., ***Karatay Diyeti'yle Yaşam Boyu Sağlık***, Hayykitap, İstanbul (Kasım 2011). Karatay, C. E. & Doğan, N., ***Karatay Mutfağı***, Hayykitap, İstanbul (Mayıs 2012). Karatay, C. E., ***Karatay Diyeti'yle Obezite ve Diyabete Çözüm Var***, Hayykitap, İstanbul (Şubat 2013). Karatay, C. E., ***Karatay Diyeti'yle Beslenme Tuzaklarından Kurtuluş Rehberi***, Hayykitap, İstanbul (Ekim 2013). Karatay, C. E., ***Anne Adayları ve Hamileler İçin Karatay Diyeti***, Hayykitap, İstanbul (Nisan 2015).

16 Davids. Ludwig. Lowering the Bar on the Low-Fat Diet. JAMA, Published online. September 28, 2016.

17 Mozaffarian D, Ludwig DS. The 2015 US Dietary Guidelines: Lifting the ban on total dietary fat. *JAMA*, 2015;313(24): 2421-2422.

Bu hastalıklar genetik değildir, AİLESELDİR dedik. Yani aileler içinde sık görülen hastalıklardır. Nedeni de, annelerimizden, babalarımızdan ya da büyüklerimizden gördüğümüz şekilde ve alışkanlıklarla beslenmeye ve yaşamaya devam etmemizden dolayıdır.

Aynı zamanda ÇEVRESELDİR, çünkü toksik bir dünya içinde yaşamaktayız.[18, 19] YAŞAM BİÇİMİDİR, çünkü son yüzyılda modern yaşam tarzının benimsenmesiyle birlikte hareketsiz olarak yaşamayı sever olduk. Fizik aktivitelerimiz çok kısıtlı. Uykularımız düzensiz. Televizyon, bilgisayar, internet, cep telefonu gibi aygıtlardan hızlıca ve fazlaca aldığımız olumsuz haberler dolayısıyla endişe, kaygı hali çok fazla. Stres baskısı da...

Bilimsel olarak gösterilmiştir ki, DEPRESYON da dahil olmak üzere tüm bu saydığımız hastalıklar, YANLIŞ BESLENME VE YANLIŞ YAŞAMA SONUCU ORGANİZMADA MEYDANA GELEN KRONİK İNFLAMASYON SONUCU GELİŞMEKTEDİR.

Bu hastalıkların sevindirici olan ortak özellikleri de önlenebilir, düzeltilebilir olmalarıdır. ***Karatay Diyeti, Karatay Diyeti'yle Yaşam Boyu Sağlık*** ve ***Karatay Mutfağı*** kitaplarında detaylı olarak anlattığımız gibi, doğru beslenme ve sağlıklı yaşama biçimini seçerek uygulamaya başlandığında, bu hastalıkları başlatmamak ve bu hastalıklardan kurtulmak mümkün olmaktadır.

Kronik inflamasyon nasıl önlenir ve nasıl iyileşir?

Sağlığımızı elimize alarak bu hastalıklardan kurtulmak mümkün olmaktadır. KRONİK DEJENERATİF HASTALIKLARDAN KURTULMAK BİZZAT KENDİ ELİMİZDEDİR, BAŞKASININ ELİNDE DEĞİLDİR. Beslenme alışkanlıklarımızı değiştirerek, sağlıklı doğal beslenmeye başlayarak, işlenmiş yiyecek ve içeceklerden uzaklaşarak, hareket ve fizik aktivitemizi artırarak kronik dejeneratif hastalıkları yok etmek mümkündür. Bu yalnız ve yalnız kendi elimizdedir. Bir başkasının ya da doktorun elinde değildir.

Kronik inflamasyonu önlemek ya da kronik inflamasyonun başlatmış olduğu adı geçen kronik dejeneratif hastalıklardan kurtulmak için, KRONİK

---

18 Wang, X. *et al.* Oxidative stress and mitochondrial dysfunction in Alzheimer's disease. *Biochim Biophys Acta* 1842, 1240-1247 (2014) 10.1016/j.bbadis.2013.10.015.

19 Wyss-Coray, T. & Rogers, J. Inflammation in Alzheimer disease-a brief review of the basic science and clinical literature. *Cold Spring Harb Perspect Med 2*, a006346 (2012), 10.1101/cshperspect.a006346.

İNFLAMASYONU BAŞLATAN VE BU HASTALIKLARA NEDEN OLAN KAN ŞEKERİNİ, İNSÜLİN HORMONUNU VE İNSÜLİN FAKTÖRÜNÜ İYİ ANLAMAMIZ ŞARTTIR.

Neden? Kronik inflamasyonun, bütün kronik dejeneratif hastalıkların ortak paydası, şeker ve insülin hormonudur da ondan!

Karatay Diyeti'yle Obezite ve Diyabate Çözüm Var kitabında diyabet/şeker hastalığının karbonhidrat (şeker) metabolizmasının bozulmasıyla nasıl oluştuğunu detaylı olarak açıklamıştık.

Her ne kadar ŞEKER-İNSÜLİN ikilisi birbirinden ayrılamıyor olsa da, bizim öncelikle İNSÜLİN HORMONUNU yükselten KAN ŞEKERİNİ ele almamız gerekiyor!

Diyabet ya da şeker hastalığı demek, bir bakıma vücudumuza yiyeceklerimiz ve içeceklerimizle giren aşırı miktardaki glisemik indeksi yüksek rafine karbonhidratların vücudumuz tarafından artık etkili bir şekilde kullanamadığının, organizmanın aşırı karbonhidrat yükünü kaldıramadığının bir göstergesidir.

Vücut tarafından verilen mesaj şudur: "BEN ARTIK BU KADAR FAZLA VE GEREKSİZ KARBONHİDRAT YÜKÜNÜ KALDIRAMIYORUM, KULLANAMIYORUM!' Organizma ve tüm vücut, adeta isyan etmektedir. Tabii ki bu, bu önemli mesajı algılayana ya da anlayana son derece hayati önemi olan bir uyarıdır!

Organizmada artık dismetabolik bozukluk başlamıştır. Bu nedenle, hücrelerimiz kanda yüksek olarak dolaşan glukozu, yani yüksek kan şekerini kullanamaz haldedir. Organlarımız, kan şekerini kabul edemezler. Tüm vücut hücrelerinin kapıları, kan şekerinin yüzüne kapıları çarpmış, kapamışlardır ve açmamaktadırlar. Sonuç olarak da kanımızda yüksek olarak dolaşan glukoz dokularımıza zarar vermekte, dokuları ve hücrelerimizi tahrip etmektedir!

Yüksek kan şekeri, hücrelerimizde kronik inflamasyonu nasıl başlatıyor?

1. Yüksek kan şekeri, serbest oksijen radikallerini artırdığından dolayı hücrelerimizi tahrip eder.
2. Yüksek kan şekeri, hücrelerimizde bulunan proteinler ile de birleşerek vücudumuzda bulunan tüm hücreleri karamelize yapar. Ka-

ramelizasyonun doğal sonucu olarak tüm vücut hücrelerinde hasar oluşmaya başlar. Bilimsel olarak karamelizasyon olayına 'Maillard reaksiyonu' adı verilmektedir. Yanmış ya da kızarmış her türlü yiyecekte, özellikle glisemik indeksi yüksek rafine karbonhidratlı yiyeceklerde ve içeceklerde de 'Maillard' reaksiyonu meydana gelir. KARBONHİDRATLARIN, YANİ ŞEKERLERİN KAHVERENGİ RENGİNE DÖNÜŞMELERİ MAİLLARD REAKSİYONLARI SONUCUDUR.[20] Maillard reaksiyonu sonucu, kızartmaların ve çıtır yiyeceklerin lezzeti artmaktadır. Yüksek glisemik indeksli, yani vücutta kan şekerini hızla yükselten ve hızla düşüren rafine karbonhidratlı yiyecek ve içecekler hem acıktırdığı için hem de 'maillard reaksiyonu'nun sağladığı damak lezzeti için sık sık tüketilmek istenmektedir. KRONİK İNFLAMASYONU BAŞLATAN TEMEL FAKTÖRLERDEN BİRİ DE MAİLLARD REAKSİYONUDUR.

3. MAİLLARD REAKSİYONU ile hücre proteini ve şeker birleşince, yani karamelizasyon sonucu olarak gözlerde, kalp adalesinde, karaciğerimizde, bütün damarlarımızda, bütün sinir hücrelerimizde, beynimizde, cildimizde ve böbreklerimizde ve böbreküstübezlerimizde, tiroid, yumurtalıklar, testisler gibi endokrin organlarımızdaki hücrelerde tahribat oluşmaya başlar. Zarar gören bu organlarımız, hassas organlarımızdan özellikle tiroidimiz, karaciğerimiz, yumurtalıklarımız, testislerimiz giderek bozulur, fonksiyonları azalır ve etkili olarak çalışamaz hale gelir. Karamelize olduktan sonra, hücrelerimiz doğru dürüst çalışamaz. Hücrelerde tahribat meydana gelmiş olduğu için, hücreler hiçbir fonksiyonlarını yürütemez duruma gelmiştir.[21] KRONİK İNFLAMASYON ve dismetabolik bozukluk denilen olayın kendisi budur işte!
4. Ek olarak yüksek kan şekeri, hücrelerimizde AGE diye adlandırdığımız maddelerin artmasına ve çoğalmasına da neden olarak hücre ve dokulara zarar vermektedir. AGE ürünleri, (ileri glikasyon son

---

20 Ames, J.M. The Maillard browning reaction-an update. *Chemistry and Industry,* 17 (1988): 558-61.
21 Cutler M, 'Reverse Diabetes and Blood Sugar Problems with Forbidden Secrets from Nature's Pharmacy'. 2008, www.easyhelathoptions.com

ürünleri)[22, 23, 24] organizmada serbest oksijen radikalleri ile birlikte kronik inflamasyonu da sessiz sedasız başlatmaktadır. ŞEKER HASTALARININ KLİNİK İZLENMELERİ SIRASINDA KAN TETKİKLERİNDE ÖLÇÜLEN HbA1c de, 'GLİKOLİZE OLMUŞ HEMOGLOBULİN'DİR, yani KARAMELİZE OLMUŞ KIRMIZI KAN HÜCRESİNİN DEĞERİDİR ve ölçülebilen bir AGE ürünüdür.[25] Kronik dejeneratif hastalıkların, böylece temeli de birkaç yönden atılmış olmaktadır. Organizmada düşük yoğunluklu sinsi bir savaş, sinsi bir mücadele başlamıştır. KRONİK İNFLAMASYON giderek hücrelerimizi, organlarımızı biz farkında olmadan tahrip etmeye başlamıştır. İleri yaşlarda organlarımızın normal işlevleri bozulduğunda, çeşitli şekilde klinik hastalıklar karşımıza çıkacaktır. İleri yaşlar diyoruz, fakat bu hastalıklar ne yazık ki artık gençlerimizde ve çocuklarımızda da görülmeye başlamış durumdadır. Adeta bir salgın halinde giderek artmakta ve 1-2 yaşındaki çocuklarda bile Tip-2 şeker hastalığı ortaya çıkmaktadır.

5. Yüksek kan şekeri, hücrelerimizde ve kanımızda bulunan gerekli minerallerin de hızlı bir şekilde vücuttan atılmasına ve azalmasına neden olur. Hücrelerimizin içinde ve kanımızda elzem olarak bulunması gereken minerallerin düşük düzeylere inmesi ile birçok sağlık sorununa da neden olabiliyor. Bir nehrin alüvyonları sürüklediği gibi, yüksek kan şekeri de idrarla kanda bulunan elektrolitleri sürükleyerek, bu elzem olan faktörlerin azalmasına neden oluyor. KAN ŞEKERİ YÜKSEK SEYREDEN KİŞİLERİN SAĞLIĞINA KAVUŞABİLMESİ İÇİN, EKSİK VE DÜŞÜK OLAN ELEKTROLİT VE MİNERERALLER GİZLİ BİR ENGEL TEŞKİL EDİYOR.
6. Senelerden beri gerek hayvanlarda yapılmış olan deneysel çalışmalar,

---

22 Michael Brownlee, M.D. et al. Advanced Glycosylation End Products in Tissue and the Biochemical Basis of Diabetic Complications *N Engl J Med.*, 1988; 318:1315-1321May 19, 1988. DOI: 10.1056/NEJM198805193182007.

23 Bengmark S. Advanced glycation and lipoxidation end products-amplifiers of inflammation: The role of food. *J Parent Enter Nutr.*, 2007 Sept-Oct;31(5):430-40.

24 Uribarri J., Cai W., Peppa M. et al. Circulating glycotoxins and dietary advanced glycation endproducts: Two links to inflammatory response, oxidative stress, and aging. *J Gerontol.*, 2007 Apr;62A:427-33.

25 Khaw KT, Wareham N, Luben R, et al. Glycated haemoglobin, diabetes, and mortality in men in Norfolk cohort of european prospective investigation of cancer and nutrition (EPIC-Norfolk*). BMJ.*, 2001 Jan 6;322(7277):15-8.

gerek klinik çalışmalar ve geniş toplumlardan elde edilen gözlemler, kronik inflamasyon ve beraberinde ortaya çıkan tüm hastalıkların AŞIRI ŞEKER kullanılmasına bağlı olduğunu göstermiştir. Bu çalışmalardan bazılarını tarih sırasına göre şöyle örnek verebiliriz:

- **1860** yılında, ünlü beslenme uzmanı olan Carl von Voit, yağ değil de karbonhidrat ve şeker tüketildiği zaman insanların vücudunda su tutulduğunu gözlemlediğini açıklamıştır.[26]
- Daha sonra, **1919** yılında, Washington Carnegie Enstitüsü direktörü olan Francis Benedict ve arkadaşları, yayınladıkları birçok bilimsel makale ile karbonhidratların ve şekerlerin vücutta su tuttuğunu kanıtlamışlardır.[27]
- **1933** yılında, ABD Columbia Üniversitesi'nden bilim insanları da karbonhidratların ve şekerlerin vücutta su tutmasına insülin hormonunun neden olduğunu göstermişlerdir. Diyabetik hastalarda, tedavi amacıyla kullanılan ve yüksek kan şekerini düşürmek için dışarıdan ilaç olarak verilen İNSÜLİN HORMONUNUN organizmada idrar söktürücü, yani diüretik olan ilaçların aksine etki ettiğini açıklamışlardır.[28] Yüksek kan şekerini düşürmek için dışarıdan ilaç olarak verilen İNSÜLİN HORMONUNUN, ORGANİZMADA ELEKTROLİT, YANİ TUZ DENGESİNİ ALTÜST ETTİĞİNİ, ELEKTROLİTLERİN FİZYOLOJİSİNİ, YANİ TUZLARIN DOĞAL VE NORMAL ÇALIŞMASINI KÖKÜNDEN BOZDUĞUNU BİLDİRMİŞLERDİR. Şöyle ki, tuzun ve suyun idrar yoluyla atılmasına engel olarak vücutta birikmesine neden olduğunu açıklamışladır. Aynı zamanda, insülin hormonunun, ürik asidin idrar yoluyla atılmasını da engellediğini bildirmişlerdir. Sonuç olarak, kanda ÜRİK ASİT yükseldiği ve yüksek olarak kaldığından dolayı GUT hastalığı ve böbrek hastalıklarını başlattığını da açıklamışlardır.
- **1954** yılında da BİLİM İNSANLARI, tedavi amacıyla dışarıdan ilaç olarak verilen İNSÜLİN HORMONU KULLANANLARDA,

26 Rony, H.R. 1940. Obesity and Leanness. Philadelphia: Lea & Febiger.

27 Benedict, F.G. et al. 1919. Human Vitality and Efficiency Under Prolonged Restricted Diet. Washingtom DC: Carnegie Institution Of Washington.

28 Atchley et al. 1933. On Diabetic Acidosis: A Detaied Study of Electrolye Balances Follwing the Withdrawal and Reestablisment of Insulin Therapy. *J Clin Invest.*, 12, no 2 (march 1): 297-326.

ANTİDİÜREZ OLUŞTUĞUNU KANITLAMIŞLARDIR.[29] Texas Üniversitesi Endokrinoloji Profesörü Ralph DeFronzo, Gerald Reaven ile birlikte tıp tarihinde bir ilke imza atarak, ilk kez İNSÜLİN DİRENCİ ve genel metabolik bozukluğun bir göstergesi olan METABOLİK SENDROMUN fizyoloji ve patolojisini açıklamış ve dile getirmişlerdir. DeFronzo ve arkadaşları, tedavi amacıyla kullanılan ve dışarıdan ilaç olarak verilen İNSÜLİN HORMONUNUN vücutta tuz ve su tuttuğunu, buna bağlı olarak da tansiyon yükselmesinin en önemli faktörlerinden biri olduğunu yayınlamışlardır. Özellikle obezlerde ve şeker hastalarında sıklıkla ortaya çıkan, sıklıkla görülen tansiyon yüksekliğinin İNSÜLİN HORMONU yüksekliğine, YANİ İNSÜLİN DİRENCİNE bağlı olduğunu belirtmiş ve 1981 yılında da bu konuda kapsamlı ve önemli bir 'review' yayınlamışlardır.[30]

- **1980** yılında, Harvard endokrinoloji profesörü olan Dr. Lewis Lansberg, İNSÜLİN HORMONUNUN sempatik sinir sistemini de uyararak diğer bir mekanizma ile tansiyon yüksekliğine neden olduğunu bildirmiştir.[31]
- **2001** yılında da aynı yazar bu bilgiler ışığı altında, İnsülin direnci olan, insülin hormonu sürekli olarak yüksek seyreden obez ve diyabetik hastalarda tansiyonun neden düşürülemediğini açıklamaktadır.[32]

29 Miller, J.H., et al. 1954. Antidiuresis Associated with Administration of Insulin. *J of Applied Physiology* 6, No. 8 (Feb):509-12.
30 DeFronzo, R.A. 1981.The effect of Insulin on Renal Sodium Metabolism: A Review with Clinical Implications. *Diabetologia* 21, No.3 (Sept): 165-71.
31 Lansberg I. 1986. Diet, Obesity and Hypertension: An Hypothesis Involving Insulin, the Sympathetic Nervous System, and Adaptive Theröogenesis. *Quarterly J of Medicine* 61, No.286 (Dec):1081-90.
32 Lansberg I. 2001.Insulin Mediated Sympathetic Stimulation. Role in the Pathogenesis of Obesity-Related Hypertension (or, How Insulin Affects Blood Pressure, and Why). *J of Hypertension* 19, No.3, pt.2 (March 19):523-28.

VÜCUDUMUZDA KRONİK İNFLAMASYONU, YANİ DÜŞÜK YOĞUNLUKLU BİR SAVAŞI BİRÇOK FAKTÖR BİR ARADA BİRLİKTE BAŞLATMAKTADIR!

En önemli ve temel başlatıcılar, insülin hormonunu direkt olarak yükselten yüksek glisemik indeksli, rafine karbonhidratlı yiyecek ve içeceklerdir!

İşte benim senelerden beri *"Şeker en tatlı zehirdir"* diyerek binlerce bilimsel çalışma ışığında Türk halkını uyaran konuşmalar yapmamın, kitaplar kaleme almamın temel sebeplerinden biri budur!

Önemle şunu vurgulamak istiyorum ki, tek bir ot ya da meyve çayı içerek, tek bir meyve ya da salatalık yiyerek, salatalık ya da çeşitli otların suyunu içerek vücudunuzda senelerden beri oluşmuş, süregelen kronik inflamasyonu ortadan kaldırmak mümkün değildir. Bir iki ot ya da meyve çayı içerek, tek bir meyve ya da salatalık yiyerek, salatalık ya da çeşitli otların suyunu içerek kilo vereceğine inananlar, kanserlerinden ve hastalıklarından kurtulacaklarına inananlar, maalesef aldatıldıklarını bilsinler! Çünkü bu tür bir beklenti, organizmanın işleyişinin tabiatına aykırıdır, yani inflamasyon gelişmiş olan organizmanın doğasına ve gerçek bilime aykırıdır!

Kan şekerinin yükselmesiyle yükselen insülin hormonu kronik inflamasyonu nasıl tetikliyor?

Kronik inflamasyon başlamamış sağlıklı bir kişinin kanında, normal insülin değeri genel olarak 5 IU/mL ya da altında görülmektedir. İnsülin hormonunun değeri normalin iki katına dahi çıkmış ise, yani 10 IU/mL değerlerine çıkmış ise, İNSÜLİN DİRENCİ başlamıştır diye kabul edilmektedir.[33]

Bu nedenle, MASTER HORMON diye adlandırdığımız İNSÜLİN HORMONU kanımızda 5 IU/mL'nin üstüne çıkmaya başlamışsa, biliniz ki vücudunuzda KRONİK İNFLAMASYON başlatmıştır. Hatta son zamanlarda bazı otoriteler, kan insülin değerinin 3 IU/mL'nin altında olması gerektiğini de bildirmektedirler.

İNSÜLİN HORMONU kanımızda 5 IU/mL'nin üstüne çıkmaya ve yavaş yavaş yükselmeye başlamışsa, vücudumuzda hormonal denge ve elektrolit (bedenin tuz dengesi) dengesi bozulmaya başlamıştır demektir.

---

33 Taubes. *Good Calories, Bad Calories. Fats, Carbs, and the Controversial Science of Diet and Health,* Paperback-September 23, 2008.

Bizler farkında bile olmadan vücudumuzda sinsi olarak KRONİK İNFLAMASYONUN temeli atılmıştır!

Klinikten örnekler verebilir misiniz?

Klinik örnekler ya da kanıtlar içinde en önemli olanları, OBEZİTE/TİP-2 DİYABET denilen ŞEKER HASTALIĞI VE PRE DİYABET denilen GİZLİ ŞEKER HASTALIĞI, İNSÜLİN DİRENCİ HASTALIKLARI, yani dismetabolik bozukluklar şeklinde sıralayabiliriz...

Ancak, saydığımız bu hastalıkların tümü klinik belirtiler, klinik sorunlar ortaya çıkmadan, çok erken devrelerde başlamıştır ve temeli atılmıştır. KRONİK İNFLAMASYON diye adlandırdığımız düşük yoğunluklu savaş tüm vücut hücrelerimizde ve organlarımızda bir gecede başlamaz, iki günde ya da bir haftada ortaya çıkmaz. Bu gerçeği çok iyi görmemiz ve anlamamız gerekiyor!

Örnek verecek olursak, eğer çocukluğunuzda sık sık hastalanan biriyseniz veya bademcikleriniz küçük yaşta ameliyatla alınmışsa ya da çocukluk ve gençliğinizden beri kabızlığınız varsa veya göbek çevreniz hafif büyümeye başlamışsa ya da egzama, vitiligo gibi deri bozukluklarınız varsa, bilesiniz ki vücudunuzda KRONİK BİR İNFLAMASYON çoktan başlamış durumdadır ve devam etmektedir!

Bu konuyu, ***Karatay Diyeti, Karatay Diyeti'yle Yaşam Boyu Sağlık*** ve ***Karatay Diyeti'yle Obezite ve Diyabete Çözüm Var*** kitabında geniş kapsamlı olarak açıklamıştım.

Bu gibi ana ve temel sağlık konularının kısa olarak başka bir açıdan tekrarlanmasının faydası olacağını da düşünüyorum.

İNSÜLİN HORMONUNUN KANIMIZDAKİ DEĞERİNİN 5 IU/mL'nin ÜSTÜNDE OLMASI, PANKREASIMIZIN SÜREKLİ BİR ŞEKİLDE İNSÜLİN HORMONU ÜRETTİĞİNİN BİR GÖSTERGESİDİR.

Kısaca özetleyecek olursak, Tip-2 Diyabet hastalığında pankreasımızda bir bozukluk söz konusu değildir. TİP-2 DİYABET HASTALIĞINDA, KAN İNSÜLİN HORMONU DEĞERİ NORMALİN ÇOK FAZLA ÜSTÜNDEDİR. Bu nedenle sürekli bir şekilde kanda insülin hormonu yüksek seyretmektedir, yani İNSÜLİN DİRENCİ vardır ve insülin hormonu görevini tam anlamıyla yerine getirememektedir. Tip-2 diyabet hastalarının hücreleri, kanda bulunan yüksek kan şekerini içeriye alıp kullanmak için kapılarını açamazlar, bu nedenle de pankreasları sürekli olarak daha fazla, daha fazla insülin salgılamaya devam eder. İnsülin hormonu yüksekliği, diğer adıyla İNSÜLİN DİRENCİ, Texas Üniversitesi'nden Ralph DeFronzo, Gerald Reaven'in 1954 yılında ilk kez tarif etmiş oldukları gibi, TİP-2 DİYABET HASTALIĞININ VE METABOLİK SENDROMUN EN ÖNEMLİ TANIMIDIR. Bu adeta, Tip-2 diyabet hastalığının kısa bir özetidir.

Tip-2 diyabet hastalığının bilimsel olarak iki tanımı bulunmaktadır:

1. İNSÜLİN DİRENCİ HASTALIĞI (1954-ilk kez tanımlanmış)
2. None Insulin Dependant Diabetes Mellitus (NIDDM), yani İNSÜLİNE İHTİYACI OLMAYAN DİYABET HASTALIĞI (1979-ilk kez tanımlanmış).

İnsülin ve şeker ikilisi kanda uzun süre normalden fazla seyretmeye devam ettiğinde, şeker hastası olalım ya da olmayalım kronik inflamasyonu başlatır. Bunun en önemli klinik göstergesi, BEL ÇEVRESİNİN HAFİF DE OLSA GENİŞLEMEYE BAŞLAMASIDIR!

Tip-1 diyabet ile Tip-2 diyabet arasındaki fark nedir?

Bir otoimmün hastalık olan TİP-1 DİYABETTE, Tip 2 diyabetin aksine pankreas hücrelerinin çoğunluğu tahrip olmuş olduğundan, MASTER HORMON İNSÜLİN YETERLİ DÜZEYDE ÜRETİLEMEZ.

TİP-2 DİYABET HASTASINDA, daha önceki kitaplarda da açıkladığımız gibi, MASTER HORMON İNSÜLİN ÇOK YÜKSEK OLDUĞU HALDE hücre düzeyinde direnç gelişmiş olduğundan, HÜCRELERE ETKİ GÖSTEREMEMEKTİR. Yani, hücrelerin kapılarını açamaz durumdadır!

Hücrelerin insülin kapıları sürekli kapalı kalınca, yani İNSÜLİN RESEPTÖRLERİ İNSÜLİN HORMONUNA KARŞI DUYARSIZLAŞINCA (insülin direnci varsa ya da gelişmişse), hücre kapıları açılmamak için direnç gösterdiği için DOLAŞIMDA BULUNAN KAN ŞEKERİ HÜCRELERİMİZİN İÇİNE GİREMEZ TABİİ OLARAK.

Sonuçta KANDA YÜKSEK OLARAK DOŞALAN ŞEKER-İNSÜLİN ikilisi, KRONİK İNFLAMASYONU BAŞLATIR ve tüm hücrelerimizde, organlarımızda tahribat yapmaya, organizmayı harap etmeye başlar ve kronik inflamasyon devam ettiği sürece bu durum 'alevlenerek' devam eder.

Halk arasında hepimizin dilinde olan insülin direnci bu kadar ciddi bir sorun mu?

Evet, organizmanın tüm hücrelerinde ve beynimiz dahil tüm organlarımızda İNSÜLİN DİRENCİ BAŞLAMIŞSA, CİDDİ BİR ŞEKİLDE SİNSİ DE OLSA DİSMETABOLİK VE KARDİYOMETABOLİK PROBLEM SÖZ KONUSUDUR, ek olarak karaciğerimiz de yağlanmıştır, bel çevresi azıcık da olsa genişlemiştir. Bel çevresinin fazla genişlemesi, klinik olarak insülin direncinin kesin bir göstergesidir. KARACİĞER YAĞLANMASI, KRONİK İNFLAMASYON PROBLEMİNİ KÖTÜ OLARAK ETKİLEMEKTE VE SORUNU DAHA DA ARTIRMAKTADIR.[34]

Diğer yandan, yüksek seyreden kan şekeri de aynı anda hücrelerin normal çalışmasını engeller. İleri glikasyonun sonucu ortaya çıkan AGE ÜRÜNLERİ[35] de ek olarak ORGANİZMADA SERBEST OKSİJEN RADİKALLERİ İLE BİRLİKTE KRONİK İNFLAMASYONU sessiz sedasız başlatır. Kronik dejeneratif hastalıkların temeli de böylece atılmış olur. Organizmada düşük yoğunluklu bir savaş, bir mücadele, yani kronik inflamasyon başlamıştır.

KRONİK İNFLAMASYONUN BAŞLAMASI sonucu, kardiyometabolik ve dismetabolik bozuklukların ve tüm dejeneratif hastalıkların hücreler düzeyinde bozukluklarının başlamasına neden olur. Bu kapsamda, obez ve diyabet hastalarında ortaya çıkan bütün komplikasyonların temelinde uzun süreden beri devam eden kronik inflamasyonun bulunduğunu söylemekle yanılmış olmayız.

Peki, Tip-2 diyabet hastaları klasik tedavi yöntemleri ile neden kısırdöngüde kalıyor?

Yukarıda açıkladığımız nedenlerle, İNSÜLİNİN ASIL GÖREVİ, başta GLUKOZ olmak üzere SUKROZ, FRUKTOZ, DEKSTROZ, MALTOZ, MISIR ŞURUBU GİBİ ŞEKERLERİ, hücreleri ve dokuları tahrip etmelerini önlemek, tahribatı başlatmamak amacıyla KAN DOLAŞIMINDAN BİR AN ÖNCE UZAKLAŞTIRIP HÜCRELERİN, YANİ DOKULARIN İÇİNE GÖNDERMEKTİR.

---

34 Despres, J. P. (1992). Abdominal obesity as important component of insulin-resistance syndrome. *Nutrition (Burbank, Los Angeles County, Calif.)*, *9*(5), 452-459.

35 Michael Brownlee, M.D., et al. Advanced Glycosylation End Products in Tissue and the biochemical basis of diabetic complications. *N Engl J Med.*, 1988 May 19;318(20):1315-21.

Tip-2 diyabet hastalığı bir buz dağının tepesi gibidir! KAN ŞEKERİNİ düşürmekle, yüksek olarak kanda dolaşan İNSÜLİN HORMONUNU düşürmek arasında önemli farklar vardır ve son derece önemlidir!

Acil durumlarda tedavi ve destek olarak dışarıdan insülin hormonunun kullanılması gerekebilir. Ancak günlük hayatta bir Tip-2 diyabet hastasının kan insülini yüksek olduğunda, tedavi amacıyla ek olarak insülin hormonu kullanmasıyla, kan şekerini düşürüyor olsa dahi temelde kronik inflamasyon düzeltilmediği ve üstelik insülinin yükselmesine sebep olarak kronik inflamasyonu alevlendirdiği için, diyabet hastalığından kurtulmak mümkün olmamaktadır.

UZUN SÜRE, UZUN ETKİLİ İNSÜLİN HORMONU KULLANMAK ZORUNDA KALAN HASTALARIN GİDEREK KİLOLARININ ARTMASI, KATARAKT, GLOKOM, DİYABETİK RETİNA HASTALIĞI, DİYABETİK NÖROPATİ DEDİĞİMİZ FERİFERİK SİNİR AĞRILARI, UNUTKANLIK, FELÇ, TANSİYON YÜKSEKLİĞİ, KALP DAMAR VE KRONİK BÖBREK HASTALIĞI GİBİ DİYABET KOMPLİKASYONLARININ ORTAYA ÇIKMASI İŞTE BU NEDENLEDİR.[36]

Vücudu yağlandıran yağlar değil mi? İnsülin hormonu yükselince neden vücut yağlanıyor?

Kilo artması, insülin hormonunun etkisi ile vücutta yağlanmanın artması demektir. Vücudu yağlandıran, yağlanmasını artıran, TRİGLİSERİD dediğimiz yağlardır. İNSÜLİN HORMONU, yüksek kan şekerini TRİGLİSERİDE dönüştürür, hücrelerin ve organların içine göndererek depo eder. TRİGLİSERİDLER, aslında depo edilen şekerlerdir, şekere dönüşen unlu mamullerdir, ekmeklerdir, meyve sularıdır, şekerli, gazlı içeceklerdir. Vücutta depo edilen TRİGLİSERİDLERİN KRONİK İNFLAMASYON başlattıkları, birçok bilimsel çalışmalarla 2002 yılından beri açıklanmıştır.[37, 38, 39]

Ayrıca yağ yemekle vücut yağlanmaz! Aksine, sağlıklı yağlar dediğimiz soğuk sıkım sızma zeytinyağı, doğal tereyağı gibi yağlar vücutta biri-

---

36 Biochemical Basis of Diabetic Complications *N Engl J Med* 1988; 318:1315-1321 May 19, 1988 DOI: 10.1056/ *Nejm*, 198805193182007.

37 Trayhurn P, Wood IS. *Br J Nutr.*, 2004;92:347-355.

38 Eckel RH, et al. *Lancet*, 2005;365:1415-1428.

39 Lyon CJ, et al. *Endocrinology*, 2003;144:2195-2200.

ken yağların giderilmesi için gereklidir. Ama trans yağlar dediğimiz margarinler, kızartma yağları, hidrojenize edilmiş bitkisel yağlar, rafine edilmiş çiçek yağları gibi yağlar vücudun sağlıklı yağ ihtiyacını karşılamadığı gibi, hücreleri olumsuz etkileyerek ve dolaylı yoldan TRİGLİSERİDLERİ ARTIRARAK KRONİK İNFLAMASYONU TETİKLEMEKTEDİR.

Tip-2 diyabet hastalığından tamamen kurtulmak mümkün mü?

Evet, tabii ki mümkün!

KRONİK DEJENERATİF HASTALIKLARIN MEYDANA GELMESİNDE TEMEL UNSUR, organizmada yüksek kan şekeri ve yüksek insülin hormonunun başlattığı düşük yoğunluklu bir savaşın sinsi bir şekilde devam ettiği KRONİK İNFLAMASYONDUR. Örneğin, bu bağlamda artık kanserler dahil bütün otoimmün hastalıklar da dismetabolik hastalıklar olarak kabul edilmektedir.[40, 41]

KRONİK İNFLAMASYON BİTİNCE, DİYABET HASTALIĞI DA İYİLEŞİR!

İnsülin hormonunun normal düzeylere indirilmesi sonucu kronik inflamasyon giderildiği, düzeltildiği, ortadan kalktığı ve bel çevresi inceldiği zaman, Tip-2 diyabet hastalığı da diğer kardiyometabolik ve dismetabolik hastalıklar da iyileşmekte ve geçmektedir. Bu tip hastalıklarda ortaya çıkan kronik inflamasyona bağlı birçok komplikasyon ve dejeneratif kronik hastalığın da önü alınmakta ve düzelmektedir.

Kronik inflamasyonun bitirilmesi için sağlıklı beslenme ve sağlıklı hayat tarzının kabul edilerek sürdürülmesi gerekmektedir.

İşte ***Karatay Diyeti*** serisi kitapları ve onların pratik uygulama kitabı olan ***Karatay Mutfağı,*** kronik inflamasyonun sebep olduğu kronik dejeneratif hastalıkların beslenme ve yaşam biçimi ile nasıl ortadan kaldırılabileceğinin anahtarıdır! Harvard Üniversitesi Kütüphanesi'ne de kabul edilen ***Karatay Diyeti'yle Yaşam Boyu Sağlık, Karatay Mutfağı*** ve ***Karatay Diyeti'yle Obezite ve Diyabete Çözüm Var*** kitaplarını uygulayan binlerce kişi bu hastalıklardan kurtuldu.

---

40 Thomas N. Seyfried. Cancer as a metabolic disease: implications for novel therapeutics Carcinogenesis. 2014 Mar; 35(3): 51.

41 Lee HC. Et al. Mitochondrial DNA instability and metabolic shift in human cancers. Int J Mol Sci. 2009 Feb;10(2):674-701. doi: 10.3390/ijms10020674. Epub 2009 Feb 23.

Yüksek kan şekeri ve yüksek insülin hormonunun başka zararları var mıdır?

YÜKSEK KAN ŞEKERİ ve YÜKSEK İNSÜLİN HORMONUNUN BİLİMSEL OLARAK GÖSTERİLMİŞ BİRÇOK ZARARI VARDIR:

Bağışıklık sistemini çökertiyor: Öncelikle, bu ikilinin yüksek olması bağışıklık sistemini çökertmektedir. Bağışıklık sistemini zayıflattığı uzun zamandan beri bilinmektedir.[42, 43]

Meme kanserine neden olabiliyor: Otoimmün bir hastalık olan meme kanserinin önemli nedenlerinden birinin insülin hormonunun yüksekliği olduğu bildirilmiştir. Diğer bir deyişle, İNSÜLİN DİRENCİ ve Tip-2 DİYABET, meme kanserinin önemli nedenlerinden biridir. VÜCUDA DEPO EDİLEN TRİGLİSERİDLERİN ÖSTROJEN HORMONU SALGILADIKLARI GÖSTERİLMİŞTİR. Aşırı ve sürekli östrojen hormonu salgılanmasının da meme kanserlerinin önemli nedenlerinden biri olduğu senelerden beri bilinmektedir. İNSÜLİN HORMONU, özellikle başta meme kanseri olmak üzere diğer birçok kanser için de gerçekten oldukça ciddiye alınacak risk faktörüdür. İNSÜLİN-KANSER faktörü pek akla gelmeyen ama son derece önemli, tehlikeli ve şaşırtıcı bir ilişki olarak kabul edilmektedir. KANSER-İNSÜLİN-İNSÜLİNE BENZER BÜYÜME HORMONU IGF I-(INSULIN-LIKE GROWTGH FACTOR I) arasında bulunan ilişki senelerden beri, özellikle son senelerde de birçok bilimsel çalışma ile açıklanmış ve kanıtlanmıştır. Bu bilimsel çalışmalara şunlar örnek gösterilebilir: Kaas 1996,[44] Burroughs, K.D. et al.1999,[45] Kaaks and Lukonava 2001,[46] LeRoith and Roberts 2003,[47] Pollak et al.2004,[48]

---

42 Rosedale R. 'Insulin and Its Metabolic Effects' drbass.com, retrieved 4/23/2015.

43 'Insulin and Sugar-The One Hormone You Need to Control.' theiflife.com, retrieved 4/20/2015.

44 Kaaks, R.,1996. Nutrition, Hormones, and Breast Cancer: Is Insulin Missing Link?. Cancer Causes and Control 7, No.6 (Nov.):605-25.

45 Burroughs, K.D. et al. 1999. Insulin-Like Growth Factor I: A Key Regulator of Human Cancer Risk? *Journal of the National Cancer Institute* 91 No.7 (April 7): 579-81.

46 Kaaks et al, 2001. Energy Balance and Cancer: The Role of Insuin and Insulin-Like Growth Factor I. *Proceedings of Nutrition Society* 60, No. 1 (Feb.): 91-106.

47 LeRoith, D:, et al, 2003. The Insulin-Like Growth Factor System and Cancer. *Cancer Letters* 195, No.2 (June 10): 127-37.

48 Pollak, M.N. et al, Insulin-Like Growth Factors and Neoplasia. *Natyure Reviewss of Cancer* 4 No.7 (July): 5018.

Taubes 2012,[49] Poloz Y., et al 2015,[50] Evans JM, 2005,[51] Noto H., 2012.[52] Master hormon insülinin kanda yüksek olması, kronik inflamasyonu başlatması ile birlikte diğer birçok hormonu da olumsuz etkilediği için, önemli birçok sağlık sorununu başlatmaktadır. İNSÜLİN SALGILANMAYA DEVAM ETTİĞİ SÜRECE, İNSÜLİNE BENZER BÜYÜME HORMONUNUN (IGF I) ARTMASINA NEDEN OLMAKTADIR. İnsülin, anabolizan bir hormondur, yani hücre yapımını artırır, hızlandırır, hücrelerin çoğalmasına neden olur. 1975 yılında Tıp dalında Nobel ödülü almış olan önemli bilim adamı Howard Temin, laboratuvarında yaptığı deneylerle, İNSÜLİN HORMONU OLMAZSA KANSER HÜCRELERİNİN ÇOĞALAMADIKLARINI GÖSTERMİŞTİR.[53, 54]

Hücrelerin hızla büyümesini tetikliyor: IGF I hormonu da hücre yapımını artıran tehlikeli, hiperplazi dediğimiz, hücrelerin aşırı hızlı büyümesini kamçılayan ve tetikleyen tehlikeli bir hormondur. HİPERPLAZİ, HÜCRELERİN KONTROLSÜZ BİR ŞEKİLDE ÇOĞALMAYA BAŞLAMASININ İLK BASAMAĞIDIR.

Vücutta trigliserid yağlarını artırıyor: İNSÜLİN HORMONU, hücre yapımını artıran, kamçılayan ANABOLİZAN bir hormondur, vücutta kas ve yağları, yani TRİGLİSERİD yağlarını artırır ve trigliserid yağlarını depo ederek OBEZİTEYE NEDEN OLUR. Bütün organlarımızın yağlanması, sonuç olarak kilo almamız MASTER HORMON İNSÜLİN sayesindedir. Yukarıda da belirttiğim üzere, gerek obezite, gerek şeker hastalığı ve insülin direnci hastalıkları, kanserler için ciddi risk faktörüdür.

---

49 Taubes, G. 2012. Cancer Research: Unraveling the Obesity-Cancer Connection. *Science* 335 (Jan. 6): 28-32.
50 Poloz Y., et al. 2015. Obesity and Cancer: A Case for Insulin signaling. *Cell Death and Disease* 6, No.12 (Dec.31): e2037.
51 Evans J.M., Et al. 2005. Metformin and reduced risk of Cancer in Diabetic Patients. *British Medical Journal,* 330(June 4): 1304-5.
52 Noto H., 2012. Cancer Risk in Diabetic Patients Treated with Metformin: A Systemic Review and Meta-Analysis. *PLOS One* 7, No.3 (March): e33411.
53 Temin, H.M., 1967. Studies on Carcinogenesis by Avian Sarcoma Viruses: VI, Differential Multification of Uninfected and of Converted Cells in Response to Insulin. *J of Cell Physiology* 69, No.3 (June):377-84.
54 Temin, H.M., 1968. Carcinogenesis by Avisn Sarcoma Viruses: X, The Decreased Requirement for Insulin-Replaceble Activity in Serum for Cell Multification. *International J of Cancer* 3, No.6 (Nov.15):771-87.

Vücutta kistlerin oluşup büyümesine neden oluyor: Kanda yüksek dozda seyreden İNSÜLİN HORMONU yalnız vücudumuzu yağlandırmakla, yağlarımızı artırmakla kalmaz. KAS DOKULARININ, ÇEŞİTLİ GUDDELERİN VE KİSTLERİN OLUŞUMUNA (FİBROKİSTİK MEME GİBİ, POLİKİSTİK OVERLER GİBİ, HAŞİMATO, KRONİK TROİDİT GİBİ), MEME KANSERİ GİBİ KANSERLERE VE HÜCRELERİN ÇOĞALMASINA NEDEN OLUR. İnsülin, tüm vücutta hücre yapımını artırır. Hücrelerde hiperplazi, yani hücrelerin aşırı hızla büyümeleri, her türlü kanserin temel nedenlerinden de biridir.

Kansere sebep olan birçok hormonun salgılanmasına neden oluyor: Vücudumuzda uzun süre fazla seyreden insülin hormonu sayesinde biriken trigliseridlerden, östrojen hormonu (meme kanseri nedenlerinden biri) ile birlikte kanser başlatan birçok kronik inflamasyon faktörü olan TNF a, CRP, IL-6, IL-9, lipoprotein lipase, adipsin gibi hormonların salgılandığı da bilimsel çalışmalarla gösterilmiştir.[55, 56, 57]

Meme kanseri hücrelerinin beslenmesini sağlıyor: Toronto Kadın Koleji Hastanesi'nde yapılan bir araştırmada, 5 yıl süre ile 38.000 kadın izlenmiş ve meme kanserinin diyabetli olan kadınlarda daha öldürücü ve invasiv (hızlı yayılan) olduğu bildirilmiştir.[58] Toronto Üniversitesi Kanser Merkezi'nde kanser araştırmaları yürüten bilim adamı Vuk Stambolic, MEME KANSERİ HÜCRELERİNİN ÖZELLİKLE İNSÜLİNE BAĞLILIK GELİŞTİRDİĞİNİ BİLDİRMİŞTİR. Laboratuvarında, araştırmaları sırasında insülin hormonunu vermeyi durdurduğu zaman meme kanseri hücrelerinin öldüğünü göstermiştir. ABD Ulusal Kanser Enstitüsü araştırmacılarından bilim adamları da, 1976 yılında, bazı meme kanseri hücrelerinin insüline aşırı hassasiyet gösterdiklerini bildirmişlerdir.[59]

Kanser hücrelerinin metastazını da hızlandırıyor: İnsülin ve insüline benzer büyüme hormonu (IGF I) ile ilgili araştırma yürüten bütün bilim adam-

---

55 Trayhurn P, Wood IS. *Br J Nutr.* 2004;92:347-355.
56 Eckel RH, et al. *Lancet.* 2005;365:1415-1428.
57 Lyon CJ, et al. *Endocrinology.* 2003;144:2195-2200.
58 35. Lipcombe L, "The association between diabetes and breast cancer stage at diagnosis: a population-based study" *Breast Cancer Research and Treatment.* April 2015, Volume150, Issue 3, pp.613-620.
59 Osborne, C.K., et al., 1976. Hormone Responsive Human Breast Cancer in Long-Term Tissue Culture: Effect of Insulin. *Proceedings of the National Academy of Sciences* 73, No.12(Dec.):4536-40.

larının hemfikir olduğu bir nokta vardır: Bu hormonlar, tümör hücrelerinin bölünüp çoğalmaları için ihtiyaçları olan yakıtı sağlarlar ve tümör hücrelerine gereken uyarıları da verirler. KAN DOLAŞIMINDA, İNSÜLİN VE IGF I HORMONLARI YÜKSELDİKÇE tümör hücrelerinin çoğalmasını, tümörün büyümesini ve hızlı bir şekilde yayılmasını, yani KANSER HÜCRELERİNİN METASTAZINI DA HIZLANMAKTADIR. Kanser-İnsülin-IGF I arasındaki ilişki, önemli kanser araştırmacısı bilim adamları tarafından kabul edilmiştir. ABD'de Cornell Üniversitesi'nde Kanser Araştırmaları Merkezi'nden Lewis Cantley ve ABD New York Memorial Sloan Kettering Kanser Merkezi Direktörü Craig Thompson da, KANSERİN PROLİFERATİF METABOLİK BİR HASTALIK OLDUĞUNU KABUL ETMİŞLERDİR.[60, 61]

Alzheimer ve Demans'a neden oluyor: New York Mt. Sinai Hastanesi Öğrenme Sağlığı Merkezi Direktörü olan Dr. Samb Gandy'nin bilimsel araştırmaları sonucu, uzun süre yüksek seyreden kan şekeri ve insülin hormonunun beyin hücrelerine toksik etkisi olduğunu bildirmiştir. YÜKSEK KAN ŞEKERİ ve YÜKSEK İNSÜLİN hormonunun, KRONİK İNFLAMASYONU başlatarak ALZHEİMER HASTALIĞI ve erken bunama dediğimiz DEMANSIN DA başlamasında ve devam etmesinde önemli risk faktörleri olduğunu bildirmiştir.[62, 63]

Yukarıda saydığımız KRONİK İNFLAMASYONUN neden olduğu bütün bu hastalıkları hiç başlatmamak elimizdedir! Yalnız kendi elimizdedir, kimsenin elinde değildir. 2014 yılında, ABD Kanser Araştırmaları Derneği olan American Association for Cancer Research'ten (AACR) ödül almış olan Dr. Graham Colditz, *"Meme kanserini önleme, çocukluk yaşlarında doğru ve sağlıklı beslenme ile başlamalıdır"* demiş ve sağlık kuruluşlarını ve sağlık bakanlığını bu kapsamda önlemler almaya davet edip uyarmıştır.[64]

---

60 Coller, H.A. 2014. Is Cancer a metabolic Disease? *American J of Parhology* 184, No. 1(Jan): 4-17.
61 Bowers, L.W., et al., 2015. The role of the Insulin/IGF System in Cancer: Lessons Learned from Clinical Trials and the Energy Balance-Cancer Link. *Frontiers in Endocrinology* 6 (May): 1-16.
62 Reinberg S, "Type 2 Diabetes May Shrink the Brain" webmed.com, retrived 4/23/2015.
63 American Scientific Statement: Added Sugars and Cardiovascular Disease Risk in Children: A Scientific Statement From the American Heart Association
Miriam B. Vos, Jill L. Kaar, Jean A. Welsh, Linda V. Van Horn, Daniel I. Feig, Cheryl A.M. Anderson, Mahesh J. Patel, Jessica Cruz Munos, Nancy F. Krebs, Stavra A. Xanthakos, Rachel K. Johnson. https://doi.org/10.1161/CIR.0000000000000439
Circulation, 2017;135:e1017-e1034, Originally published August 22, 2016.
64 www.medscape.com: Breast Cancer Prevention Starts in Childhood. 2014.

AMERİCAN ASSOCİATİON FOR CANCER RESEARCH'TEN (AACR), ÖDÜL ALMIŞ OLAN DR. COLDİTZ'İN AÇIKLAMALARINI ŞÖYLE ÖZETLEYEBİLİRİZ:

1. Çocuklukta ve ergenlik yaşlarında diyetle tüketilen doğal olmayan sağlıksız besinler meme kanseri riskini artırmaktadır.[65]
2. Kilo alınması önlenirse, meme kanseri %32 oranında azalmaktadır.
3. Bu nedenle 20'li, 30'lu ve 40'lı yaşlarındaki kadınların kilo almaları önlenmelidir.[66, 67]
4. Menopozdan sonra kilo kaybeden kadınlarda meme kanseri olma riski azalmaktadır.[68, 69]
5. Çocuklarda tehlikeli bir şekilde artış gösteren obezite, sağlıklı beslenme ve fizik aktivite artırılarak sağlıklı yaşam biçimi ile önlenmelidir.[70]

İNSÜLİN HORMONUNU YÜKSELTEN HER TÜRLÜ BESİN ÖĞESİ, HER TÜRLÜ KANSERİ BAŞLATAN SUÇLU OLARAK GÖRÜLMEKTEDİR!

Harvard Üniversitesi Biyoloji Profesörü Lewis C. Cantley, 2011 yılında ünlü *Science* dergisine verdiği röportajda şu şekilde beyanat vermiştir: *"Şeker beni çok korkutuyor, özellikle kullandığımız beyaz şeker ve mısır şurubundan elde edilen şeker, insülin direncini başlatarak kanseri tetiklemekte ve başlamış olan kanserleri büyütmekte başrol oynarlar!"*

Kanda uzun süre yüksek seyreden insülin hormonu, beslenmeye bağlı olan tüm kronik hastalıkları ve kronik inflamasyonu tetiklemektedir.

Karatay Mutfağı'nda detaylarını verdiğimiz şekilde doğal ve sağlıklı beslenme ile birlikte fizik aktivitenin artırılması ve bunların sonucunda kalıcı kilo verme vücudumuzda trigliseridleri azalttığından, kronik inflamasyon da düzelip ortadan kalkmaktadır. İşte bu nedenle, özellikle meme kanseri riskiyle birlikte diğer bütün kanserlerin de riski giderilmiş olmakta ve beslenmeye bağlı riskler ortadan kalkmaktadır.

---

65 Colditz, G., et al. Breast cancer riskacculation stars erarly: prevention must also. *Breast Cancer Res Treat.* 2014;145:567-579.
66 Colditz GA. A youthful approach: expanding the reach of breast cancer prevention. Canver Research Catalyst: The Official Blog of the American association for Cancer research. October 14, 2014 by Press Office.
67 http://blog.aacr.org/youthful-approach-expanding-reach-breast-cancer-prevention/Accessed November 16, 2014.
68 Byers T., et al. Does intentional weight lose reduce cancer risk? *Diabetes Obes. Metab.*, 2011:13;1063-1072.
69 Colditz GA., et al. Recent weight gain and increased breast cancer risk varies by receptor classification among pre-and postmenopausal women. Program and abstracts. 2014; San Antonio, Texas.
70 Colditz GA., et al. Priorities for the primary prevention of breast cancer. *CA Cancer J Clin.*, 2014;64:186-194.

2. ŞİFRE:

BAŞTA DİYABET OLMAK ÜZERE TÜM KRONİK DEJENERATİF HASTALIKLAR İYİLEŞEBİLİR!

Anahtarlar:

'Genetik' ve 'İyileşmez' Masalı

Kalp ve Damar Hastalıklarına Yeni Yorum

(Yine) İnsülin Hormonu

Diyabet hastalarının kalp krizi geçirme riski, diyabet hastası olmayanlara oranla daha mı yüksek?

Diyabet hastalarının kalp krizi geçirme riski çok yüksektir. Türkiye'de birçok hastanede modern anlamda koroner yoğun bakım üniteleri kuran, Türkiye'de ilk defa bacak arterini kullanarak koroner anjiyografi tekniğini yerleştiren bir kardiyolog ve 50 yıllık hekim olarak şeker hastalığının, kalp krizi geçirenlerde ölüm riski oranını son derece artırdığını gözlemlemiş, bizzat bu tür olayların içinde yaşamış olan bir kişiyim. Şeker hastalığının kalp krizi riskini yüksek oranda artırdığı senelerden beri bilinmektedir. Şeker hastalarının tedavi süreleri de daha uzun sürmekte, bağışıklık sistemleri zayıflamış olduğu için birçok yan hastalıklar ve komplikasyonlar da sık sık ortaya çıkmaktadır.

Kronik inflamasyonun başlattığı, neden olduğu Tip-2 diyabet (DM 2), diğer adıyla şeker hastalığını, yani dismetabolik bozuklukların da tümünü başlatmamak, önlemek kendi elimizdedir. Gerek diyabet hastalığını, gerek kalp krizini, gerek kronik tiroid hastalıklarını, gerek kanseri ve gerekse Alzheimer hastalığını başlatan, KRONİK İNFLAMASYONDUR. Bu gerçeği defalarca dile getirmemin nedeni de, genel kabul görmüş olan algının yanlış ve gerçekleri yansıtmaktan uzak olmasıdır.

Yanlış algı mı, dediniz? Nedir bu yanlış algı?

Yanlış algı, 'kronik dejeneratif hastalıkların iyileşemeyeceği, hastaların ölene kadar modern tıbbın önerdiği ilaçları kullanmak zorunda olduğu' şeklindedir. Oysa KRONİK DEJENERATİF HASTALIKLARDAN KURTULMAK MÜMKÜNDÜR! Hayat boyu bu hastalıkları çekmek zorunda değiliz, ölene kadar torba dolusu ilaç içmek zorunda değiliz!

KRONİK DEJENERATİF HASTALIKLARIN GENETİK OLDUĞU YANILTICIDIR, GERÇEK DEĞİLDİR, DOĞRU DEĞİLDİR!

Nasıl olur bu? Senelerden beri genetiktir diye biliyoruz ama?

İşte yanlış algı dediğimiz de budur!

KRONİK İNFLAMASYON sonucu ortaya çıkan hastalıklar GENETİK DEĞİLDİR! Son 20-30 yıl içinde mantar gibi artan hastalıklar genetik olamaz. Dünyanın her ülkesinde, çeşitli insan kesimlerinde, her yaşta aynı zamanlarda mantar gibi ortaya çıkan hastalıkların genetik olması mümkün değildir. Tümünün temelinde kronik inflamasyon bulunmaktadır!

YANİ KORUNMAK İÇİN KURAL ÇOK BASİT, KRONİK İNFLAMASYONU BAŞLATMAYACAĞIZ. KURTULMAK İÇİN DE BESLENME VE YAŞAM BİÇİMİMİZİ DÜZELTEREK GERİLETECEĞİZ!

Diyabet hastalarının kalp krizi riskini hangi faktörler artırıyor?

Bu bağlamda birçok faktörü bir arada saymamız gerekmektedir. Tek bir faktörü sorumlu tutarak yalnız o faktörü düzeltmeye çalışmak, etkili ve yeterli olmamaktadır.

MASTER HORMON İNSÜLİN, SEMPATİK SİSTEMİNİN EN GÜÇLÜ UYARICISIR. Birdenbire yükselmesi ya da insülin direnci, metabolik sendrom gibi durumlarda uzun süre yüksek kalması, böbreküstübezlerinden adrenalin ve noradrenalin gibi stres hormonlarının salgılanmasını tetikler. Adrenalin ve noradrenalin hormonlarının fazla salgılanması, özellikle atardamarlarımızda olmak üzere bütün damarlarımızda spazma, yani büzüşmeye neden olur.[71] Damarların büzüşerek daralması sonucu doğal olarak, birdenbire kan basıncımız yükselir. Senelerden beri biliyoruz ki, kan basıncının yükselmesi başta miyokard infarktüsü olmak üzere, kardiyovasküler hastalıkların, böbrek hastalıklarının, felç dediğimiz inmenin en ciddi nedenlerinden biridir. Bu nedenle aşırı karbonhidratlı bir yemekten sonra kalp krizi, yani miyokard infarktüsü geçirme oranı 2-3 kere daha yüksektir.

Ayrıca Dr. Rosdale, kanda yüksek olan insülin hormonunun vücutta ödeme neden olduğunu, yani vücutta aşırı su tuttuğunu da bildirmektedir. Vücut sıvısının artmasının kan basıncını yükselttiği gibi kalp yetersizliği ve tansiyon yüksekliğine neden olduğunu bildirmiştir.[67] İnsülin hormonunun yükselmesine neden olan yüksek glisemik indeksli karbonhidratlı yiyecek ve içeceklerin bir molekülü, vücutta 190 molekül su tutulmasına neden olmaktadır. Bilinenin aksine, yalnız sodyum klorür (NaCl) içeren rafine sofra tuzu çok fazla su tutmaz. Çocuk metabolizma

---

71 Rosedale R., 'Insulin and Its Metaboliz Effects' drbass.com, retrieved 4/23/2015.

ve Endokrinoloji Profesörü olan rahmetli Prof. Dr. Ahmet Aydın, ***7'den 70'e Taş Devri Diyeti*** kitabında bu konuyu bilimsel olarak açıklamaktadır.[72] Bir molekül tuz, ancak bir molekül su tutar. Sonuç olarak tansiyonumuzu yükseltmez, unutmayalım. TANSİYONUMUZU, YÜKSEK KAN ŞEKERİ VE YÜKSEK İNSÜLİN HORMONU YÜKSELTİR!

Diyabet hastaları başka hangi hastalıklara karşı risk altında?

Kan şekeri ve master hormon insülinin uzun süre (en az 5 sene süreyle) yüksek kalması, ciddi bir şekilde göz hastalıklarının ve komplikasyonlarının başlıca nedeni olarak öne çıkmaktadır.[73]

Dr. Micheal Cutler, kontrol altına alınamayan diyabet hastalarında ve uzun süre devam eden gizli şeker hastalarında glokom görülme oranının %40, katarakt görülme oranının ise %60 olduğunu bildirmiştir.

Artık biliyoruz ki, kontrol altına alınmayan diyabet hastalarında ve pre-diyabet hastalarında, yani gizli şeker hastaları denilen grupta insülin hormonu yüksektir ve insülin direnci uzun süreden beri mevcuttur. Pre-diyabet de denilen gizli şeker hastaları, ne acıdır ki şeker ve insülin metabolizmalarının bozuk olduğunun farkında bile değillerdir.

Halbuki kilosuz olsak bile bel çevresinin azıcık genişlemeye başlaması KRONİK İNFLAMASYONUN başlamış olduğunun bir belirtisidir! ZAYIF OLMAK, KİLOSUZ OLMAK SAĞLIKLI OLMAK DEMEK DEĞİLDİR. Dismetabolik bozukluklar, dolayısıyla kronik inflamasyon zayıf olan kişilerde de yaygın olarak gelişmekte ve görülmektedir. O halde HEDEFİMİZ KİLO VERMEK İÇİN ÇIRPINMAK OLMAMALIDIR! AMACIMIZ, ZAYIF OLSAK BİLE KRONİK İNFLAMASONU GİDERMEK, ORTADAN KALDIRMAK OLMALIDIR.

Burada şunu tekrar vurgulamak isterim ki, zayıf olmak hiçbir zaman sağlıklı olmak demek değildir

Toplumda yaygın bir şekilde, glokom, katarakt ve çeşitli retina hastalıklarının ortaya çıkmasının ve bu nedenlerle erken dönemlerde görme kaybı oranının yüksek olmasının nedeni de maalesef fark edilmeyen, anlaşılamayan GİZLİ ŞEKER ve İNSÜLİN DİRENCİNİN yani, İNSÜLİN HORMONUN uzun süreden beri yüksek devam ediyor olmasıdır. Açlık

---

72 Prof. Dr. Aydın, A., *7'den 70'e Taş Devri Diyeti*, Hayykitap, İstanbul, Ekim 2010.
73 Cutler M, 'How Diabetes Distroys Your Body', easyhealthoptions.com, retrieved 6/1/2015.

kan şekerinin azıcık yüksek olarak kalması dahi KRONİK İNFLAMASYONUN bir belirtisi olarak kabul edilmeli ve ona göre önlem alınmalıdır.

Özellikle açlık insülin değerlerimizin düşük olmasını sağlamalıyız. Bu bağlamda kan İNSÜLİN değerimiz, SAĞLIKLI KİŞİLERDE 5 IU/mL'nin ALTINDA, GEBELERDE 10 IU/mL'nin ALTINDA OLMALIDIR. Gebelerde insülin hormonunun 10 IU/mL'nin üstüne çıkması, gebelik şekeri tanısı için basit bir yöntemdir. İşte bu nedenle, gebelere şeker yüklemesi yapılmasına gerek yoktur. Şeker yüklemesi sırasında KAN ŞEKERİ İLE BİRLİKTE İNSÜLİN HORMONU aniden aşırı düzeye yükselmekte ve yüksek düzeylerde kalmaktadır. Ani bir şekilde yükselen KAN ŞEKERİ ve İNSÜLİN HORMONUNUN tehlikeli olduğunu bilimsel verilerle açıklamıştık.

Temel neden, tüketilen yiyecek ve içeceklerimizin bilerek ya da bilmeyerek aşırı şeker, gizli şeker ve rafine karbonhidratlarla yüklü olmasıdır. Aşırı tüketilen rafine karbonhidratlar insülin hormonunu ani yükseltip düşürerek tüm hormonal ve enzim dengelerini altüst etmektedir. Daha önce de açıklamış olduğumuz gibi, insülin hormonu, vücudumuzu yağlandıran, daha doğrusu kan yağlarımızın, TRİGLİSERİDLERİN artmasına neden olan master hormonumuzdur.[74, 75]

Vücudumuzun çeşitli bölgelerinde ve organlarımızda biriken DEPO TRİGLİSERİDLER, yani tehlikeli kan yağları artık BİR ENDOKRİN ORGAN olarak kabul edilmektedir. Biriken vücut yağlarının, başta LEPTİN HORMONU olmak üzere kronik inflamasyon ve kronik dejeneratif hastalık yapan 20 türlü hormonu ürettiği gösterilmiştir.[76]

Peki, hipertansiyon kalıcı bir hastalık mı? Tansiyon neden yükselir ve yüksek seyreder?

Kanda yüksek seyreden insülin hormonu sempatik sistemini uyarıyor ve atardamarların ve toplardamarların tehlikeli bir şekilde büzüşmelerine (vasokinstriksiyon) sebep oluyor. Sonuç olarak da tansiyon yükseliyor,

74 Cusin I. et al. Hyperinsulinemia and its impact on obesity and insulin resistance. *International J of Obesity and Related Metabolic Disorders,* 1992;16 Suppl 4:s1-11.
75 Torbay N., et al. Insulin increases body fat despite control of food intake and physical activity. *American J of Physiology,* 1985; 248 (1 Pt 2):R 120-124.
76 *Br J Nutr.* 2004;92:347-355, with permission of Cambridge University Press. | Eckel RH, et al. *Lancet.* 2005;365:1415-1428. | Lyon CJ, et al. *Endocrinology,* 2003;144:2195-2200.

koroner spazmı oluşuyor, beyin damarları da büzüşüyor. Kanda uzun süreden beri yüksek seyreden şekerin ve insülin hormonunun, buna ilave olarak birdenbire aşırı yükselmesi bu nedenle kalp krizini ve inmeyi tetikliyor. Kalp krizinin ve beyin felcinin en önemli sebeplerinden biri, kan şekerinin ve kan insülininin birdenbire aşırı yükselmesidir (GEBELERDE ŞEKER YÜKLEMESİ SIRASINDA YAŞANAN SIKINTILARDAN BİRİ).

Kanda uzun süre yüksek kalan insülin hormonu, şeker hastalığında ya da gizli şeker hastalığı dediğimiz pre-diyabet hastalarında kan basıncının sürekli olarak yüksek kalmasına sebep oluyor. İşte bu nedenle, insülin hormonu yüksek seyrettiği sürece, ne kadar tansiyon ilacı kullanırsak kullanalım tansiyonumuz geçici bir süre düşüyor ama kalıcı olarak normal değerlerine düşmüyor. Ancak insülin hormonu düşmeye başlayınca tansiyonumuz da normale değerlere geliyor ve tansiyon ilaçlarını da kullanmaya gerek kalmıyor.

2011 yılına kadar klinikte takip ettiğim binlerce hastam, 2011 yılından itibaren de kitaplarımı okuyan binlerce kişi doktorları kontrolünde kan tetkiklerinin normale gelmesiyle kullandığı diyabet ilaçlarından, tansiyon ilaçlarından, ilave insülin hormonu almaktan kurtuldu. İnsülin değerleri 5 IU/mL'nin altına inince, doktorları artık tansiyon ve şeker ilaçlarını bırakmalarını öneriyor. Uzun lafın kısası, kronik inflamasyon gerilemeye başlayınca bu saydığımız hastalıklar da iyileşiyor.

Damarları tıkalı olan hastalarda kullanılan dilaltı ilaçlarından kurtulmak mümkün mü?

Aşırı ve uzun süreli insülin yüksekliğinin diğer bir zararlı etkisi, atardamarlarımızın iç yüzeyini kaplayan tek hücre tabakasının, yani tıp dilinde endotel dediğimiz ince tabakanın, damarların genişlemesi (vasodilatasyon) için salgıladığı NİTRİKOKSİT maddesinin salgılanmasını engelleyerek damarlarımızın genişlemesini, gevşemesini önlemesidir.

NİTRİKOKSİT İNHİBE OLUP SALGILANMAYINCA, DAMARLARIN İKİNCİ VE EK BİR MEKANİZMA İLE BÜZÜŞMESİ (VASOCONSTRICTION denilen mekanizma) DAHA DA KOLAYLAŞMAKTADIR. Doğal olarak TANSİYON YÜKSEKLİĞİ, KALP KRİZİ VE İNME RİSKİ VE BÜYÜK KÜÇÜK TÜM DAMARLARIN TIKANMA RİSKİ ARTMAKTADIR.

Gerek kalp hastalarına, gerek yüksek tansiyonlu ve felç geçirmiş olan hastalarımıza dilaltı ilaçları, büzüşmüş olan damarlarını gevşetmek amacıyla verilmektedir.

Bu durumdaki hastalar Karatay prensiplerini uygulayarak, beslenme ve yaşam biçimlerini sağlıklı yönde değiştirerek zamanla kan değerlerinin normale gelmesiyle ilaçlarından kurtulabilir.

ANCAK ŞUNU BİLMEK GEREKİR Kİ, DAMARLARIMIZI BÜZÜŞTÜRMEMEK KENDİ ELİMİZDEDİR!

Pıhtı atması ne demek oluyor? Buna karşı önlem almanın bir yolu var mı?

Kanda uzun süreden beri yüksek seyreden şekerin ve insülin hormonunun, ilave olarak birdenbire aşırı yükselmesi sonucu oluşacak diğer bir önemli tehlike de, kanımızda kanamaya karşı koruyucu olarak bulunan, pıhtılaşmayı sağlayan proteinlerin çoğalması ve artmasıdır!

Kanımızda fibrinojen denilen proteinler, bir yerimiz kesildiği zaman kanın akmasını önlemek amacıyla pıhtılaşma sağlayan, hayat kurtaran proteinlerdir. Kanda ŞEKER ve İNSÜLİN ikilisi uzun süre yüksek kaldığı süreçte, FİBRİNOJEN de kanda sürekli yüksektir. Sonuç olarak, DAMARLARIMIZDA KANIN PIHTILAŞMA OLASALIĞI DAHA DA KOLAYLAŞIR. Kalp krizi ve felç geçirenlere acil olarak damarların içine ya da ağızdan kan sulandırıcıların verilmesi, damarları tıkayan kan pıhtısı tıkacının eritilmesi amacıyladır. DAMARLARI TIKAYAN PIHTIDIR, bilinenin aksine, KOLESTEROL DEĞİLDİR. Kolesterolün damarları tıkadığının ileri sürülmesi, tıp tarihinde görülen en büyük yalandır!

Kan akmasını önlemek amacıyla KAN PIHTISININ OLUŞMASINI SAĞLAYAN KAN HÜCRELERİMİZİNDEN BİRİ DE TROMBOSİTLERDİR. Trombositler, kanamayı durdurmak amacıyla birbirlerine yapışarak ve fibrinojen lifleriyle birleşerek bir pıhtı tıkacı meydana getirirler, tehlikeli kanamaların durmasını sağlarlar. Hayat kurtarıcı önemli bir görevdir bu!

ANCAK YÜKSEK İNSÜLİN HORMONU, ek olarak trombosit dediğimiz kan hücrelerinin yapışkanlığını daha da artırmakta ve bu hücrelerin birbirlerine sıkıca yapışarak kuvvetli bir tıkaç, yani PIHTI

MEYDANA GELMESİNİ DE HIZLANDIRMAKTADIR. Bu şekilde, kanımızda birkaç yoldan pıhtılaşma artınca damarlarımızın tıkanma riski de doğal olarak artmaktadır. Kalp damarlarımız, ayak-bacak damarlarımız, boyun ve beyin damarlarımız, hatta tüm organlarımızı besleyen damarlarımızda, kılcal damarlarımızda, göz damarlarımızda ufak ya da büyük ölçeklerde (makro/mikro olarak) tıkaçlar damar tıkanıklarına neden olur.

TROMBOZ, yani damarlarımızı tıkayan asıl kan pıhtısı olan bu tıkaçtır, kan yağları ya da yüksek kan kolesterolü değildir. Tıkanan koroner damarları anjiyo laboratuvarında açmak için, koroner damarların içine acil olarak tıkaç halini almış bu TROMBOZU, yani KAN PIHTISINI ERİTMEK İÇİN İLAÇ ENJEKTE EDİLİR. Kolesterol ya da kan yağlarının tıkanmada rolü yoktur! Koroner damarları tıkayan pıhtının eritilmesi, miyokard dediğimiz kalp kasının ölümünü, yani kalp krizini önlediği için son derece önemli bir girişimdir. Aynı zamanda kan pıhtısı acil olarak eritilerek, miyokard infarktüsü-kalp krizine bağlı ani ölümler de önlenebiliyor.

VÜCUDUMUZDA KÜÇÜK VE BÜYÜK DAMARLARIN PIHTI, YANİ TROMBOZ İLE TIKANMASIYLA AŞAĞIDAKİ GİBİ BİRÇOK DEĞİŞİK SON DERECE CİDDİ HASTALIK BELİRTİLERİ ORTAYA ÇIKMAYA BAŞLAR:

a. Koroner damarların tıkanması (kalp krizi),
b. Göz damarlarının tıkanması (glokom, katarakt, retina hastalıkları),
c. Beyin damarlarının tıkanması (inme ya da felç hastalığı),
d. Böbrek damarlarının tıkanması (kronik böbrek yetersizliği),
e. Ayak ve bacak damarlarının tıkanması (ayak parmaklarının, bacakların kesilmesi, bacaklarda varislerin oluşması),
f. Boyun damarlarının tıkanması (baş dönmesi, felç, unutkanlık, Alzheimer hastalığı),

Açıkça görüyoruz ki, damarlarının aniden büzüşmesi ve kanın pıhtılaşmasını sağlayan proteinlerin çoğalması ile birlikte pıhtıyı oluşturan hücrelerin yapışkanlıklarının artması damarların tıkanmasının asıl nedenidir!

DAMARLARIMIZIN TIKANMASININ KOLESTEROL YA DA TÜKETİLEN DOĞAL YAĞLARLA HİÇBİR İLİŞKİSİ YOKTUR.

MASTER HORMON OLAN İNSÜLİNİN ŞEKERE BAĞLI OLARAK YÜKSELMESİ DAMARLARIN TIKANMASININ ANA NEDENLERİNDEN BİRİDİR!

1. Sempatik sinir sistemini aşırı uyararak damarlarımızda vasokonstriksiyon yaparak tansiyonumuzu yükseltir.
2. Nitrik oksidi inhibe ederek vasodilatasyonu, yani damarların gevşemesini, genişlemesini engeller, tansiyonumuzu yükseltir
3. Trombositlerin yapışkanlığını artırarak kanın pıhtılaşmasını hızlandırır.
4. Fibrinojen proteininin yapımını artırarak kanın yoğunlaşmasını ve damarların tıkanması riskini artırır.
5. Ayrıca şeker yüksekliği de kanın yoğunlaşmasını ileri derecede artırır. Şeker hastalarında dehidrasyon meydana gelir, şeker hastalarının devamlı susuzluk hissi, ağız kuruluğu bu nedenledir!
6. KALP VE DAMAR HASTALIKLARINI ÖNLEMEK ELİMİZDEDİR. KRONİK İNFLAMASYONU BAŞLATMAMAK, KRONİK İNFLAMASYONU ÖNLEMEK ELİMİZDEDİR!
   İNSÜLİNİNİ YÜKSELTME!
   İNSÜLİNİNİ ZIPLATMA.
   'ŞEKER EN TATLI ZEHİRDİR'İ HAYAT SLOGANI YAP!
   TRANS YAĞLARDAN UZAK DUR!
   HAREKET ET...

3. ŞİFRE:

İNSÜLİNİ ZIPLATIRSAN YANARSIN!

Anahtarlar:

(Yine) İnsülin Hormonu
(Yine) Kan Şekeri
İnsülini Zıplatanlar
Yüksek İnsülinin Yan Etkileri
Trigliserid
Leptin ve Leptin Direnci
Tiroid Hormonları
Risk Analizi

İnsülin hormonumuzun yüksekliğini nasıl anlarız?

Bel çevreniz biraz genişlemeye başlamışsa, HbA1c ve açlık kan şekeri de dahil bütün kan değerleriniz normal olsa bile, bilesiniz ki insülininiz yükselmeye başlamıştır. Vücudunuzda kronik inflamasyonun temeli atılmıştır.

KRONİK İNFLAMASYONU başlatmamak için, kan şekeri ve insülin hormonu yükseltilmeyecek.[77, 78] Karatay prensiplerini uygulayanların ve bu prensipleri hayat biçimi yapanların KAN ŞEKERİ VE İNSÜLİN HORMON DÜZEYLERİ düşüp normal değerlere indikçe, kronik inflamasyon da yavaş yavaş iyileşiyor ve şikâyetlerinden kurtuluyorlar, kendilerine geliyorlar!

Vücutlarında kronik inflamasyon düzelince, bütün kronik dejeneratif hastalıklarından da kurtuluyorlar, dinçleşiyorlar, gençleşiyorlar, bağışıklık sistemleri de güçlendiği için sık sık hastalanmıyorlar.[79]

Birçok bilimsel araştırma, insülin hormonunun düşmesi sonucu kronik inflamasyonun giderildiğini, kronik dejeneratif hastalıkların düzelebildiğini ve bağışıklık sisteminin güçlendiğini göstermiştir.[80, 81]

Dünya Sağlık Örgütü'nün (WHO) 4 Nisan 2015 Raporunda, *"Yalnız kan şekerinin kontrol altına alınmasıyla, ölümcül olan komplikasyonların önü alınabilir"* diye bildirilmiştir![82]

Sadece kan şekerinin kontrol altına alınması hayati bir önem mi arz ediyor?

Evet! Kan şekeri yükselince, kanda insülin hormonu da yükseliyor, bunu artık biliyoruz. Her ikisinin yüksekliği, yukarıda açıkladığımız zararlı etkilere ek olarak, hücrelerimize son derece zararlı olan SERBEST

---

77 Lumeng CN., et al. Inflammatory links between obesity and metabolic disease. *The J of Clinical Investigation* 2011; 121(6):2111-2117.
78 OdegaardbJI:, et al. Pleiotropic actions of insulin resistance and inflammation in metabolic homeostatis. *Science*, 2013;339(6116): 172-177.
79 Odegaard JI., et al. The immune system as a sensor of the metabolic state. *Immunity*, 2013; 38(4):644-654.
80 Pond CM. Adipose tissue and the immune system. *Prostaglandins, Leukotrients and Essential Fatty Acids*. 2005; 73(1):17-30.
81 Cildir G., et al. Chronic adipose tissue inflammation: all immune cells on the stage. *Trends in Molecular Medicine*. 2013;19(8):487-500.
82 http://www.who.int/mediacentre/news/releases/2015/sugar-guideline/en
Publication date: 2015. Languages: English, Farsi, Executive summary published in Arabic, Chinese, French, Russian, Spanish ISBN: 978 92 4 154902 8 WHO reference number: WHO/NMH/NHD/15.2 (Executive summary).

OKSİJEN RADİKALLERİNİ ARTIRDIKLARI İÇİN ve KRONİK İNFLAMASYONU BAŞLATTIKLARI İÇİN, organizmada oluşan son derece tehlikeli ana ikili olarak kabul edilmektedirler!

SERBEST OKSİJEN RADİKALLERİ, bütün hücre çekirdeklerimizde bulunan DNA'larımızı TAHRİP EDER, böylece hastalıklara hücresel düzeyde temel atılmış olur!

Son 50-60 yıl içinde birçok bilim adamı ve araştırmacı, yüksek glisemik indeksli rafine karbonhidratlı yiyecek ve içeceklerin uzun süreli ve aşırı tüketiminin kardiyovasküler hastalıkların nedeni olduğunu bildirmişlerdir. Şeker, rafine ve sıvı karbonhidratların kanda TRİGLİSERİDLERİ yükseltmelerinin sonucu olarak kalp ve damar hastalıklarını arttığını açıklamışlardır.[83, 84, 85]

1. Oxford profesörlerinden olan Prof. Judkins, 1972 yılında yayınlamış olduğu ***White and Deadly: The Problem of Sugar***[86] adlı kitabında, kalp krizinin nedeninin aşikâr olarak yenilen beyaz şeker olduğunu bilimsel çalışmalarla açıklamaktadır.
2. Bu konularda Harvard Tıp Fakültesi Beslenme Bölümü'nde yapılmış birçok bilimsel çalışmada, kalp krizi ve damar hastalıklarının nedeninin, vücutta hızla şekere dönüşen yüksek glisemik indeksli rafine karbonhidratlar olduğu bildirilmiştir. Adı geçen bilimsel çalışmalarda, şekerin ve rafine karbonhidratların KOLESTEROLDEN VE DOYMUŞ YAĞLARDAN daha tehlikeli olduğu açıklanmıştır.[87, 88, 89]
3. G. Taubes, 2007 yılında yayınladığı ***Good Calories, Bad Calories: Challenging the Conventional Wisdom on Diet, Weight Control and Disease***[90] adlı kitapta bütün kalorilerin eşit olmadığını, kötü kalorilerin, yani yüksek glisemik indeksli olan rafine karbonhidratların ve şekerli içeceklerin hastalıkları başlattığını açıklamıştır.

---

83 Albrink MJ. Carbohydrate metabolism in cardiovascular disease. *Ann Intern Med.*, 1965;62(6):1330-1333
84 Sugar Association. Sugar and heart health: what are the facts? 2015. https://www.sugar.org/sugar-heart-health-facts Accessed, August 11, 2015.
85 Kuo PT, Bassett DR. Dietary sugar in the production of hyperglyceridemia. *Ann Intern Med.*, 1965;62(6):1199-1212
86 Yudkin J.*Pure, White and Deadly:The Problem of Sugar.* London, England: Davis-Poynter Ltd; 1972.
87 Hu FB. Are refined carbohydrates worse than saturated fat? *AJCN* 2010;91(6): 1541-1542.
88 Siri-Tarino PW. et al. Saturated fat, carbohydrates, and cardiovascular disease. *AJCN* 2010; 91(3):502-509.
89 Jokopsen MU. Et al. Intake of carbohydrates commpared with intake of saturated fatty acids and risk of myocardial infarction: importance of the glycemic index. *AJCN* 2010;91(6);17641768.
90 Taubes G. *Good Calories, Bad Calories: Challenging the Conventional Wisdom on Diet, Weight Control, and Disease.* New York, NY: Knopf; 2007.

G. Taubes, daha sonraki yıllarda kaleme aldığı kitaplarında da şekerin sağlığa olan zararlarının asırlardan beri bilindiğini, ORGANİZMALARDA KRONİK İNFLAMASYONU ŞEKER VE İNSÜLİN ikilisinin başlattığını tarihi gelişmeleriyle açıklar.[91, 92]

4. Teicholz N. de 2014 yılında yayınladığı ***The Big Fat Surprise: Why Butter, Meat and Cheese Belong in a Healthy Diet*** adlı kitabında tereyağının, kırmızı etin ve peynirlerin sağlıklı bir beslenme açısından şart olduğunu yazmıştır.[93]
5. 2011 yılında kaleme aldığım, **500.000** adet satış rakamıyla bugüne kadar Türkiye'de en çok satan sağlık kitabı unvanına sahip olan ***Karatay Diyeti***'nde glisemik indeksi yüksek, rafine karbonhidratlı yiyecek ve içeceklerin tehlikeli olduğunu, doğal yağların, işlenmemiş yağlı kırmızı etlerin kalp krizini önlediğini birçok bilimsel kanıtla anlatıp açıklamıştım.
6. *"Bütün yollar Roma'ya çıkar"* sözünde olduğu gibi, İtalyan bilimsel araştırmalarına göre de bütün yollar KRONİK İNFLAMASYONA ve KRONİK İNFLAMASYONU başlatan ŞEKER-İNSÜLİN HORMONU ikilisine çıkmaktadır.[94, 95]

Yüksek kan şekeri kronik inflamasyonu başlatınca vücudumuz ne gibi işaretler veriyor?

Çok basit, bel çevrenizin azıcık genişlemeye başlaması ilk işaretidir, bu genişlemenin gün geçtikçe giderek artması ise karaciğerinizin büyümeye, yani yağlanmaya başladığının tehlikeli bir göstergesidir. Bu gidişata karşı önlem alınmazsa, KRONİK İNFLAMASYONA bağlı olarak yukarıda saydığımız KRONİK/DEJENERATİF hastalıklar vücudumuzda sinsice gelişecek ve seneler sonra aniden ortaya çıkacaktır. KARACİĞERİN YAĞLANMAYA BAŞLAMASI daha ilk basamaklar olduğu için,

91 Taubes G. 2011. *Why We Get Fat: And What To Do About It.* Anchor ISBN: 978-0-307-47425-4.
92 Taubes G. 2017. *The Case Agains Sugar.* ISBN 978 1 84627 637 8.
93 Teicholz N. *The Big Fat Surprise: Why Butter, Meat, and Cheese Belong in a Healthy Diet.* New York, NY: Simon and Schuster; 2014.
94 Bantle, J.P., et al.,1983. Postprandial Glucose and Insulin Responses to Meals Containing Different Carbohydrates in Normal and Diabetic Subjects. *NEJM*, 309, no 1(july 7): 7-12.
95 Castro, A.V., et al., 2014. Obesity, Insulin Resistance and Comorbidities-Mechanisms of Association. *Arquivos Brasileiros de Endocrinologia e Metabologia*, 58., No.6 (Aug.): 600-609.

KARACİĞERİN ÇALIŞMASININ YA DA İŞLEVİNİN BOZULDUĞUNUN GÖSTERGESİ DEĞİLDİR! Önlem alındığı takdirde hastalıklar henüz ilk basamaklarında durdurulabilecektir.

RUTİN OLARAK KANDA BAKILAN VERİLER, MAALESEF KRONİK İNFLAMASYONUN BAŞLANGICINI BİZE GÖSTERMEK İÇİN YETERLİ BİLGİYİ SAĞLAYAMIYOR!

Girişte de açıklamış olduğumuz gibi, rutin olarak 'check up' programlarında kısıtlı olarak istenen laboratuvar ve klinik tetkiklerinin kronik inflamasyonu ortaya çıkarması yeterli ya da mümkün değildir.

Bu tetkikler, kronik inflamasyonun en ileri evresinde, hastalıkların ilerlediği son dönemlerde, organlarımızın işlemez hale geldiği geç dönemlerde ancak bizleri uyarabilir, bilgilendirebilir. Ancak uzun süreden beri gelişmiş olan metabolik bozuklukların, hormonlarımızın dengesinin bozulduğunun, hormonal ve enzimatik dengesizliğinin en ileri düzeylerde olduğunun göstergeleri olabiliyorlar. Yani, birçok hastalık belirtisi ortaya çıktığında, klasik kan ve laboratuvar tetkikleriyle ancak organizmada senelerden beri yerleşmiş olan dismetabolik/kardiyometabolik bozuklukların ilerlemiş olduğunu saptamamıza yardımcı olabilirler.

Klasik kan değerleri ile uzun sürelerden beri sinsi bir şekilde gelişmiş ve hücresel düzeyde başlamış olan dismetabolik ve kardiyometabolik bozuklukları anlamamız mümkün değildir.

Bu durumda, kan şekerimizin normal değerlerde çıkması ne anlama geliyor?

Açlık kan şekerinin normal olması ya da zayıf bir kişi olmanız, metabolik bozukluğunuzun olmadığını göstermez. Tam aksine, metabolik bozukluk başlamış olsa bile, elinizdeki verilere bakıp "Benim şekerim yok" diye kendinizi uzun süre kandırabilirsiniz, tabii ki farkında olmadan! Şeker hastası olduğunu dahi bilmeyen o kadar çok kişi bugün 'sağlıklıyım' diye aramızda rahat rahat dolaşmakta, yaşamakta ve de önlem almayı bile düşünmemektir. Metabolik bozuklukların olabileceği de maalesef kimsenin aklına gelmemektedir. Açlık kan şekerinin yüksek çıkması, şeker hastalığının en ileri safhalarında ortaya çıkıyor. Yani zaten geç kalınmış bir durum söz konusudur. Kilosuz, zayıf olan kişilerde de hormonal/metabolik bozukluklar, insülin direnci ve metabolik sendrom görülmektedir.

Burada yeri gelmişken bir kez daha vurgulamak istiyorum ki;

ZAYIF OLMAK, AZ KİLOLU OLMAK SAĞLIKLI OLMAK DEMEK DEĞİLDİR!

Hücresel düzeyde bozuklukların başlamış olduğunu daha hassas kan değerleri ile saptamak mümkündür tabii ki. Bu arada, kişilerin şikâyetlerini dinlemek, şikâyetlerini anlamak da son derece önemlidir.

Diyeceğim odur ki, *"Benim hiçbir şikâyetim yok, ama çocukluğumdan beri kabızlık çekiyorum"* diyen bir kişinin kan bulguları normal çıkmış olsa bile, biliniz ki o kişide temel ve önemli bir metabolizma bozukluğu, yani KRONİK İNFLAMASYON çocukluğundan beri başlamış ve yerleşmiştir. O bakış açısından hastanın sorgulanması ve kapsamlı tetkiklerin yapılması gerekmektedir!

İşte buna benzer şikâyetlerin dinlenmesi ve anlaşılması son derece önemlidir.

Kan değerleri normal olsa bile, çocuklarda ve gençlerde erken yaşlarda OBEZİTENİN tehlikeli bir şekilde yaygınlaşması da genel olarak KRONİK İNFLAMASYONUN önemli bir belirtisi ve göstergesidir.

Kronik inflamasyonu anlamak için ne gibi tetkiklerden bahsediyorsunuz? Zor mu bu tetkikleri yaptırmak?

Hayır, hiç de zor değil! Gayet kolay ve basit kan tetkiklerinden söz ediyorum...

KRONİK İNFLAMASYONUN başlamış olduğunu gösteren dismetabolik ve kardiyometabolik risk faktörlerini, 12 saatlik açlıktan sonra kanda bakılan şeker, insülin, CRP, trigliserid, homosistein ve 2 saat tokluktan sonra bakılan kan şekeri gibi basit kan ve idrar tetkikleri ile ortaya çıkarmak mümkündür.

Kronik inflamasyon belirtileri olan ve risk altında olanları şu şekilde açıklayabiliriz:

1. Azıcık göbekli olunması ve bel çevresinin genişlemeye başlamış olması.
2. Bel çevresi genişliğinin gün geçtikçe fazlalaşması!
3. Sıkça doktora gidip gelerek "Benim insülin direncim var" gibi ifadelerin dile getirilmesi.
4. Kan şekeri dengesizliğinden yakınarak "Benim açlık kan şekerim azıcık yüksek, aşırı yüksek değil" diye ifadelerin kullanılması.

5. Kanda HbA1c değeri üst sınıra yakın olmasına rağmen 'normal' olarak tanımlaması.
6. 12 saatlik açlıktan sonra alınan kanda bakılan İNSÜLİN HORMONU değerinin 5 IU/mL'den yüksek çıkması.
7. 12 saatlik açlıktan sonra alınan kanda bakılan AÇLIK KAN ŞEKERİ değerinin 100 mg/ml'den yüksek çıkması.
8. 2 saat tokluktan sonra alınan kanda TOKLUK KAN ŞEKERİ değerinin 140 mg/ml'den yüksek çıkması.[96, 97]
9. Kan HOMOSİSTEİN değerinin 10 mg/mL'den yüksek olması.[98, 99]
10. Kan TRİGLİSERİD değerinin normal değerlerin üzerine çıkması.[100]
11. Kan CRP değerinin yüksek çıkması.
12. Kan HEMOGLOBİN değerlerinde dengesizlik olması.
13. Kanda ÇİNKO değerinin düşük olması.
14. Kanda MAGNEZYUM değerinin düşük olması.
15. Kanda KLOR değerinin düşük olması.
16. Kanda POTASYUM değerinin düşük olması.
17. Kanda SELENYUM değerinin düşük olması.
18. Kanda SODYUM değerinin düşük olması.
19. Kanda SÜLFÜR değerinin düşük olması.
20. Kanda B12 VİTAMİN değerinin düşük olması.
21. Kanda FOLİK ASİT değerinin düşük olması.
22. Kanda D VİTAMİNİ değerinin düşük olması.
23. Spot idrarda İYOT değerinin düşük olması.

Bunlardan birinin ya da birkaçının saptanması ile BİLİNİZ Kİ, KRONİK İNFLAMASYON ÇOKTAN BAŞLAMIŞTIR.

BU DURUMLARDA ÖNLEM ALINMASI ŞARTTIR.

ÇOK GEÇ OLMADAN, KRONİK İNFLAMASYON ve KRONİK DEJENERATİF HASTALIKLARIN ÖNÜ ALINABİLİR VE BU HASTALIKLAR ÖNLENEBİLİR VE DE İYİLEŞEBİLİR!

HİÇBİRİ, BİLİNENİN AKSİNE GENETİK DEĞİLDİR!

---

96 Albrink MJ. Carbohydrate metabolism in cardiovascular disease. *Ann Intern Med.*, 1965;62(6):1330-1333

97 Yudkin J. *Pure, White and Deadly: The Problem of Sugar.* London, England: Davis-Poynter Ltd; 1972.

98 McCully KS. 'Homocysteine, folate, B6, and cardiovascular disease' *JAMA*, Vol.279, No.5, pp.39393, 1998.

99 McCully KS. 'Vascular pathology of homocysteinema: implications for the pathologies of arteriosclerosis' *Am J Pathol*, Vol.56, No.1, pp.111-128,1969.

100 Kuo PT, Bassett DR. Dietary sugar in the production of hyperglyceridemia. *Ann Intern Med.* 1965;62(6):1199-1212

KANDA ŞU DEĞERLERE DİKKAT!

Açlık kan insülini 5 IU/mL'nin üstüne çıkmaya veya azıcık yükselmeye başlamışsa,
Homosistein değeriniz 10 mg/mL'den yüksekse,[101, 102]
Trigliseridler yüksekse,
CRP değerleri yüksekse,
Açlık kan şekerinin normal olması aldatıcıdır! Sizi yanıltmasın.
HbA1c değerinin normal olması da aldatıcıdır! Sizi yanıltmasın.
Şeker hastalığınızın olmadığını göstermez!
Biliniz ki, KARDİYOMETABOLİK ve DİSMETABOLİK riskler çoktan başlamıştır!
UNUTMAYALIM!
Master hormon insülinimizi fırlatmayacağız! Zıplatmayacağız!
Zıplatmamak kendi elimizdedir, kimsenin elinde değildir.

VÜCUDUNUZDA AŞAĞIDAKİ GİBİ DURUMLAR VARSA KRONİK İNFLAMASYON ALARM VERİYOR DEMEKTİR!

Bir insülin direnci hastalığı olan Tip-2 diyabette, MASTER HORMON İNSÜLİNİ zaten yüksek olan şeker hastalarının bağışıklık sistemi çok zayıflamıştır. Bu nedenle sık sık hastalanırlar, enfeksiyonlar çok daha uzun sürer, yaraların iyileşmesi uzar ya da iyileşmez. Hastalıkların tedavi süresi de çok uzar. Örneğin, basit bir soğuk algınlığı, grip gibi hastalıkların geçmeleri birkaç haftayı bulabilir.

'Diyabetik ayak' gibi şeker hastalığının bir türlü iyileşmeyen komplikasyonlarının önemli nedenlerinden biri, ŞEKER/İNSÜLİN ikilisinin başlatmış olduğu KRONİK İNFLAMASYONDUR.

Küçük damar hastalığı olan 'mikrovasküler bozukluklar' küçük damarların KRONİK İNFLAMASYONUR.

Küçük damar ve büyük damar hastalıklarının diğer bir nedeni, şeker hastalarında yüksek kan şekerinin, serbest oksijen radikallerinin ve AGE öğelerinin (şekerlerin organizmada son devrelerde oluşturduğu zararlı maddeler) vücutta uzun süre yüksek kalmasıdır.

Alzheimer hastalığında, beyin ve sinir sisteminde oluşan ya da biriken AMYLOİD B PROTEİNİ de TEHLİKELİ BİR AGE ürünüdür.

Kronik inflamasyonun temel nedeni olan KAN ŞEKERİ ve MASTER HORMON İNSÜLİN yüksekliği, doğal olarak organizmada, beyin dahil tüm sinir sisteminde tahribata neden olmaktadır.

---

101 McCully KS. 'Vascular pathology of homocysteinema: implications for the pathologies of arteriosclerosis' *Am J Pathol*, vol.56, No.1, pp.111-128,1969.
102 Kuo PT, Bassett DR. Dietary sugar in the production of hyperglyceridemia. *Ann Intern Med.* 1965;62(6):1199-1212.

Bu tahribatın en önemli klinik belirtileri, başta beynimizin Tip-3 şeker hastalığı dediğimiz ALZHEİMER hastalığı, ayaklarda ve bacaklarda uyuşukluk, tabanlarda yanma şikâyetlerinin yavaş yavaş gelişmeye başlamasıdır. Özellikle uyurken ayakların yanması, bacak ve baldırlara kramp girmesi gizli şeker hastalığının, yani MASTER HORMON İNSÜLİNİNİN fazla yükselmiş olduğunun bir belirtisidir. Sistemik kronik inflamasyonun organizmada uzun süreden beri yerleşmiş olduğunun göstergesidir.

Master hormon insülini zıplatanlar nelerdir?

Glisemik indeksi yüksek, rafine karbonhidratlı, şekeri aniden yükselten ve aniden düşüren yiyecek ve içeceklerdir. Rafine olmuş ve işlem görmüş karbonhidratlı yiyeceklerdir, şekerli ve gazlı içeceklerdir. Enerji içecekleridir. Gıda endüstrisinin vazgeçilmezi haline gelen ve NBŞ diye adlandırılan, gıda ambalajlarında çoğunlukla FRUKTOZ ŞURUBU diye ifade edilen mısır şurubu şekeridir.[103] Fabrikasyon yollarla hazırlanmış şerbetli tatlılardır, glukoz şuruplu reçeldir, yapay yollarla hazırlanmış baldır, pekmezdir. Meyve şekeri fruktozdur, modern buğday ile yapılan ekmeklerdir. Pirinçtir, makarnadır, patates kızartmasıdır. Glutensiz diye piyasaya sunulan birçok fabrikasyon üründür. Suni, yani yalancı yapay tatlandırıcılardır[104] ve de tabii ki TRANS YAĞLAR, yani bozulmuş olan yağlardır, margarinlerdir, kızartma yağlarıdır, süt tozu dahil her türlü protein tozlarıdır.

Karatay Diyeti,
Karatay Diyeti'yle Yaşam Boyu Sağlık,
Karatay Mutfağı,
Karatay Diyeti'yle Obezite ve Diyabete Çözüm Var,
Karatay Diyeti'yle Beslenme Tuzaklarından Kurtuluş Rehberi ve
Anne Adayları ve Hamileler için Karatay Diyet adlı kitaplarımda incelikleriyle açıklamış olduğum gibi, bütün bu saydığımız besinler kana geçer geçmez kan şekerini yükseltir ve MASTER HORMON İNSÜLİNİN SALGILANMASINI KAMÇILAR.

---

103 Corn Syrup Is More Toxic Than Refined Sugar, Researchers Conclude January 21, 2015. Dr. Robert Lustig, Professor of Pediatrics in the Division of Endocrinology at the University of California, has been a pioneer in decoding sugar metabolism.

104 Collson KS et al. Interactive effects of neonatal exposure to monusodium glutamate and aspartame on glucose homeostatis. Nutr Metab (lond), 2012 Jun 14;9(1):58.doi: 10.1186/1743-7075-9-58.

Master hormon insülinin asıl görevlerinden biri de dokulara toksik etkisi olan kan şekerini normal değerlere indirerek bir an önce dolaşımdan uzaklaştırmaktır.

İŞTE MASTER HORMON İNSÜLİNİ ZIPLATANLAR

- HER TÜRLÜ ŞEKERLER/TATLILAR
- TÜM UNLU GIDALAR/NİŞASTALAR
- HER TÜRLÜ EKMEKLER/SİMİTLER/BİSKÜVİLER
- TÜM ŞEKERLİ, GAZLI İÇECEKLER/KOLALAR
- TAZE SIKILMIŞ MEYVE SULARI
- HAZIR MEYVE SULARI
- PİRİNÇ PİLAVI/PATETES/MAKARNA
- ENERJİ BARLARI
- ENERJİ İÇECEKLERİ

İnsülin zıplayınca ne gibi yan etkileri oluyor?

MASTER HORMON İNSÜLİN'in en önemli görevi, organizma ve hücrelerimiz için toksik olan yükselmiş kan şekerini TRİGLİSERİDLER denilen en tehlikeli kan yağına dönüştürerek dolaşımdan uzaklaştırmaktır. Kanda yükselen trigliseridler, vücutta oluşan en zararlı yağlardır. YÜKSEK KAN ŞEKERİNİ TRİGLİSERİD YAĞLARINA DÖNÜŞTÜREN MASTER HORMON İNSÜLİNİN diğer bir temel görevi de, yükselmiş olan bu tehlikeli yağları dolaşımdan uzaklaştırmak ve depoya göndermektir.

Vücudumuzun yağlanması, organlarımızın yağlanması, kilomuzun artması, işte bu TEHLİKELİ/ZARARLI olan YAĞLARIN, yani TRİGLİSERİDLERİN, MASTER HORMON İNSÜLİN tarafından kan dolaşımından uzaklaştırılarak vücudumuzun çeşitli bölgelerinde ve organlarımızda depo edilmesinin sonucudur. Bu durumda artık kronik inflamasyonun temelleri atılmaya başlamıştır. Vücudumuzun çeşitli bölgelerinde ve organlarımızda depo edilen ve kanda biriken zararlı yağlar, yani diğer bir deyişle DEPO TRİGLİSERİDLER bir endokrin organ olarak görev yaptıkları için, ARTIK BİR ENDOKRİN ORGAN OLARAK KABUL EDİLMEKTEDİR.[105]

---

105 Obesity as a Chronic Disease: Epidemiology, Morbidity and Mortality (Slides With Transcript) Samuel Klein, MD Faculty and Disclosures.

DEPO TRİGLİSERİDLER KRONİK İNFLAMASYON YAPAN HORMON ÜRETİRLER

Toksik olan KAN ŞEKERİNİN zararları önlensin diye, MASTER HORMON İNSÜLİN tarafından kan şekeri, yani glukoz TRİGLİSERİDE dönüştürülerek depoya gönderilir. DEPO EDİLMİŞ OLAN TRİGLİSERİDLER, maalesef bu sefer 20 TÜRLÜ KRONİK İNFLAMASYON yapan hormon üretirler.

YÜKSEK KAN ŞEKERİ

=

YÜKSEK İNSÜLİN

=

TRİGLİSERİD - SELLÜLİT - KARACİĞER VE İÇ ORGAN YAĞLARI

=

20 KRONİK İNFLAMASYON HORMONU

Önemli bir endokrin organ olan depo trigliseridler hangi hastalıklara neden oluyor, açıklar mısınız?

Tepeden tırnağa KRONİK İNFLAMASYON sonucu gelişen bütün kronik dejeneratif hastalıkları sayabiliriz...

1. Felç, idiyopatik kafa içi tansiyon yüksekliği, Parkinson ve Alzheimer hatalığı, depresyon
2. Gözde katarakt, glokom ve retina hastalıkları
3. Haşimato diye adlandırdığımız tiroidit, yani kronik tiroid iltihabı, tiroid nodülleri, hipotiroidi
4. Damar sertliği, ateroskleroz ve kalp krizi
5. Kanın yoğunlaşması, kanın pıhtılaşma proteinlerinin artması
6. Trombositlerin birbirine yapışıklıklarının artması
7. Tip-1 diyabet ve Tip-2 diyabet, akut ve kronik pankreatit
8. Dislipidemiler, kan yağlarının dengesinin altüst olması
9. Yüksek tansiyon
10. Jinekolojik bozukluklar; kısırlık, polikistik over, âdet bozuklukları
11. Küçük yaşlarda ergenliğin başlaması, erken âdet görmeye başlanması
12. Erkeklerde saç dökülmesi sonucu erken yaşlarda alnın açılması
13. Osteoartrit dediğimiz, diz eklemlerinde deformite ve ağrıların görülmesi, romatoid artrit

14. Filebit dediğimiz venöz staz, diğer bir deyişle bacaklarda bulunan toplardamarlarda kan dolaşımının yavaşlaması, varislerin oluşması
15. Gut hastalığı; kanda ve eklemlerde ürik asit yüksekliği belirtisi, çeşitli eklemlerde bu nedenle ağrıların olması
16. Egzama gibi çeşitli cilt hastalıkları, ciltte siğillerin oluşması, topuk dikenlerinin çıkması
17. Başta meme olmak üzere rahim, rahim ağzı, prostat, böbrek, kolon, yemek borusu, pankreas ve karaciğer kanseri
18. Safra kesesi taşı ve kronik iltihabı
19. Karaciğer yağlanmasına bağlı kronik karaciğer hastalığı, siroz, karaciğer kanseri
20. Akciğer fonksiyonlarının bozulması, hipoventilasyon
21. Uyku apnesi

BU HASTALIKLARIN HEPSİNİ ÖNLEMEK ELİMİZDEDİR, HASTALANMIŞSAK BİLE OLSAK, HASTALIĞIN İLERLEMESİNİ DURDURMAK DA ELİMİZDEDİR.

Bu hastalıklardan kurtulmanın basit bir şifresi var mı?

Çok çeşitli olan bu hastalıkların temelinde ortak bir neden, ortak bir sebep bulunmaktadır. Başından beri vurgulamaya çalıştığımız, aşırı şeker ve rafine karbonhidratların tüketilmesinin neden olduğu KRONİK İNFLAMASYON asıl başlatan nedendir. Bu gerçek, 2003 yılında L. Cordain ve arkadaşlarının yayınlamış olduğu çalışmada bilimsel ve kapsamlı olarak açıklanmaktadır.[106]

Cordain ve arkadaşları, 1700'lü yıllardan beri şeker tüketiminin nasıl giderek arttığını ve şeker tüketiminin artışına paralel olarak da kronik dejeneratif hastalıkların arttığını bilimsel olarak göstermişlerdir.

TEMEL OLAN ASLINDA SON DERECE KOLAY VE BASİT OLANI UYGULAMAKTIR. Bu nedenle, dismetabolik ve kardiyometabolik bozuklukların düzeltilmesi şarttır. KARATAY DİYETİ PRENSİPLERİNİN AMACI, dismetabolik ve kardiyometabolik açıdan kronik inflamasyon yapan risk faktörlerini azaltarak HASTALIKLARIN ASIL KÖKÜNÜ KURUTMAKTIR. Bilinenin ve kabul edilenin aksine, bozuk olan metabolizma doğru

106 L. Cordain et al. Hyperinsulinemic diseaseas of civilization (more than just Syndrome X). Comparative Biochemistry and Physiology Part A 136 (2003) 95-112.

prensipleri uygulayarak düzelir. Kronik hastalıkların hayat boyu devam etmesi gerekmez, bu tür hastalıklarda 'ölene kadar ilaç kullanmak' şart değildir.

Yukarıda saydığımız hastalıkların nedeni, ilaç ya da çeşitli hormonların eksikliğinden kaynaklanmamaktır! İlaçlarla yalnız o hastalığın belirtileri baskı altına alınmakta ve şikâyetler bir nebze azaltılmaktadır. Oysa şikâyetlerin azalması, hiçbir zaman hastalığın temel kökünün düzeldiğinin göstergesi değildir.

Bu bağlamda bataklığın kurutulması önemlidir, çeşitli ilaçlarla sineklerin teker teker öldürülmesinin kıymeti harbiyesi yoktur. Amaç sadece kilo vermek de değildir! VÜCUT HÜCRELERİ SAĞLIĞINA KAVUŞUP NOMALLEŞTİKÇE metabolizma da giderek normale dönecek ve KRONİK İNFLAMASYON YAVAŞ YAVAŞ AZALACAĞINDAN, hastalıkların kaynağı olan depo edilmiş TRİGLİSERİDLER DE AZALACAKTIR! Yani kilolar bitecektir! VERİLEN KİLOLAR DA KALICI OLACAKTIR.

Uygulanan birçok klasik diyette (ki bunlara YO-YO diyetler de diyoruz), sık sık karşılaştığımız hızlı kilo verme ve hızlı kilo alma kısırdöngüsü hiçbir zaman yaşanmayacaktır. Bu nedenle moraller güçlenecek, depresyon durumları, ödüllenme partileri oluşmayacaktır.

YİYECEKLERDE BULUNAN DOĞAL YAĞLAR VE KOLESTEROL ZARARLI DEĞİLDİR!

Bilinenin aksine, yiyeceklerde bulunan doğal yağ ve proteinler organizmaya arz edildikçe, bozulmuş olan hücrelerin metabolizmaları yavaş yavaş düzeleceğinden, vücudun tümünün toparlanması sonucu, yan etki olarak, hastalıklardan kurtulma ve kilo verme de hızlanacaktır.

Master hormon insülin yükselince, hayati önemi olan hangi hormonlar azalmaktadır?

Master hormon insülinin yükselmesi, organizmada diğer birçok hormonal ve metabolik bozukluklara da neden olmaktadır. Daha önce ***Karatay Diyeti'yle Obezite ve Diyabete Çözüm Var*** ve ***Karatay Diyeti'yle Beslenme Tuzaklarından Kurtuluş Rehberi*** kitaplarında da anlatmış olduğum gibi, insülin hormonu yükselince, bir organizmada hormonal dengenin sağlanması amacıyla bazı değerli ve hayati önemi olan hormonların yapımı da giderek azalmaktadır.

MASTER HORMON İNSÜLİN YÜKSELİNCE, öncelikle BÜYÜME HORMONU dediğimiz 'growth hormon' SALGILANMASI AZALIR ve kanda gerekli olan sağlıklı düzey bir türlü sağlanamaz. Ayrıca TİROİD HORMONLARINDA da bir dengesizlik görülür.

Growth hormon dediğimiz BÜYÜME HORMONU ANA RAHMİNDEN İTİBAREN bebeklerde, çocuklarda ve gençlerde sağlıklı bir şekilde büyüme ve gelişmeyi ve YENİ HÜCRE YAPIMINI SAĞLAR. Büyüme hormonuna hayat boyu ihtiyacımız vardır. Büyüme ve gelişmenin durduğu ya da yavaşladığı ileri yaşlarda da, yıkılan hücrelerin yerine sürekli olarak yeni hücre yapımı için büyüme hormonu şarttır. Organizmada bulunan her hücre 3-4 ay içinde doğal olarak ölür ve onun yerine yeni ve sağlam hücreler gelir. Tabii ki doğal ve sağlıklı besleniyor ve yaşıyorsak.

Neden biz yetişkinlerin de büyüme hormonuna ihtiyaçları olsun ki?

Yukarıda da açıkladığım gibi, artık biliyoruz ki, vücudumuzun temel yapı taşı olan hücrelerimiz kalp, damar, beyin, kemik, sinir, cilt, endokrin organlarımızda bulunan hücreler, üreme organlarımızda bulunan hücrelerimiz, tıpkı kan hücrelerimiz gibi yaşa başa göre 3-4 ayda, doğal bir süreç içinde ölmektedir. Tıp dilinde buna, programlı hücre ölümü/APOPİTOSİS denmektedir. Eskidikleri için, yani tedavülden kaldırılmaları gerektiğinden, programlı olarak ölen hücrelerimizin yerini doğal olarak yeni hücreler alacaktır. Saçların ve tırnakların uzaması, keselendiğimiz zaman eski cildimizin temizlenmesi gibi, tüm vücudumuzda ve iç organlarımızdaki bütün hücrelerimizde programlı ölüm ve programlı bir yeni yapılanma şeklinde biz farkında bile olmadan devamlı süregelmektedir.

NORMAL ŞARTLARDA DOĞAL, YENİ HÜCRE YAPIMINI SAĞLAYAN HORMON BÜYÜME HORMONUDUR. Yaraların, kesiklerin, kırıkların, yırtılan kasların, kas bağlarının, kıkırdakların hızlı iyileşmelerinde önemli görevi vardır.

Aynı nedenlerle, özellikle her egzersizden sonra kaslarımızda meydan gelen 'mikro yırtılmaların' tekrar yapılanmasında, yeni adale ve sinir hücresi yapımında önemli görevi bulunmaktadır.

Tiroid hormonlarında nasıl bir dengesizlik oluyor?

MASTER HORMON İNSÜLİN YÜKSEKLİĞİ bütün vücutta yağ birikimine neden olduğu gibi, TİROİD GUDDESİNİN YAĞLANMASINA VE HİPERPLAZİSİNE DE NEDEN OLMAKTADIR. Sonuç olarak, tüm vücutta olduğu gibi, tiroid guddesinde de KRONİK İNFLAMASYON meydana gelmektedir, yani kronik tiroidit/HAŞİMATO ve TİROİD NODÜLLERİ ortaya çıkmaktadır.

Hepsi bir bütünün parçalarıdır. Tiroid bezi hücrelerinin yapısı ve fonksiyonu, yani işlevi bozulmuştur. Bu nedenle, tiroid hormonlarının yapımı azalıp yetersiz kalınca HİPOTİROİDİ dediğimiz hastalık ortaya çıkmaktadır.

HİPOTİROİDİYE GİDEN YOL!

1. Tiroid hücreleri tam çalışamaz olduğundan, tiroid hormonları etkili ve yeterli olarak üretilemez.
2. Tiroid hormonlarının değerleri kanda düşüktür. Bu nedenle tiroid guddesinin fazlasıyla uyarılması gerekmektedir. Tiroidi uyaran hormon beyinden fazlasıyla salgılanacaktır, az üretimi kamçılamak amacıyla...
3. Hipotiroidi dediğimiz klinik tablo ortaya çıkmıştır. Kabul edilenin aksine, düzelmesi de mümkün olmaktadır.
4. Kronik inflamasyon giderilince hücreler de kendine gelmekte ve tiroid guddesinden sağlıklı bir şekilde tiroid hormonu salgılanmaya başlamaktadır.
5. Karaciğerde insülin direnci ile paralel olarak gelişen leptin direnci de, aktif olmayan T4 tiroid hormonunun aktif olan T3 tiroid hormonuna dönüştürülmesine engel oluşturmaktadır. Sonuçta hipotiroidi hastalığı ortaya çıkmaktadır!

KARATAY DİYETİ PRENSİPLERİNİ UYGULAYARAK sağlıklı yaşam biçimine başlayan ve buna devam eden kişilerde TİROİD HÜCRELERİ SAĞLIKLI OLARAK ÇALIŞMAYA BAŞLAYINCA tiroid nodülleri kaybolmakta, HAŞİMATO denilen kronik tiroidit ve hipotiroidi de düzelmektedir. Daha doğrusu, kişinin organizması 'reset' olarak eski normal haline dönmektedir.

Leptin hormonu nedir?

LEPTİN HORMONU, BİRİKEN YAĞLARIN ENERJİ OLARAK KULLANILMASINI SAĞLAYAN HORMONDUR. İnsülin direnci gelişmiş olan kişilerde, insülin direncine paralel olarak leptin direnci de gelişmektedir. LEPTİN DİRENCİ gelişmiş olan kişilerde, LEPTİN HOR-

MONU asli görevini yerine getiremez. Yani, İNSÜLİN hormonu TRİGLİSERİDLERİ depo etmeye, LEPTİN hormonu da birikmiş yağları, yani TRİGLİSERİDLERİ, eritmeye programlanmıştır. Leptin ve insülin ilişkisini ***Karatay Diyeti*** ve ***Karatay Diyeti'yle Yaşam Boyu Sağlık*** adlı kitaplarımda detaylı olarak uzun bir şekilde açıklamıştım.

Tiroid hormonlarını biraz daha açıklayabilir misiniz?

Tiroid hormonlarından T4, aktif olan tiroid hormonu T3'e karaciğerde dönüştürülür. İnsülin direnci gelişmiş olan kişilerde, gizli şeker hastalığı ve şeker hastalığı olan kişilerde, obezlerde ve bel çevresi genişlemeye başlayan kişilerde, ayrıca 'Benim hipoglisemim var' ya da 'Ben hipoglisemi hastasıyım' diyenlerde, karaciğer yağlanması gelişmiştir.

KARACİĞERDE YAĞLANMASI OLAN KİŞİLERDE, KARACİĞER ENZİMLERİ HENÜZ BOZULMAMIŞ DAHİ OLSA, KARACİĞER ENZİMLERİ NORMAL SINIRLAR İÇİNDE DAHİ OLSA, T4 TİROİD HORMONU, AKTİF OLAN T3 TİROİD HORMONU ŞEKLİNE DÖNÜŞTÜRÜLEMEZ. Boyunda kelebek gibi şekli olan tiroid guddesi de, beyinden gelen uyarılarla TSH dediğimiz tiroid stimulan hormon tarafından fazla çalışmak için sürekli bir şekilde kamçılanır ve giderek büyür. Bu durumda, tiroid guddesinde kronik inflamasyon gelişmiş olduğu için, TSH hormonun uyarısına cevap veremez, bu nedenle de TSH daha da fazla üretilerek kanda değerleri giderek yükselir. Diyabet hastalığında insülin direnci geliştiği gibi, kronik tiroid hastalığında da tiroid hormonuna direnç gelişmiştir. Tiroid hormonu o nedenle yükselir, yüksek kalır ama tiroid guddesinde bulunan gudde hücrelerine etkisi yoktur. Hücrelerin kulakları tıkanmıştır, TSH'nın sesini duymazlar ve T4 hormonunu üretemezler. Ürettikleri T4 hormonu da yağlanmış olan karaciğerde aktive edilemez, yani T3 hormonuna dönüştürülemez.

Kronik inflamasyon sonucu tiroid hücrelerinde yağlanma ve büyüme meydana gelmeye başlar. Biz buna tıp dilinde hiperplazi diyoruz. Bir süre sonra da tiroid içinde önce kistler, daha sonra nodüller, daha ileri devrelerde de sert tümörlere dönüşmeye başlar.

Tiroid guddesinde birçok nedenlerle de kronik inflamasyon dediğimiz haşimato gelişebilir ve hipotiroidi belirtileri ortaya çıkabilir. T4 demek, tiroid hormonunda 4 adet iyot molekülü var demektir. T3 demek, tiroid hormonunda 3 adet iyot molekülü var demektir. İNSÜLİN DİRENCİ İLE BİRLİKTE GÖRDÜĞÜMÜZ YANLIŞ VE SAĞLIKSIZ BESLENME, DOĞAL BESİNLER TÜKETİLMEMESİ, ORGANİZMAYA GEREKLİ OLAN MİNERALERİN VE VİTAMİNLERİN YETERLİ VE DOĞAL OLARAK GİRMEMİŞ OLMASI VE RADYASYON, HAVA KİRLİLİĞİ, AĞIR METALER DE KRONİK TROİDİTİ BAŞLATAN NEDENLERDİR. En başta, vücudumuzda üretilmeyen, dışarıdan alınması gerekli olan İYOT EKSİKLİĞİ gelmektedir. İyot konusunu ilerleyen bölümlerde daha detaylı ele alacağız.

İnsülin hormonu yüksekliği ile erken ergenlik, kısırlık, iktidarsızlık, erken menopoz arasında bir ilişki var mı?

MASTER HORMON İNSÜLİN YÜKSEKLİĞİ SONUCUNDA gelişen birçok önemli sağlık sorunundan birinin de, gerek kadınlar ve kız çocuklarında, gerekse erkek çocuklarında ve erkeklerde SEKS HORMONLARININ AZALMASI olduğu görülmektedir.

Vücudumuzda seks hormonları azalınca ne gibi durumlar ortaya çıkıyor?

KIZ ÇOCUKLARINDA âdet düzensizlikleri, âdet görememe, erken ya da geç âdet görme, polikistik over sendromu, fibrokistik meme, kısırlık, aşırı kıllanma gibi sorunlar ortaya çıkıyor.

ERKEK ÇOCUKLARDA ise, memelerin büyümesi, boy kısalığı, miyopluk, ergenliğin gecikmesi, testislerin büyümemesi gibi sağlık sorunları bir arada ya da tek tek görülebilir.

Kan şekeri ve master hormon insülin yüksekliği organizmada fark edilmeyen başka bozukluklara neden oluyor mu?

Kan şekeri ve master hormon insülinin yüksekliğinin birçok zararını anlattık. Ancak pek değinmediğimiz 'mikro-nutrient' konusunu biraz daha açmakta fayda var.

İnsan vücudundaki kan dolaşımı, bütün hücrelere ve organlara aynı anda ulaşır. Bütün hücrelerimiz ve organlarımız tek kaynaktan ve de iyi kötü ayırt etmeden aynı besinlerle sulanır, beslenirler. Kanda bulunan MİKRO-NUTRİENT dediğimiz, vitaminler ve mineraller gibi minik temel besleyicilerin yeterli ve dengeli bir şekilde tüm hücrelerimize ulaşması şarttır. 'MİKRO-NUTRİENT' DEDİĞİMİZ, VİTAMİNLER VE MİNERALLER, HORMONLARIMIZIN VE ENZİMLERİMİZİN ETKİLİ ÇALIŞMALARI İÇİN GEREKLİ OLAN KATALİZÖR GÖREVİ GÖRÜRLER. Bu öğelerin azalması ya da yetersiz olması durumunda, hücrelerimizde ve organlarımızda beslenme yetersizliği sonucu ciddi fonksiyon bozuklukları başlamaktadır.

Hormonlarımıza ve enzimlerimize sağlıklı bir şekilde etki etmesi için, 'mikro-nutrient'lerin katalizör olarak yeterli bir şekilde dolaşımda bulunması gerekmektedir. Mikro-nutrientler, hormonlarımızın ve enzimlerimizin tam etki göstermelerini sağlayan, olmazsa olmaz minik fakat güçlü etkin faktörlerdir. TIP DİLİNDE, 'CO-FACTOR' DENİLEN ARA ÜRÜNLERİN DENGELİ OLARAK YETERLİ BİR ŞEKİLDE DOLAŞIMDA VE HÜCRELERİMİZİN İÇİNDE BULUNMALARI GEREKMEKTEDİR.

Mikro-nutrient'ler vücudumuzda neden azalıyor?

YÜKSEK KAN ŞEKERİ VE YÜKSEK İNSÜLİN kronik inflamasyon nedeni oldukları gibi, aynı zamanda gerekli ve hayati önemi olan, kofaktör dediğimiz VİTAMİN VE MİNERALLERİN KANIMIZDAN, HÜCRELERİMİZDEN VE TÜM VÜCUDUMUZDAN ATILMASINA DA NEDEN OLMAKTADIR.

Yaygın bir şekilde hazır ve işlenmiş gıdalarla, aşırı miktarda glukozlu besinlerle ve rafine olmuş tahıl ürünleri ile beslenme sonucu, yeterli bir şekilde gerekli olan kofaktörler vücudumuza zaten giremedikleri gibi, bulunanlar da yüksek kan şekeri ile birlikte vücudumuzdan atılırlar.

Guddelerimizin tam çalışması için kofaktörlere gereksinim vardır. Yukarıda açıkladığımız nedenlerle kofaktörlerimiz vücudumuzda azalınca, doğal bir sonuç olarak guddelerimizin enzim ve hormonal fonksiyonlarında bozukluklar meydana gelir. Gudde hücrelerimizin normal bir şekilde işlev görmeleri ya da fonksiyonu inhibe olacağından, yeterli ve etkili olarak enzimler ve hormonlar üretilemez hale gelir. Vücutta hormonal ve enzimatik dengeler altüst olur.

O zaman tekrar anlıyoruz ki, vücudumuzdaki dengesizlikleri önlemek kendi elimizde...

Tabii ki... Hem başlatmamak kendi elimizde, hem de başlamış ise düzeltmek. Başka kimsenin elinde değil! Vücudumuzu, organlarımızı, hücrelerimizi, guddelerimizi, beyin ve sinir sistemimizi, yeni moda tabirle RESET etmek tamamen kendi elimizde.

Rafine olmuş karbonhidratların kullanımını azaltacak olursak, sağlıklı olan kilomuza RESET oluyoruz.

Rafine olmuş karbonhidratların kullanımını azaltacak olursak, sağlıklı olan su kilomuza RESET oluyoruz.

Rafine olmuş karbonhidratların kullanımını azaltacak olursak, sağlıklı olan kan yağlarımıza RESET oluyoruz.

Rafine olmuş karbonhidratların kullanımını azaltacak olursak, sağlığını kaybetmiş olan organizma RESET olarak sağlığına kavuşuyor.

İnsülin hormonunu yükseltmeyen kişiler, kronik inflamasyon oluşmadığından dolayı sağlıklı bir şekilde, hastalanmadan uzun süre yaşayabiliyor ve sağlıklı bir şekilde yaşlanıyorlar.

Sağlıklı olarak aktif ve uzun yaşayabilmek için karaciğer yağlanmasını ve göbekteki yangını söndürmek, yani KRONİK İNFLAMASYONU durdurup geriletmek gerekmektedir. Glisemik indeksi düşük doğal besinleri doğal olarak tüketmemiz, biraz da hareket etmemiz yeterli olmaktadır. Yeter ki yaşam biçimimizi doğru bir şekilde yeniden 'reset' edelim.

Peki, kronik inflamasyonu önleyerek ya da durdurup geriletererek telomerlerin kısalmasını engellemek de mümkün mü?

KRONİK İNFLAMASYON başladığı zaman, bunun hücresel düzeyde en önemli negatif etkilerinden biri de TELOMERLERİMİZİN kısalmasıdır. TELOMERLER, vücudumuzda bulunan 46 kromozomumuzun uçlarında 'takke' gibi bulunan ve DNA diye adlandırdığımız hayati önemi olan yapılarımızı kollar.

Kısaca özetleyecek olursak:

1. TELOMERLER genetik verilerimizi korurlar.
2. TOLOMERLER hücrelerimizin sağlıklı bir şekilde bölünüp çoğalmasını sağlarlar.

3. TELOMERLER nasıl yaşlandığımızı ve kronik dejeneratif hastalıkların nasıl başladığını kontrol ederler. DNA'larımızı koruyan TELOMERLER, hücrelerin her bölünmesi ile kısalırlar. Uzun bir süre sonra çok kısalır ve DNA'larımızı koruyamaz hale gelirler.

İşte, İNSÜLİN HORMONUNUN en zararlı etkilerinden biri de TELOMERLERİN kısalmasına neden olmasıdır. İNSÜLİN HORMONUMUZU zıplatmadığımız zaman, TELOMERLERİMİZ DE kısalmamaktadır.

İNSÜLİN HORMONUMUZU zıplatmadığımız zaman, erken yaşlanma ve yukarıda saymış olduğumuz KRONİK DEJENERATİF hastalıkların başlamasını önleriz. Başlamış olan hastalıklarımızın da iyileşmesini sağlamış oluruz.

İNSÜLİN HORMONUMUZU düşük düzeylere indirdiğimiz zaman, yani İNSÜLİN DİRENCİNİ düzelttiğimiz zaman TELOMERLERİN kısalmasını da önlemiş oluruz. Birçok bilimsel çalışmada, sağlıklı ve doğru beslenme, sağlıklı ve doğru yaşam biçimi ile TELOMERLERİN kısalmasının engellendiği bildirilmiştir.[107, 108]

Beyin ve sinir sistemimiz de 'reset' oluyor mu?

Vücudumuzda bir tek kan dolaşımı var, biliyorsunuz. Tepeden tırnağa aynı kan ulaşıyor ve besin öğelerini, kofaktörleri, vitaminleri hücrelere taşıyor. Aynı zamanda bütün toksik maddelerin, özellikle şekerin artırdığı serbest oksijen radikallerini beyin ve sinir sistemi hücrelerimiz dahil tüm vücut hücrelerimize ulaştırarak kronik inflamasyonu başlattığını daha önce de açıklamıştık. TOKSİK OLAN KİMYASAL MADDELER, BEYİN VE SİNİR İLETİ HÜCRELERİMİZİN TEMEL İŞLEVİ OLAN, SİNİR UYARICI VE İLETİCİLERİNİN, YANİ 'NEURO-TRANSMITTER' DENİLEN ELZEM KİMYASAL MADDELERİN ÖLÜMÜNE NEDEN OLMAKTADIR. Sonuç olarak, DEPRESYON, ALZHEIMER, PARKİNSON gibi birçok nörodejeneratif hastalık ortaya çıkmaktadır.

25 Temmuz 2016 tarihinde, İsrail'de Weizmann Bilim Enstitüsü'nden yayınlanmış olan bilimsel bir çalışmada, Mahera BM ve arkadaşları, insan beyninde aşırı düzeyde toksik hava kirlenmesine bağlı ağır metalle-

107 Shammas M, Telomers, lifestyle, cancer, and aging, *Curr Opin Clin Nutr Metab Care*, 2022 Jan; 14(1):28-34.
108 Valdes AM, et al. Obesity, cigarette smoking, and telomere lenghth in women. *Lancet*, 2005 Aug 20-26;366(9486):662-4.

rin, yani 'metal nano-partiküllerin' bulunduğunu bildirmişler ve Alzheimer hastalığı için önemli ipucu olabileceğini vurgulamışlardır.[109]

Oxford Üniversitesi Medikal Bilimler Başkan Yardımcısı da olan Prof. Dr. David Smith ve arkadaşları, senelerden beri yaptıkları çalışmalara göre, çocukluktan ve genç yaşlardan itibaren doğru beslenen, doğru yaşayan, yani aktif olan kişilerde %90 oranında Alzheimer hastalığı olma riskinin azaldığını bildirmişlerdir.[110]

Çevresel toksik etkiler, ağır metallerin organizmaya girmesi, yanlış beslenme ve yaşama sonucu beynimizde de kronik inflamasyonun başladığını daha önce bildirmiştik. Kronik inflamasyon beynimizin yapı taşı olan nöronlarda tahribata neden olmaktadır. Nöronlarımızda meydana gelen tahribat ise, nöronların özel beslenme öğelerine ve kofaktörlere olan ihtiyaçlarını artırmaktadır.

Beynimiz yeterli oksijen alıyor ve doğal beslenerek gerekli kofaktörleri alabiliyorsa, sağlığı da kolay kolay bozulmaz. Kofaktörlerin, oksijen ve kolesterolün azalması sonucu beynimizde ve sinir sistemimizde uyarıların iletilmemesi durumu söz konusu olmaktadır.

Yavaş yavaş hafıza kaybının en önemli nedenleri yaşın ilerlemesi veya genetik değildir. Sinir sistemimize ve beyin hücrelerimize, aynen vücudumuzdaki diğer organlarımızda olduğu gibi, yeterli, sağlıklı ve doğal besinin ulaşamamasının bir sonucudur. Hayat boyu, beyin hücrelerimizin ve sinir sistemi hücrelerimizin şeker gibi, hava kirliliği gibi, ağır metaller gibi birçok toksik maddeye maruz kalmalarından ve TELOMERLERİN kısalmasından kaynaklanmaktadır.[111, 112]

---

109 Barbara A. Mahera,1, et. Al. Toxic air pollution particles found in human brains Detection of 'abundant' magnetite particles raises concerns because of suggested links to Alzheimer's disease. Magnetite pollution nanoparticles in the human brain.

110 Preventing Alzheimer's disease-related gray matter atrophy by B-vitamin treatment. Douaud, G, Refsum H, De Jager C. A., Jacoby R, Nichols T, Smith S. M. and Smith A. D.. PNAS (2013) http://www.pnas.org/cgi/doi/10.1073/pnas.1301816110

111 Ornish D, et al. Effect of comprehensive lifestyle changes on telomerase activity and telomeric length in men with bipsy-proven low risk prostate cancer. 5-year follow up of descriptive pilot study. *Lancet Oncol.* 2013 Oct;14(11):1112-20.

112 Zee RY, et al. Mean leucocyte telomere lenght shortening and type 2 diabetes mellitus: a case-control study, *Transl Res.* 2010 Apr;155(4):166-9.

4. ŞİFRE:

DÜŞÜK GLİSEMİK İNDEKSLİ GIDALARLA BESLEN!

Anahtarlar:

Glisemik İndeksin Önemi

İnsülin Direncinin Kırılması

Glisemik indeks nedir?

Glisemik indeks (Gİ), herhangi bir yiyeceğin içinde bulunan karbonhidrat miktarına göre hesaplanır. Karbonhidrat içeren bir yiyeceğin hazmedilip kana geçtiğinde kan şekerini yükseltme hızını gösterir.

Örneğin, 50 gr toz şekerin glisemik indeksi, hızlı bir şekilde kan şekerini yükselttiği için çok yüksektir ve 100 (yüz) olarak kabul edilir. Diğer karbonhidrat içeren yiyeceklerin glisemik indeksleri ise 100 (yüz) üzerinden 100'e (yüze) oranla hesaplanır.

Karbonhidrat içeren yiyecekler düşük, orta ve yüksek glisemik indeksli olarak üç gruba ayrılır:

- Yüksek Gİ: 100-70
- Orta Gİ: 70-50
- Düşük Gİ: 0-55

Rafine edilmiş, öğütülmüş tahılların ve işlenmiş hazır yiyeceklerin glisemik indeksleri de şeker gibi çok yüksektir ve 100 olarak hesaplanmıştır.

Peki, yüksek glisemik indeksli karbonhidratların zararı nedir?

Fabrikalarda büyük miktarlarda üretilen bütün yiyecekler, uzun süre bozulmadan kalabilmeleri için çeşitli işlemlere tabi tutulurlar. Bu tür gıdalar, raf ömürlerinin uzatılması için doğal olan faydalı liflerinden, yağlarından ve vitaminlerinden endüstriyel işlemlerle arındırılır, böylece kısa sürede bozulmaları önlenmiş olur.

Özgün maddeleri yok edilen yiyeceklere daha sonra damak tadı sağlamak amacıyla çeşitli suni tatlandırıcılar, mısır şurubu/NBŞ (fruktoz şurubu), çeşitli kimyasal katkı maddeleri ve gıda boyaları eklenir. Bu işlemleri görmüş yiyecekler ağza alındığı anda hızla emilerek, hızlı bir şekilde kan şekeri ve insülinimizi yükseltirler. Ayrıca lifleri (posaları) yok edilmiş olduğundan, hazmedilmeleri hızlanmış ve kolaylaşmıştır. Mideden çabucak geçerek incebağırsağa ulaşırlar.

Uzun bir tüp şeklinde olan incebağırsağın başlangıç bölümünden de hemen hazmedilirler, bağırsağın son bölümüne kadar bile ulaşamazlar. Mide ve bağırsaklar kısa süre içinde boşalır. Mide ve bağırsakların hemen boşalması ile bu organlarda bazı hormonlar salgılanır. Bu hormonlar mide ve bağırsakların boşalmış olduğu, sistemde yeterli besin ve yakıt kalmadığı mesajını beynimize iletir. Bunun sonucu da acıkma hissi ve yemek yeme isteği oluşur.

Öğütülmüş, rafine edilmiş ve işlem görmüş hazır yiyeceklerin hızlı hazmedilmeleri nedeniyle insülin hormonunun aşırı bir hızla yükselmesi kan şekerinin çabucak kullanılmasına ve hızla düşmesine neden olur. Reaktif hipoglisemi diye adlandırdığımız bu durum, insülin ve leptin direncinin en önemli belirtisidir.

Mükemmel sanılan bir öğünden kısa bir süre sonra aşırı açlık hissi, mide ezilmesi, huzursuzluk gibi rahatsızlıkların bir an önce giderilmesi için tatlı, çikolata ve şekerlere veya aşırı şekerli içeceklere saldırmamız kaçınılmaz olur. Bu da sık sık yeme ihtiyacımızı kamçılayacak ve bahsetmiş olduğumuz kısırdöngüyü başlatarak insülin ve leptin direncinin gelişme ve ilerlemesine neden olacaktır.

Büyük bir tabak mantı ya da çift kaşarlı bir tost yedikten 2 saat sonra tekrar acıkmamızın nedeni, rafine unlarla hazırlanmış bu yiyeceklerin doğal sonuçlarıdır. Yüksek glisemik indeksli karbonhidrat, yani boş ve toksik enerji yüklü yiyecek ve içecekler insülin ve leptin direncini kamçılar ve kilo vermenin önünde en büyük engeldir. 'Boş ve toksik enerji' tanımlaması, İsveç Gıda ve Beslenme Bakanı Dr. Bjorn Hammarskjold'e aittir. İsveç halkı bu tür karbonhidratlı yiyecekleri tüketmesin diye bu çarpıcı tanımı geliştirmiştir.

Lifi fazla olan ya da posalı, yani karbonhidrat oranı düşük yiyeceklerin hazmedilmeleri yavaş olduğundan, mide ve incebağırsakta uzun süre kalırlar. Bu nedenle, kaba ve doğal lifi fazla olan besinlerin mide ve bağırsaklarımızda hazım süresi uzundur. Yiyeceklerin içindeki lif miktarları arttıkça, glisemik indeks değerleri azalır. Bu nedenle şekerimiz ve buna paralel olarak insülin hormonumuz yavaş yavaş ve azar azar yükselir. Yemekten 2 saat sonra acıkma hissimiz ortaya çıkmaz ya da midemizde ezilme hissetmeyiz. Yiyecekler, oldukça uzun olan incebağırsağın sonuna kadar bağırsakta kalarak hazmedilmeye devam ederler.

Yiyeceklerin mide ve incebağırsakta uzun süre kalmaları sonucu, başta leptin hormonu olmak üzere, mide ve incebağırsağın son bölümlerinden salgılanan bazı hormonlar, beynimize sistemde yeterli yakıt olduğunu ve henüz herhangi bir yiyeceğe ihtiyaç olmadığını iletirler. Yemek yedikten 1-2 saat sonra acıkmamamızın ve tokluk hissimizin uzun süre devam etmesinin nedeni, düşük glisemik indeksli karbonhidratların, glisemik indeksi sıfır olan proteinlerin ve sağlıklı yağların tüketilmesidir.

DÜŞÜK GLİSEMİK İNDEKSLİ KARBONHİDRATLAR İNSÜLİN DİRENCİNİ KIRAR, DEPODAKİ YAĞLARI YIKAR!

Düşük glisemik indeksli gıdaların yararları nelerdir?

Düşük glisemik indeksli karbonhidratların ve sıfır glisemik indeksli protein ve yağların tüketilmesinin faydalarını şöyle özetleyebiliriz:

- Tokluk hissimiz uzun sürer, acıkmayız ve canımız sık sık bir şeyler yemek istemez. Tatlı, çikolata ve şekere hücum etmeyiz.
- Kan şekerimizde ani iniş çıkışlar olmadığından, şeker ve tatlı arzu etmeyiz. Reaktif hipoglisemi sonucu ortaya çıkan açlık, halsizlik, yorgunluk ve sinirlilik halleri oluşmaz. Yemek yedikten 1-2 saat sonra gelişen hipoglisemi nöbetleri önlenmiş olur.
- Düşük glisemik indeksli bütün karbonhidratlar (sağlıklı karbonhidratlar) uzun süre tokluk hissi verirler.[113] Bu süre içinde leptin hormonu salgılanacağından, ihtiyacımız olan enerji, depolanmış yağlarımızdan sağlanmış olur. Dolayısıyla kendi depo yağlarımızın ara öğün olarak kullanılmasına fırsat vermiş oluruz. Bu nedenle sağlıklı bir şekilde kilo vermek mümkün olur ve verilen kilolar birkaç ay sonra geri alınmaz!
- Düşük glisemik indeksli bütün karbonhidratların ve glisemik indeksi sıfır olan protein ve yağların tüketilmesi ile 3-4 saat tokluk hissi oluşmaktadır. Bir yiyeceğin normal hazmedilme süresi ise kişilere göre değişkenlik göstermekle birlikte, 3-4 saat kadar olmaktadır. Karaciğer, pankreas, mide ve bağırsaklar bu süre içinde görevlerini tamamlayabilmekte ve ancak sık sık bir şeyler yemediğimiz takdirde dinlenme ve toparlanma imkânı bulabilmektedirler. Hayati fonksiyonları olan bu organlarımıza dinlenme ve kendilerini toparlamaları için imkân sağlamamız, kilo vermemiz acısından son derece önemlidir.
- Tip-1 ve Tip-2 diyabet (şeker) hastaları düşük glisemik indeksli karbonhidratlar, sıfır glisemik indeksli yağlar ve sıfır glisemik indeksli proteinlerle beslenip sık sık hamur işi veya meyve yemedikleri za-

113 Jenkins DJA., et al., Glycemic index: overview of implications in health and disease. *Am J Clin Nutr.* 2002;76:266S-273S.

man kan şekeri kontrolleri daha kolay ve sağlıklı şekilde sağlanmaktadır.[114, 115] Bu şekilde beslenen diyabet hastalarının aşırı kilo almaları önlenmekte ve insülin ihtiyaçları giderek azalmaktadır. Aynı zamanda diyabet hastalarında görülen çeşitli komplikasyonların birçoğu önlenebilmekte ve azalmaktadır.[116]

Peki, düşük glisemik indeksli gıdalar insülin direncini nasıl kırıyor?

Düşük glisemik indeksli karbonhidratlar denilen 'sağlıklı karbonhidratlar' ve sıfır glisemik indeksli protein ve yağlar uzun süre tokluk hissi sağlayan yiyeceklerdir.[117]

Bu tür gıdalarla beslenen kişilerde, en güçlü hislerden biri olan 'acıkma hissi' oluşmaz. Sonuç olarak, sık sık yemek yeme dürtüsü ortadan kalkar. Reaktif hipoglisemi atakları önlenmiş olur. Sık sık insülin hormonu salgılanmadığı için de doğal olarak insülin ve leptin direnci gelişemez. Gelişmiş olan da yavaş yavaş geriler.

Göbek ve karında depo olmuş yağlar da yavaş yavaş yakılmaya başlar. Bu noktada bir örnek vermek istiyorum: Halkımız arasında her bahar mevsimi içinde toplam 30-40 adet taze enginar tüketilmesinin karaciğeri koruduğu bilgisi yer etmiştir. Bunun bilimsel olarak açıklaması, enginarın bir sebze olduğu halde sıfır karbonhidrat içermesi, yani glisemik indeksinin sıfır olması ve lifinin fazla olmasıdır. Enginar, karaciğer ve pankreasımızın dinlenmesine imkân verip yorulmasını önler.

Oysa lifli oldukları halde sık sık yenen meyvelerin ve lifinden arındırılarak içilen meyve suları glisemik indeksleri yüksek olduğundan maalesef karaciğer ve pankreasımızı yormakta ve dinlenmelerine imkân vermemektedir. Sonuç, karaciğer ve pankreas yağlanması ile insülin ve leptin direncinin gelişmesi olmaktadır.

---

114 Irene S., et al., Lower Carbohydrate/Hihger Monounsaturated Diet Appropriate in Type 1 Diabetes. *Diabetes Care,* 2009 Sept;32:1597-1599.

115 Bayken AE., et al., Glycemic index in the diet of European outpatients with type 1 diabetes:relation to glycated hemoglobin and serum lipids. *Am J Clin Nutr.* 2001;73:574-81.

116 Brynes AE., et al., A randomised four-intervention crossover study investigating the effect of carbohydrates on daytime profiles of insulin, glucose, non-esterified fatty acids and triacylglcerols in middle aged men. *Br J Nutr.* 2003 Feb;89(2):207-18.

117 Frost G., et al., The relevance of the glycaemic index to our understanding of dietary carbohydrates. *Diabetic Medicine,* 2000;17:336-45.

Yiyeceklerin sağladıkları enerji yoğunluğu, az ya da çok yağlı olup olmalarından daha önemlidir! O nedenle yağlı mı, yağsız mı sorgulaması yerine, yiyeceklerin sağladığı yoğun enerjiyi sorgulamak her zaman daha sağlıklıdır![118]

Düşük glisemik indeksli karbonhidratlar ve sıfır glisemik indeksli protein ve yağlar vücudumuzda başka ne gibi değişikliklere neden oluyor?

- Gün boyunca kan insülini düşük kalır ve dalgalanma göstermediği için acıkma hissi olmaz. Uzun süre tokluk hissedilir.
- Ara öğün olarak göbekte biriken yağımızı ve iç yağı depolarımızı kullanırız ve kilolarımız yavaş yavaş azalır.
- Yağlarımız depolanmaz, daha hızlı yakılarak giderek azalır, karaciğer ve göbek yağımız erir ve göbek çevremiz incelir.
- Kilolarımızı rahatlıkla verir, tekrar geri almayız ve verdiğimiz kiloda kalırız.
- Hiçbir şekilde isteksiz, sinirli, sıkıntılı ve umutsuz olmayız. Kendimizi bütün gün dinç ve enerjik hissederiz, halsizlik ve bitkinlik olmaz.
- Kaslarımız erimez. Su kaybımız olmaz.
- Karaciğer ve pankreasımızda biriken yağımız eridiği için, bu organlarımız sağlıklı çalışmaya başlar.
- Metabolizmamızda yavaşlama olmaz, bilakis hızlanır.
- Fizik aktivitemize yorulmadan devam edebiliriz.
- Kan yağlarımız normalleşir; HDL yükselir, depo yağı şekli olan trigliseridler düşer.[119, 120]
- Bağırsaklarımız düzenli şekilde çalışmaya başlar. Kabızlık varsa giderilir.
- Şişmanlık ve obezite önlenmiş olur.
- Obezite sonucu gelişen sağlık sorunları ortaya çıkmaz, çıkmış olanlar da geriler ve düzelir.

---

118 Miller JB., et al. The New Glucose Revolution. The Glycemic Index-the Dietary Solution for Lifelong Health. *Marlowe&Company Publish.* NewYork. USA 2003.
119 Ford ES., et al., Glycemic index and serm high-densityilipoprotein cholesterol concenteration amonf US adults. *Arch Inter Med.* 2009;161:572-6.
120 Frodt,G., et al., Glycaemic index as a determinant of serum HDL-cholesterol concentration. *Lancet,* 1999;353:1045-48.

- Tansiyonumuz normalleşir.
- Kalp hastalıkları, felç/inme, Alzheimer riski azalır.
- Her türlü kanser riski azalır çünkü sürekli şeker ve insülin yüksekliği ve fazla kilolar kanser nedeni olarak kabul edilmektedir.
- Şeker hastalığı gelişmez. Diyabet hastalarında şeker kontrolü daha kolay olur, hatta düzelir.[121, 122]
- Şeker hastalığına bağlı tehlikeli komplikasyonlar azalarak yok olur.
- Eklem ağrıları ve artrit gelişmez. Oluşmuş olanlar geriler ve şikâyetler azalır.
- Fibrokistik meme hastalığı oluşmaz.
- Polikistik over hastalığı gelişmez.
- Yaygın fibromiyosit ağrıları geriler ve kaybolur.
- Düşüncelerimiz berraklaşır. Uykularımız düzene girer, horlama biter.
- Hepsinden önemli olanı, vücut bağışıklık sistemi güçlenir.
- Bakteri, virüs, alerji ve kansere sebep olan etkenlerle hastalanma zorlaşır.
- Hastalanma durumunda da kısa süre içinde sağlığımızı kazanırız.

Tüm bunların sonucunda kronik inflamasyon ve sebep olduğu KRONİK DEJENERATİF HASTALIKLAR ÖNLENİR, TELOMERLERİMİZİN KISALMA RİSKLERİ AZALIR.[123, 124, 125]

Düşük glisemik indeksli karbonhidratlarla beslenmeye başlayan Tip-1 ve Tip-2 diyabet hastalarının kan şeker ve kan yağlarının kontrolü daha kolay olmakta ve bu hastalıklarda ortaya çıkan birçok komplikasyon önlenebilmektedir.[126, 127, 128, 129]

---

121 Giacco R., et al., Long-term dietary treatment with increased amounts of fibre-rich low glycemic index natural foods improves blood glucose control and reduces the number of hypoglycemic events in type 1 diabetic patients. *Diabetes Care,* 2000;23:1461-66.

122 Wille HW., et al., Glycemic index, glycemic load and risk of type 2 diabetes. *Am J Clin Nutr.,* 2002;76:274S-280S.

123 Shammas M, Telomers, lifestyle, cancer, and aging, *Curr Opin Clin Nutr Metab Care.* 2011 Jan; 14(1):28-34.

124 Leads, AR., Glycemic index and heart disease. *Am J Clin Nutr.,* 2002; 76:286S-289S.

125 Boon P, et al. Pathological Significance of Mitochondrial Glycation, *International Journal of Cell Biology.* Volume 2012 (2012), Article ID 843505.

126 Salmeron JA., et al., Dietary fiber, glycemic load, and risk of NIDDM in men. *Diabetes Care,* 1997;20:545-50.

127 Salmeron JA., et al., Dietary fiber, glycemic load, and risk of NIDDM in women. *J Am Med Assoc.,*1997;277:472-77.

128 Dietitions Association of Australia review paper. Glycaemic index in diabetes management. *Austr J Nutr Diete.,* 1997;54(2): 57-63.

129 Thomson, J.E., et. al. The effect of carbohydrate restriction on lipoprotein abnormalities in maturity onset diabetes mellitus. *Acta Diabetol Lat.,* 17 (1980):33-39.

İnsülin ve leptin direnci, birçok tehlikeli hastalığa neden olduğu için tıp dilinde 'gizli katil' olarak da adlandırılmaktadır. Daha önce değinmiş olduğumuz gibi, kronik dejeneratif hastalıkların tümü sinsi bir şekilde başlar ve oldukça uzun bir süre fark edilmeden gelişir. Bu süre zarfında organizmada da tahribat oluşur ve bu oluşum sinsice ilerler.

Düşük glisemik indeksli karbonhidratlar ve sıfır glisemik indeksli protein ve yağlarla beslenme sonucu aşırı kiloların verilmesi ile insülin ve leptin direnci kırılır. Bundan dolayı, kalp-damar hastalıkları, inme/felç, erken bunama, Alzheimer, kronik artritler, fibromiyalji, Haşimato, birçok kanser türü, polikistik over hastalığı, fibrokistik meme hastalıkları gibi kronik dejeneratif hastalıkların riskinin azaldığı ve önlenebildiği birçok bilimsel çalışmada gösterilmiştir.[130, 131, 132]

Sağlığımızı geri kazanmak ve sağlıklı bir şekilde yaşamak için, her gün önümüze gelen yiyeceklerin glisemik indeks değerlerini bilerek bilinçli bir şekilde tüketmemiz faydalı olacaktır.[133]

Yiyeceklerimizin glisemik indeks değerleri, yemeğin pişirilme şekline bağlı olarak da farklılık gösterir. Bu konuya açıklık getirmek amacı ile bir örnek vermek istiyorum. Hepimizin bildiği gibi bütün sebzeler pişirildikten sonra yumuşar. Bunun nedeni, sebzelerde bulunan SELÜLOZ LİFLERİNİN pişirilme sırasında parçalanıp şişmeleridir. Lahana salatası çiğ olarak yenildiği zaman glisemik indeks değeri 100 üzerinden 15 kadardır. Bu nedenle ve içerdiği LİGNAN maddesinin de etkisi ile ÇİĞ OLARAK tüketildiğinde son derece sağlıklı olduğu bilinmektedir. Oysa lahana kapuska yemeği haline dönüştüğünde, haşlanma sonucu selüloz lifleri parçalanıp yumuşar. Bu nedenle hazmedilmeleri pişmemiş lahanadan daha kolay ve çabuk olur. Pişmiş lahananın glisemik indeksi 40 olup yükselmiştir. Ama gene de düşük indekslidir, çünkü total olarak az miktarda karbonhidrat içermektedir. Bu nedenle, lahana ve lahana grubunda bulunan karnabahar ve brokoli bol miktarda (pişmiş ya da çiğ olarak salata şeklinde) tüketilmelidir. Lignan maddesi içeren lahana grubu sebzelerin her türlü kanseri önlediği de bilinmektedir.

---

130 Brand-Miller JC., et al., Glycemic index and obesity. *Am J Clin Nutr.* 2002;76:281S-285S.
131 Ludwig DS., et al., High glycemic index foods, over eating, and obesity. *Pediatrics,* 1999; 103(3).
132 Ludwig DS., et al., Dietary glycemic index and obesity. *J Nutr.* 2000;130:280S-83S.
133 Miller JB., et al. The New Glucose Revolution. Shopper's guide to GI Values. *Da Capo Press Publih.* MA 02142, USA 2009.

DÜŞÜK GLİSEMİK İNDEKSLİ GIDALARIN NELER OLDUĞU HAKKINDA DETAYLI BİLGİLERİ, bu gıdalarla, yani sağlıklı karbonhidratlar, sağlıklı yağlar ve sağlıklı proteinler ile yapılan ve KALICI KİLO VERDİREN yemek tariflerini ***KARATAY MUTFAĞI*** KİTABINDA BULABİLİRSİNİZ.

5. ŞİFRE:

VÜCUDUNUN İHTİYACI OLAN VİTAMİN VE MİNERALLERİ TAMAMLA!

Anahtarlar:

B Vitaminleri
C Vitamini
Çinko
İyot
Göbekteki Yangın
Bağırsak Florası
Vitamin ve Mineral Eksikliğinin Riskleri

Nöronlarımızın ihtiyacı olan elzem kofaktörler nelerdir?

Nöronlarımızın ihtiyacı olan elzem kofaktörleri beş grup altında toplayabiliriz.

1. Vitaminler: Başta C vitamini, B vitaminleri, D vitamini gelmektedir.
2. Antioksidanlar: Özellikle A vitamini, C vitamini, E vitamini, Kolesterol, D vitamini.
3. Mineraller: Özellikle İyodür, Magnezyum, Potasyum, Sülfür, Çinko, Sodyum klorür.
4. Omega-3 ve Omega-6 gibi temel dediğimiz esansiyel yağlar.
5. LDL ve HDL gibi Fosfolipidler.

Beynimiz ve sinir sistemimiz için en önemli vitamini, B vitaminleri diye biliyoruz... Doğru mu bu?

Birçok bilimsel çalışmada, thiamine/vitamin B1, riboflavin/vitamin B2, piridoksin/vitamin B6, folik asit/vitamin B9 ve kobalamin/vitamin B12 vitaminlerinin ileri yaşlarda hafıza kaybını önlediğini ve öğrenmeyi kolaylaştırdığı gösterilmiştir.

Kardiyovasküler hastalıklar ile Alzheimer hastalığının birçok risk faktörünün müşterek olduğu kabul edilmektedir. Kardiyovasküler hastalıklardan mustarip hastaların damarlarında kronik inflamasyon gelişmiştir, Alzheimer hastalarının da, benzer şekilde tüm damarlarında olduğu gibi beyin damarlarında ve nöronlarında kronik inflamasyon gelişmiştir.[134, 135] Bu çalışmalarla, saydığımız B vitaminlerinin yetersizliği ya da düşük olmaları, HOMOSİSTEİN düzeylerinin yüksek olmasının nedeni olarak bilinmektedir. Bu bağlamda, homosistein yüksekliğinin kalp ve damar hastalığına neden olduğu gibi, unutkanlık ve hafıza kaybına yol açtığı bildirilmektedir. B6 VİTAMİNİNİN, yüksek homosistein düzeylerini düşürerek kronik inflamasyonu önlediği ve kardiyovasküler hastalık riskini, Alzheimer hastalığı riskini azalttığı senelerden beri bilinmektedir.[136]

---

134 Bell IR. et al. Brief communication Vitamin B1, B2 and B6 augmentation of tricyclic antideprrant treatment in geriatric depression with cognitive dysfunction. *J Am Collge of Nutrition*, Vol 11(2),1992, 159-63.
135 Tucker K., et al. High homocycysteine and low b vitamins predict cognitive decline in aging men: The Veterans Affairs Normative Aging Study. *Am J Clin Nutr*, Vol 82, 2005, 627-35.
136 Rimm EB, Willett WC, Hu FB, et al. Folate and vitamin B6 from diet and supplements in relation to risk of coronary heart disease among women. *JAMA*, 1998;279(5):359-364.

UNUTKANLIK İLE KANDAKİ HOMOSİSTEİN ARASINDAKİ İLİŞKİ!

Bir kişinin hafıza kaybı/unutkanlığı arttıkça, ona paralel olarak kanda homosistein düzeyi de artmaktadır. Bunun tam tersi de gösterilmiştir, homosistein düzeyi azaldıkça, unutkanlık/hafıza kaybı ve kardiyovasküler hastalıkların riski azalmaktadır.

B vitaminleri neden ve nasıl bu kadar faydalı oluyor?

Bu soruya birkaç önemli bilimsel araştırmalardan örnekler vererek cevap vermek istiyorum...

Hollanda Wageningen Üniversitesi'nden Jane Durga'nın 50-75 yaş grubunda yapmış olduğu bir çalışmada, folik asit alan grupta, folik asit almayan gruba oranla 3 yıl sonra deneklerin hafıza testlerindeki performanslarında 5,5 yıl gençleşmiş olduğu gösterilmiştir. Folik asit alan grupta öğrenmenin de daha hızlı olduğu bildirilmiştir.[137]

2009 yılında tamamlanmış olan, Oxford Üniversitesi'nden Prof. David Smith'in yönettiği OPTIMA projesi (the Oxford Project to Investigate Memory and Ageing), bu bağlamda önemli güvenilir bilgiler sağlamıştır. Bu çalışmada, UNUTKANLIK ŞİKÂYETLERİ BAŞLAYAN YAŞLILARA YALNIZ FOLİK ASİT DEĞİL DE, EK OLARAK B6 VE B12 VİTAMİNLERİ VERİLMİŞ VE AYNI ZAMANDA HOMOSİSTEİN DÜZEYİNİ DÜŞÜREN DOĞAL BESLENME TARZI DA UYGULANMIŞTIR.[138, 139] Sonuç olarak, yaşlılarda unutkanlık şikâyetlerinin anlamlı olarak azaldığı bildirilmektedir.

---

137 Durga J., Et al. Folate and the methylenetetrahydrofolate reductase mutation correlate with cognitive performance. *Neurobiol Aging*, Vol 27(2),2006,334-43.

138 Homocysteine-Lowering by B Vitamins Slows the Rate of Accelerated Brain Atrophy in Mild Cognitive Impairment: A Randomized Controlled Trial. A David Smith, Stephen M. Smith, Celeste A. de Jager, Philippa Whitbread, Carole Johnston, Grzegorz Agacinski, Abderrahim Oulhaj, Kevin M. Bradley, Robin Jacoby, Helga Refsum. *PLoS One*, September 2010, Volume 5, Issue 9, e12244

139 Dispelling myths about Alzheimer's disease. Twenty-one years of OPTIMA. A. David Smith. *Oxford Medicine: The newsletter of the Oxford Alumni*, December 2009, 1-2.

Vitaminleri sayarken 'başta C vitamini' demiştiniz ve C vitaminini, hem vitamin hem de antioksidan grubu içinde ifade etmiştiniz... Nedir C vitamininin ve aynı zamanda antioksidanların önemi?

ANTİOKSİDANLAR, vücutta SERBEST OKSİJEN RADİKALLERİNİ AZALTARAK oksidatif stres dediğimiz, oksidasyonu/paslanmayı, yani kronik inflamasyon başlatan kimyasalları önledikleri için, UNUTKANLIĞI ÖNLER VE HAFIZAYI GÜÇLENDİRİRLER.

Hafızayı güçlendiren en önemli antioksidanlar: A, C ve E vitaminleridir. A, C VE E VİTAMİNLERİNE İLAVE OLARAK SELENYUM VE ÇİNKO MİNERALİ ve yarı-esansiyel, yani temel olarak kabul edilen COENZYME-Q10 ENZİMİ DE GÜÇLÜ BİRER ANTİOKSİDAN olarak bilinmektedir.

Beyinde oksidasyonu önleyen bu antioksidanlar, aynı zamanda beynimizin en fazla ihtiyacı olan oksijeni de beyin hücrelerine sağlarlar.

Aynı şekilde B vitaminleri de beyin hücrelerimizde oksijenin etkili şekilde kullanılmasında önemli rol oynarlar. Özellikle B12 vitamini, kansızlık dediğimiz anemiyi de önleyerek, beyin ve sinir hücrelerinin ihtiyacı olan oksijenin taşınmasını sağlarlar. Bunlara EK OLARAK B1/TİAMİN, B2/RİBOFLAVİN, B3/NİASİN VİTAMİNLERİ, aynı zamanda her hücrenin enerji üretebilmesi için oksijeni kullanabilmelerini artıran TEMEL KATALİZÖRLERDİR.

VÜCUDUMUZDA ANTİOKSİDANLARIMIZ YÜKSELDİKÇE DÜŞÜNCELERİMİZ DAHA DA BERRAKLAŞIR.

İsviçre Berne Üniversitesi'nde, 65-94 yaşlarında olan ileri yaşlı kişilerde yapılan bir araştırmada, kan C vitamini ve beta-karoten değerleri en yüksek olanların hafıza testlerinde en yüksek puanları aldıkları gösterilmiştir.[140]

Bu bağlamda antioksidanlar ile ilgili ABD'de yapılan birçok bilimsel araştırmada, gerek iskemik kalp hastalarında, gerek Alzheimer hastalarında benzer pozitif etkileri bulunduğu bildirilmiştir. Bilim insanları, kalp hastalığı ile Alzheimer hastalığının birçok ortak ve müşterek nedenleri bulunduğunu da bildirmişlerdir. Tüm damarlarımızda kronik

---

140 Perrig W.J., et al., The relation between antioxidants and memory performance in the old and very old. *J Am Geriatr Soc.*, Vol 45(6),1997, 718-24.

inflamasyon başlayınca, doğal olarak hem kalp damarlarımızda, hem de beyin damarlarımızda aynı anda ve şekilde kronik dejenerasyon, yani sinsi sinsi gelişen bozulmalar başlamaktadır.[141, 142]

ANTİOKSİDANLARIN EN ÖNEMLİ ETKİSİ!

Hücrelerimizi, toksik olan kimyasal maddelerden ve serbest oksijen radikallerinden koruyan antioksidanlar, bu şekilde kronik inflamasyonun başlamasını da engellerler.

Kronik inflamasyonun başlatmamak ya da önlemek ya da başlamışsa bile düzeltmek ve de yok etmek elimizdedir. İşte o zaman, vücudumuzu reset ederek sağlıklı halimize dönebiliyoruz.

Kronik inflamasyonun başlamasını önlemek veya başlamışsa önünü alabilmek için hangi mineraller gereklidir?

Kronik inflamasyonun önlenebilmesi için katalizör ya da kofaktör dediğimiz, organizmada mutlaka bulunması gerekli olan vitaminlerin yanı sıra katalizör görevini gören birçok önemli minerale de ihtiyaç vardır.

Daha önce belirtmiş olduğum gibi, yüksek kan şekerinin bir zararı da, organizmanın ihtiyacı olan minerallerin hem kandan, hem hücrelerden atılmasını hızlandırmasıdır. Ayrıca, insülin direnci gelişmiş olduğu için kan şekeri de hücrelerin içine giremediği gibi, kan şekerinin hücrelerin içine sokması gereken önemli mineraller de hücrelerin içine giremez ve engellenmiş olur.

Öte yandan, başka bir görüşle hücre içinde ve hücre zarında katalizör görevi gören minerallerin eksik olmasının sonucu olarak, insülin hormonu hücre zarlarında bulunan kapıları, yani reseptörleri açamaz ve de kan şekerinin hücrenin içine girmesini başaramaz.

Örnek verecek olursak, normal şartlarda insülinin görevi kan glukozunu hücrelere sokmaktır. Glukoz hücrelere girerken, beraberinde en önemli hücre içi tuzlarından biri olan potasyum tuzunu da hücre içine taşır. İNSÜLİN DİRENCİ YA DA İNSÜLİN YÜKSEKLİĞİ OLAN KİŞİLERDE,

---

141 Perkins AJ., et al., Associstion of antioxidants with memory in a multiethnic elderly sample using the Third National Health and Nutriition Examination Survey. *Am J Epidemiol*, Vol150(1), 1999, 37-44.
142 Miller JW., Vitamin E and memory: is it vascular protection? *Nutr Rev.*, Vol58(4), 2000, 109-11.

POTASYUM VE MAGNEZYUM TUZLARI HÜCRE İÇİNE GİREMEDİĞİ GİBİ, YÜKSEK KAN ŞEKERİYLE BİRLİKTE DEVAMLI OLARAK İDRARLA VÜCUTTAN ATILIR. Şeker ve rafine karbonhidrat ve şekerli gazlı içecekleri gelenek haline getirmiş olduğumuz toplumumuzda zaten bu tuzlar organizmaya besinlerle yeterli düzeyde giremediği gibi, bir de kandaki yüksek şeker ve yüksek insüline bağlı olarak hızla vücuttan atılıyorlar.

TOPRAK SAĞLIKLI OLMADIKÇA, EKİLEN HİÇBİR TOHUM YEŞERMEZ!

Yüksek kan şekeri ve insülin direnci gelişmiş olan organizmalarda, gerekli mineraller yeterli ve optimum düzeyde kanımızda ve hücrelerimizin içinde bulunmaz ve güçsüz kalan vücudumuzda kronik inflamasyon ve neden olduğu hücresel, hormonal ve enzimatik düzeylerde başlatmış olduğu diğer hastalıklarının önü doğal olarak alınamaz. Ne yaparsak yapalım, sağlık sorunlarımız da hiçbir zaman tamamen iyileşemez!

Yani organizmada hücreler sağlıklı olmadıkça, sağlıklı kılınmadıkça hiçbir sağlık sorunu tam olarak düzelmez! Ancak bazı rahatsız edici belirtiler hafiflemiş olur. Yani, ateş sönmez (kronik inflamasyon), ancak üzeri küllenir.

Mineraller eksildiğinde vücudumuz ne gibi tepkiler verir?

Minerallerin eksilmesi, beynimizde ve sinir sistemimizde bulunan nöronlar arası ileti bozukluğuna, yani sinir sistemi bozukluklarına neden olmaktadır. Kronik yorgunluğun nedenidirler. Kabızlığın da nedenidirler.

Kalbimizde çeşitli ritim bozukluğu ortaya çıktığı gibi, böbreklerimiz de tam olarak çalışamaz, yüksek tansiyonumuz normalleşmez, baş ağrılarımız geçmez, mide ve bağırsaklarımız muntazam çalışmaz, eklemlerimiz, eklem bağlarımız ve adalelerimiz güçsüz kalır. Ek olarak, bağışıklık sistemimiz de zayıflayacağından, sık sık hastalanmamızın önü alınamaz.

Bu kadar hayati önemi olan mineraller hangileri, açıklar mısınız?

Vücudumuzda kronik inflamasyonu başlatmamak ya da eğer başlamışa iyileştirmek için, beynimiz dahil tüm hücrelerimizin güçlü ve sağlıklı olması gerekiyor. Hücrelerimizin güçlü ve sağlıklı olması, sağlıklı fonksiyon edebilmeleri, hormonların ve enzimlerin görevlerini etkili bir şekilde yerine getirebilmeleri, yediklerimizin tamamıyla hazmolarak kana geçmesi için bütün organlarımızda toplam 92 mineralin dengeli bir şekilde bulunmasının hayati önemi vardır.

Hepimizin bildiği gibi MİNERALLERİN EN ÖNEMLİLERİ, başta KALSİYUM olmak üzere DEMİR, ÇİNKO, POTASYUM, MAGNEZYUM, İYOT gibi minerallerdir. RAFİNE OLMAMIŞ KAYA TUZUNDA HAYATIMIZ İÇİN ELZEM OLAN 92 MİNERALİN 84 ADEDİ DOĞAL OLARAK BULUNUR.

Senelerden beri yalnız rafine olmuş sodyum klorür ve alüminyumdan ibaret olan sofra tuzu kullanan toplumlarda, elzem olan minerallerin eksikliği ve neden oldukları sağlık sorunları bilinmektedir. Bu konulara ileri bölümlerde açıklık getireceğiz.

Sağlıklı bir sinir sistemi, beyin ve vücut için kalsiyum, potasyum, magnezyum ve demir gibi minerallerin önemini az çok biliyoruz. 2015 yılında yayınlanan ***Anne Adayları ve Hamileler için Karatay Diyeti*** kitabımda mineralleri ve vitaminleri detaylı olarak anlatmaya çalışmıştım.

Burada, daha az üzerinde durulan, ancak beynimiz, sinir sistemimiz ve tüm vücudumuzun dengeli çalışması ve işlevi için son derece hayati önemleri olduğu halde çok az önemsenen birkaç mineralden, yani minik-katalizörlerden (micro-nutrients) söz etmek istiyorum.

VÜCUDUMUZUN, HORMONLARIMIZIN VE ENZİMLERİMİZİN DENGELİ VE MÜKEMMEL OLARAK İŞLEV GÖREBİLMELERİ İÇİN ÇİNKO, İYOT/İYODÜR VE MAGNEZYUM GİBİ HAYATİ ÖNEMİ OLAN MİNERALLERE, YANİ TUZLARA İHTİYAÇ VARDIR.

Şunu da tekrar belirtmek istiyorum ki, kötü beslenme sonucu zaten alınımı az ya da kısıtlı olan bu mineraller, yüksek kan şekeri ile vücudumuzdan idrarla birlikte hızlı bir şekilde dışarı atılmaktadır. TOPLUMUMUZDA, ÖZELLİKLE YAŞLILARIN VE HASTALARIN İHTİYAÇLARININ ÇOK FAZLA OLDUĞU BU MİNERALLERİN EKSİKLİĞİNDE KRONİK İNFLAMASONU ÖNLEMEK YA DA GİDERMEK MÜMKÜN DEĞİLDİR.

Çinko mineralinin vücutta görevi, işlevi nedir?

ÇİNKO, bütün organizmada bulunan her hücre için elzem olan bir mineraldir. Vücudumuzun büyümesi ve sağlıklı gelişmesi için elzem olan,

MİCRO-NUTRİENT dediğimiz 'minik-besleyici' ya da katalizör diyebileceğimiz bir mineraldir. Sinir sistemimiz, üreme sitemimiz[143] ve bağışıklık sistemimiz gibi önemli sistemlerimiz çinko minerali eksikliğinden dolayı tam olarak görevlerini yapamazlar. ÇİNKO, VÜCUDUMUZDA ORGANLARIMIZIN ÇALIŞMASINI ETKİLEYEN 300 KADAR ENZİMİN FONKSİYONUNU DÜZENLEYEN ÖNEMLİ BİR KATALİZÖRDÜR. Çinkonun bağışıklık sistemini güçlendirdiği uzun süreden beri bilinmektedir ve bu birçok bilimsel çalışma ile gösterilmiştir.[144, 145, 146, 147, 148]

1990 yılında yayınlanmış olan bilimsel bir çalışmada, Arcasoy A ve arkadaşları, çinko eksikliğinin bağırsak epitelini bozarak gerekli besin öğelerinin emilimine engel olduğunu göstermişlerdir.[149]

Senelerden beri ikinci beyin[150] olarak kabul edilen bağırsak florasının bozulmasının gerek bağışıklık sistemimize gerekse beyin ve sinir sistemimize zararlı olduğunu biliyoruz.[151, 152] Bağırsak florasında bulunan dost bakterilerin, minerallerin ve vitaminlerin eksikliği ve azalması bağışıklık sistemini çökerttiği gibi, kronik inflamasyon ile birlikte birçok kronik dejeneratif ve nörodejeneratif hastalığın da ana nedeni olarak kabul edilmektedir.

Göbeğimizde yangın başlamışsa, bu yangını söndürmek zorundayız. GÖBEĞİMİZDEKİ YANGINI BİR TÜRLÜ SÖNDÜREMEZSEK, KRONİK DEJENERATİF VE KRONİK NÖRODEJENERATİF HASTALIKLARA DAVETİYE ÇIKARTACAĞIMIZ GİBİ BU HASTALIKLARIN ÖNÜNÜ DE ALMAMIZ MÜMKÜN DEĞİLDİR. Temel sağlık sorun-

---

143 AE Favier (1992) The role of zinc in reproduction. Hormonal mechanisms. *Biological Trace Element Research* 32, 363-382.

144 Lothar Rink. Zinc and the immune system. *Proceedings of the Nutrition Society*, Volume 59, Issue 4 November 2000, pp. 541-552.
DOI: http://dx.doi.org/10.1017/S0029665100000781

145 S Cunningham-Rundles., et al. (1980) Physiological and pharmacological effects of zinc on immune response. *Annals of the New York Academy of Sciences* 587, 113-122

146 Goode H F, et al. (1989) Zinc concentrations in pure populations of peripheral blood neutrophils, lymphocytes and monocytes. *Annals of Clinical Biochemistry* 26, 89-95.

147 JW Hadden (1995) The treatment of zinc is an immunotherapy. *International Journal of Immunopharmacology* 17, 697-701

148 N Wellinghausen, et al., (1997 a) The immunobiology of zinc. *Immunology Today* 18, 519-521.

149 Acarsoy A., et al. Ultrastructural changes in the mucosa of the small intestine. 11(2), 1990, 279-82.

150 Gershon M.D., The Second Brain: Your Gut Has a Mind of its Own. Harper Collins Pub. 1998. New York, NY 10007.

151 http://www.cell.com/cell-reports/fulltext/S2211-1247(16)30518-6

152 http://www.ncbi.nlm.nih.gov/pubmed/21988661

larını çocukluktan, hatta ana rahminden itibaren başlatmamak yalnız ve yalnız kendi elimizdedir. Başlamış olan sağlık sorunlarını yok etmek de aynı bağlamda, yalnız kendi elimizdedir. İÇİMİZDE BULUNAN DOKTORU UYANDIRMA ZAMANI GELMİŞTİR.

MÖ beşinci yüzyılda yaşayan, biz hekimlerin babası ve ünlü Hipokrat yemininin atfedildiği HİPPOCRATES, "*All diseases start in the intestines*" demiştir. Yani BÜTÜN HASTALIKLARIN KAYNAĞININ BAĞIRSAKLAR OLDUĞUNU yüzyıllar önceden söylemiştir. ***The Second Brain (İkinci Beyin)** kitabının* yazarı olan, Oxford Üniversitesi bilim adamı, ünlü nörogastroenteroloji duayeni Dr. Michael D. Gershon, kitabının girişinde, ***"Hiçbir bulgu yeni keşif değildir, asırlar boyunca söylenmiş ve denenmiş olanları görmek ve göstermektir"*** diye yazmıştır. Aslında nörogastroenteroloji bilimi de on dokuzuncu yüzyılda, Bayliss ve Starling'in Londra'daki laboratuvar çalışmalarıyla başlamıştır.[153]

Modern psikiyatrinin babası olarak bilenen ünlü Fransız psikiyatrist, Philippe Pinel de (1745-1826); ***"The primary seat of insanity is the region of the stomach and intestines"*** diyerek, yıllarca önce ruh hastalıklarının mide ve bağırsaklarda başladığını bildirmiştir.

YÜKSEK KAN ŞEKERİNİN NEDEN OLDUĞU ÇİNKO EKSİKLİĞİNİN BAĞIRSAK FLORASINI BOZARAK DOST BAKTERİLERİN AZALMASINA, BUNA KARŞILIK DÜŞMAN BAKTERİLERİN ÇOĞALMASINA NEDEN OLDUĞUNU BİR KEZ DAHA HATIRLATALIM.

Çinko azlığı ve bağırsaklarda dost bakterilerimizin azalması ile bağışıklık sistemi zayıflayıp çökmektedir. Sonuç olarak bağışıklık sistemi hastalıklarının, yani otoimmün dediğimiz hastalıkların temeli de atılmış olmaktadır.

Gerek kalp hastalıkları, gerek beyin ve sinir hastalıklarının gözle görünen ana belirtisi, bel çevresinin azıcık da olsa genişlemesi ya da genişlemeye başlamasıdır. Yanlış beslenme sonucu, artık maalesef 3 yaşındaki bebeklerde ve ergenlik çağındaki gençlerde dahi bel çevresinin genişlediğini, yani karaciğer yağlanmasının başladığını görmekteyiz. Gençler arasında son yıllarda şekerli gazlı içeceklerin kullanımı 2-3 misli artmıştır.[154]

---

153 J. Phy8iol. (1967), 191, pp. 1-23. Printed in Great Britain The Second Bayliss-Starling Memorial Lecture Some Aspects Of Their Separate And Combined Research Interests By I. De Burgh Daly Delivered on 25 March 1966 at University College London.

154 Squires S, The amazing statistics and dangers of soda pop. *Washington Post*, February 27, 2001.

Ünlü tıp dergisi ***Lancet***'ta yayınlanan bilimsel bir çalışmada, günde bir kutu şekerli içecek içen çocuklarda %60 oranında obezite riski bulunduğu bildirilmiştir.[155]

Nöroloji uzmanı olan Natasha Campbell de ***Bağırsak ve Psikoloji*** adlı kitabında psikolojik kökenli hastalıklara açıklık getirmektedir.[156]

Göbekte Yağlanma Başlamışsa Yangın da Başlamıştır!

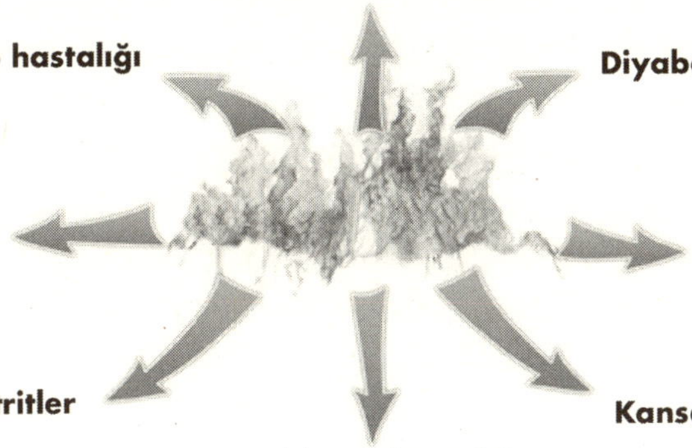

Şekil-1'de de görüldüğü gibi göbekte yağlanma başlamışsa, Alzheimer hastalığı, diyabet, inme/felç, kanser, Parkinson hastalığı, artritler, otizm ve kalp hastalığı gibi kronik/dejeneratif hastalıkların temeli atılmış bulunmaktadır.

Saydığımız bütün bu hastalıklarla birlikte, OTOİMMÜN HASTALIKLARIN PAYDALARI DA AYNIDIR ve temelleri birlikte atılmıştır!

Prof. Keith Scott-Mumby MD, PhD'ye göre de göbekteki yangın, askerlikte bilinen ve yanlışlıkla yapılan bir dost ateşine benzemektedir. Kendi askerlerine ateş etme gibi, herhangi bir organizmadaki kendi kendine ateş etme durumu sinsice gelişmiştir, yani tıp dilinde OTOİMMÜN HASTALIKLAR diye adlandırdığımız, bağışıklık sisteminin zayıflamasına bağlı tüm hastalıklar gelişmiş ve kronik inflamasyon başlamıştır.

155 Ludwig DS et al., 2001. Relation between consumption of sugar-sweetened drinks and childhood obesity: a prospective, observational analysis. *Lancet,* Vol.357, No.9255, 505-508.

156 Natasha Campbell. *Gut and Psychology Syndrome: Natural Treatment for autism, dyslexia,* ADD, A.D.H.D, Depresyon, Schizophrenia, Dyspraxia. 2010. ISBN 13:978-0-95548520-2-3.

ÇİNKO mineralinin önemi gebelerde de vurgulanmaktadır. Çinko eksikliğinin kısırlık nedenlerinden biri olduğunu açıklamıştık. Ek olarak, perinatal ölüm dediğimiz ana rahminde meydana gelen bebek ölümlerinde, erken doğumlarda, ana rahminde gelişme geriliğinin görülmesinde, hatta plasentanın erken ayrılmasında çinko eksikliğinin önlenebilir nedenler arasında olduğu bildirilmiştir.[157]

Gebelik şekeri tanısını koyabilmek amacıyla gebelere sıvı şeker suyu vererek, gebelerde oluşan yüksek kan şekerinin ve plasentadan fetusa geçen yüksek şekerin ne kadar zararlı olduğunu senelerden beri açıklamaktayım!

SIVI ŞEKER, ANNE VE FETUSUN KANINDA ANİDEN, AŞIRI ŞEKER YÜKSELMESİNE NEDEN OLDUĞUNDAN, SERBEST OKSİJEN RADİKALLERİNİN DE HIZLI BİR ŞEKİLDE YÜKSELMESİNE VE KANIN YOĞUNLAŞMASINA NEDEN OLMAKTADIR.[158]

İddia edilenin aksine, '*2-3 dilim baklava ile aynı kaloridir, gebelere baklava yedirmeyecek miyiz?*' ifadeleri yanıltmaca olmaktadır. Çünkü baklavada, hem yağ (tereyağı), hem karbonhidrat (un ve şeker) hem de bitkisel protein (antepfıstığı) bir arada bulunmaktadır. Dolayısıyla glisemik indeksi sıvı şekere göre düşüktür ve kan şekerini aniden birdenbire yükseltmez!

Gebelik sırasında hormonal dengeler tamamen değişmiş olduğundan, fizyolojik insülin direnci de zaten gelişmiştir. 24-28. haftalarda yapılan şeker yüklemesi ile gebeliğin fıtratına bağlı olarak gelişmiş olan insülin direnci daha artırılmaktadır. Sonrasında ise önce glisemik indeksi düşük bir beslenme planı ile şeker kontrol altına alınmaya çalışılmaktadır.

Oysa benim yıllardan beri dile getirdiğim ve önerdiğim, planlı gebeliklerde 3-6 ay önceden, plansız gebeliklerde gebelik öğrenildiği andan itibaren, yani gebeliğin ilk haftalarından itibaren glisemik indeksi düşük bir beslenme planı ile kan şekeri ve insülin hormonunun ve gebelik kilosunun kontrol altına alınması, 15 kg'dan fazla kilo alınmamasıdır. Ayrıca kanda açlık ve tokluk şekerine, insülin hormonuna ve gerekli vitamin ve minerallere gebeliğin başından itibaren bakılması, sonuçlara göre gerekli önlemlerin alınmasıdır. O zaman zaten gebelik şekeri riski minimize edilmiş oluyor!

---

157 S Jameson (1993) Zinc status in pregnancy: the effect of zinc therapy on perinatal mortality, prematurity, and placental ablation. *Annals of the New York Academy of Sciences* 678, 178-192.
158 Collson KS et al. Interactive effects of neonatal exposure to monusodium glutamate and aspartame on glucose homeostatis. *Nutr Metab* (lond), 2012 Jun 14;9(1):58.doi: 10.1186/1743-7075-9-58.

Çinko eksikliğinin klinik belirtileri nelerdir?

Yanlış beslenme ve yüksek kan şekeri sonucu gelişen ÇİNKO EKSİKLİĞİNİN birçok ciddi klinik belirtileri bilimsel araştırmalarla gösterilmiştir.[159, 160]

Her gün hayatımızda karşılaştığımız, nedenini anlayamadığımız bazı önemli klinik belirtileri şunlardır:

- Kilo kaybı
- İştah kaybı
- Amenore (genç hanımlarda âdet başlamaması, erken âdet kesilmesi)
- Kısırlık[161]
- Cilt hastalıkları
- Depresyon
- Anksiyete (telaşlılık hali)
- Malabsorbsiyon[162, 163] (emilim bozukluğu)
- Bulantı, Anorexia, Bulimia [164, 165]

Öncelikle şunu belirtmek istiyorum ki, aşırı tatlı, şeker ve rafine karbonhidratlar ve şekerli, gazlı içecekleri tüketmediğimiz ve ***Karatay Diyeti***[166] prensiplerini hayatımıza, ***Karatay Mutfağı***[167] prensiplerini mutfağımıza uyarlayarak doğal olarak beslenip doğal olarak yaşadığımız takdirde, elzem olan bu hayati minerallerde eksiklik meydana gelmez. KRONİK İNFLAMASYONUN NEDEN OLDUĞU KLİNİK BELİRTİLERİNİN ÖNÜ ALINMIŞ OLUNUR. Saymış olduğumuz bu klinik belirtiler düzelir ve hayat boyu devam etmez.

---

159 Bakan R. The role of zinc in anorexia nervosa: etiology and treatment. *Med Hypothesses*, Vol5(7), 1979, 731-6.

160 Casper and Prasad, 1980, later confirmed by L.Humphries et al., Zinz deficiency and eating disorders, *J Clin Psychiatry*, Vol 50(12), 1989, 456-9.

161 AS Prasad (1996) Zinc deficiency in women, infants and children. *Journal of the American College of Nutrition* 15, 113-120

162 C Brignola., et al. (1993) Zinc supplementation restores plasma concentrations of zinc and thymulin in patients with Crohn's disease. *Alimentary and Pharmacology and Therapeutics* 7, 275-280

163 SJ Myung, et al. (1998) Zinc deficiency manifested by dermatitis and visual dysfunction in a patient with Crohn's disease. *Journal of Gastroenterology* 33, 876-879.

164 Huphries L., et al. Zinc deficiency and eating disorders, Vol50(12) 1989,456-9.

165 Shay BF., et al., Neurobiology of zinc-influenced eating behavior. *J Nıtr*, Vol 130(5s Suppl), 2000, 1493S-9S.

166 Karatay, C. E., *Karatay Diyeti*, Hayykitap, İstanbul (Nisan 2011).

Karatay, C. E., *Karatay Diyeti'yle Yaşam Boyu Sağlık*, Hayykitap, İstanbul (Kasım 2011).

167 Karatay, C. E. & Doğan, N., *Karatay Mutfağı*, Hayykitap, İstanbul (Mayıs 2012).

Kronik inflamasyon ortadan kalkınca, hayat boyu düzelmez diye bildiğimiz, genetik diye beynimizin yıkanmış olduğu kronik dejeneratif hastalıklar ve kronik nörodejeneratif hastalıklar da düzelmektedir. Kronik dejeneratif hastalıklar ve kronik nörodejeneratif hastalıklar da genetik değildir, aileseldir, hayat boyu devam etmesi şart değildir.

Oxford Üniversitesi Psikiyatri Bölümü'nden Dr. Philip ve arkadaşları, düşük kalori ve az yağlı beslenen kişilerin beyinlerinde SEROTONİN ve TRİPTOPHAN denilen AMİNOASİT miktarlarının çok az olduğunu göstermişlerdir. Serotoninin mutluluk hormonu olduğunu biliyoruz, triptophan ise adale yapımının temeli olan aminoasitlerden biridir. Düşük kalorili ve az yağlı diyetlerde özellikle yağ ve protein kaynakları da kısıtlı ve az olduğundan, temel bir aminoasit olan triptophan da çok az olarak vücuda girdiğinden ya da hiç girmediğinden, birçok davranış bozukluğu ortaya çıkmaktadır. Ayrıca, güncel sorunlardan biri olan fast food ile beslenme sonucunda da bu elzem ikili vücuda arz edilmemektedir. Başta beyin olmak üzere tüm organizmayı meydana getiren hücrelerimizde beslenme bozuklukları başladığından dolayı fonksiyonlarını tam olarak yerine getirmeleri mümkün olmamaktadır.

Ayrıca, diğer birçok bilimsel araştırmada da, beslenme bozuklukları ve yanlışları sonucu vücudunda ÇİNKO ile birlikte B6 VİTAMİN eksikliği bulunan gençlerde ve çocuklarda davranış bozukluklarının daha sık görüldüğü bildirilmiştir.[168, 169]

Benim de üyesi olduğum Oxford Üniversitesi merkezli 'Food and Research-FAB' (besin ve davranış araştırmaları) grubunda, konferans ve çalışmalarda da değindiğimiz bu konular işlenmekte ve tartışılmaktadır.[170]

Çocuklarımızda ve gençlerimizde görülen davranış bozuklukların temelinde maalesef kötü beslenme yatmaktadır!

ÇİNKO MİNERALİ ORGANİZMADA GELİŞMİŞ OLAN ELEKTROLİT DENGESİZLİĞİNİ GİDEREREK VÜCUDUMUZUN PH DEĞERİNİ, YANİ ASİT/ALKALİ DENGESİNİ DE DÜZENLEYEN ÖNEMLİ BİR MİNERALDİR.

---

168 Cowen PJ., et al., Serotonin, dieting, and bulimia nervosa, *Advances in Experimental Medicine and Biology,* Vol 467,1999, 101-4.

169 Kaye WH., et al., Effects of acute tryptophan depletion on mood in bulumia nevrosa, *Biol Psychistry,* Vol 47(2), 2000, 151-7.

170 www.fabresearch.org

ÇİNKO EKSİKLİĞİ BULUNAN, ÇİNKO EKSİKLİĞİ DEVAM ETMEKTE OLAN BİR ORGANİZMADA ALKALİ DİYETİN YERİ YOKTUR, FAYDASI DA GÖRÜLMEZ!

Yüksek kan şekeri ve yüksek insülin, açıkladığımız birçok zararlı etkilerinin yanı sıra kanımızda ve hücrelerimizde katalizör görevi gören önemli minerallerin vücuttan hızlı bir şekilde atılmasına da neden olmaktadır.

Çinko mineralinin azalması sonucunda hem kanımızda, hem de hücrelerimizin zarında ve içinde elektrolit dengesizliği oluşur ve başta halsizlik, baş ağrısı, çarpıntı, ritim bozuklukları, mide bağırsak sıkıntıları, hazımsızlık, kabızlık, aşırı terleme, tansiyon yüksekliği gibi çok çeşitli şikâyetlerin başlamasına neden olur.

Genel olarak bu şikâyetler, organizmada olumsuz bir dengesizliğin ve kronik inflamasyonun başladığının bir göstergesidir. Tümü de besinlerimiz ve yaşam biçimimiz ile uzaktan ve yakından ilişkili olduğu için düzelmeleri mümkündür. Bilinenin aksine, kronik inflamasyon sonucu gelişmiş olan bütün kronik dejeneratif hastalıklar ve kronik nörodejeneratif hastalıklar genetik değillerdir; bu nedenle düzelebilirler.

Peki, iyodun vücutta görevi, işlevi nedir?

İYOT, HALOJEN diye bilinen elementler sınıfındandır. Halojenler, SODYUM (Na), MAGNEZYUM (Mg), KALSİYUM (K) gibi minerallerle birleşerek İYODÜR, KLORÜR, BROMÜR, FLORÜR gibi çeşitli bileşenleri (tuzları) meydana getirirler. Kimya meraklıları, halojen ailesini periyodik tablonun içinde bulabilir.

Halojen grubunda ASTATİN gibi birkaç element daha vardır, ancak onların sağlığımıza olan faydaları ve zararları hakkında yapılmış detaylı çalışmalar bulunmamaktadır.[171]

Mikro-nutrient, yani mikro kofaktör denilen İYOT ve İYODÜR tüm hücrelerimizin ihtiyacı olan, temel (esansiyel olan), olmazsa olmaz önemli bir mineraldir. İnsan vücudunda üretilmediği için dışarıdan takviye alınması gerekmektedir. İYOT KEŞFEDİLDİĞİNDEN BERİ, İYODÜRÜN TİROİD HORMONU YAPIMI İÇİN GEREKLİ OLDUĞU BİLİN-

171 Brownstein D. *Iodıne Why You Need It: Why You Can't Live Without It.* 4th ed. ISBN:978-0-9660882-3-6

MEKTEDİR.[172] Bu nedenle, genel kanı iyodun yalnız tiroid guddesinin çalışabilmesi ve tiroid hormonlarını üretebilmesi için şart olduğudur.

İYOT KONSANTRASYONUN EN FAZLA TİROİD GUDDESİNDE OLDUĞU DOĞRUDUR. ANCAK TÜM VÜCUT HÜCRELERİMİZİN DE İYODA İHTİYACI ÇOK FAZLADIR. Öyle ki, iyot en fazla olarak vücuttaki yağlı dokularda ve daha sonra da en çok adalelerimizde bulunmaktadır. Vücutta optimum düzeylerde, yani eksiksiz bulunduğu zaman, tiroid bezinde 50 mg kadar, bütün vücutta ise total olarak 1.500-2.000 mg kadar İYOT bulunur. Cildimizde de, vücudumuzda bulunan tüm İYOT miktarının %20'si bulunmaktadır. Vücudumuzda hormon üreten bütün guddelerin hücre yapılarının sağlıklı bir şekilde olması ve sağlıklı bir şekilde çalışarak hormon üretebilmeleri için hepsinin yeterli düzeyde iyoda ihtiyacı vardır.

Son zamanlarda yapılan birçok bilimsel araştırma, iyodun yalnız tiroid hormonlarının yapımı için gerekli olmadığını, vücudumuzda bulunan bütün hormonlarımızın üretimi, hücrelerimizin ve guddelerimizin sağlıklı çalışması için de gerekli bir KATALİZÖR ve güçlü bir ANTİOKSİDAN olduğunu göstermiştir.

VÜCUDUMUZDA BULUNAN BÜTÜN GUDDELERDE, YANİ HORMON ÜRETEN BEZE HÜCRELERİNDE İYODUN YOĞUN BİR ŞEKİLDE BULUNDUĞU BİLİNMEKTEDİR. Yalnız bezelerde de değil, beyin hücrelerinde, serebrovasküler sıvıda, yani beyin ve omurilik sıvısında, tükürük bezlerinde, mide mukozasında ve gözlerdeki hücrelerde de iyodun yoğun bir şekilde bulunduğu bilimsel çalışmalarla açıklanmış ve gösterilmiştir.[173]

Hangi guddeler ya da bezeler, biraz açıklayabilir misiniz?

Tiroid guddesinin yanı sıra memeler, yumurtalıklar, prostat, pankreas ve rahim gibi organlarımızda bulunan hücrelerin sağlıklı bir şekilde fonksiyonlarını yerine getirebilmeleri için iyoda ihtiyaç vardır.[174, 175]

Vücudumuzda bulunan trilyonlarca hücremizin her birinde İYOT bu-

---

172 Kelly, FC., Iodine in medicine and pharmacy since its dicovery-1811-1961. *Proc R Soc Med.*, 54, 831-836,1961.
173 Adrasi e. Iodine concentration in different human brain parts. *Analytic and Bioanalytic chemistry.* November 13, 2003.
174 Ghent, WR., et al, Iodine Replacement in Fibrocytic Disease of the Breast. *Can J Surg.*, 1993.
175 Hartmann, LC et al., Benign breast disease and risk of breast cancer. *N Engl J Med.*, 2005; 353:229-237.

lunduğu ve bu hücrelerin İYOT kullandıkları ve iyoda ihtiyaçları olduğu da gösterilmiştir. Bu nedenle, örneğin BAĞIŞIKLIK SİSTEMİNİN İYİ ÇALIŞMASI İÇİN dahi İYOT gerekmektedir. İyot, vücuda giren alerjik proteinleri sararak ya da üstünü örterek alerjik reaksiyonları da önlemektedir.

Ayrıca biliyoruz ki, İYOT güçlü bir ANTİBAKTERİYELDİR, ANTİPARAZİTİKTİR, ANTİVİRAL ve ANTİKANSEROJENDİR.[176] Örneğin, midemizde anormal bir şekilde çoğalan bakterilere (helikobaktere) karşı koruyucu etkisi vardır. Ayrıca midemize giren gerek biyolojik, gerek kimyasal zehirleri inhibe edici etkisi bulunmaktadır.[177] Öte yandan, tükürük bezleri, memeler ve midemiz ve diğer bütün hücrelerimiz, besinle alınan İYODÜRÜ dolaşan kandan alarak, tutarak hücrelerinin içine sokarlar. HÜCLERİN İÇİNDE BULUNAN İYOT MİKTARI KANDA BULUNAN VE İDRARLA ATILAN İYOT MİKTARINDAN 30 KAT DAHA FAZLADIR.

Radyoaktif iyotla yapılan çalışmalar, iyodun büyük bir miktarının tiroid guddesi tarafından tutulduğunu göstermektedir. Aynı çalışmalar, ayrıca burun akıntısında, bağırsak ve mide hücrelerinde, memelerde, kemiklerde, bütün organların bağ dokusunda ve hücre dışı sıvılarda da İYOT bulunduğu gösterilmiştir.

Özellikle bağırsaklarımızda oldukça fazla oranda tutulma olmakta ve BAĞIRSAKLARIMIZ VÜCUDUN İYOT REZERVİ, yani yedek deposu olarak işlev görmektedir. Ameliyatlarda, dikişlerde kullanılan 'CAT-GUT' kat-küt, yani kedi bağırsağının bakterilere karşı antibakteriyel etkisi olduğu bilinmektedir. Bu nedenle, karın ve bağırsak ameliyatlarında kat-küt ile dikiş yapıldığında, antikanserojen olarak da etki gösterdiği açıklanmıştır.[178]

İYOT, normal ya da anormal olan hücrelerimizin doğal ölümlerini, yani programlı ölüm dediğimiz apopitoz mekanizmasını uyararak işleme sokar. İYOT ve TİROİD hormonu birlikte bir ekip gibi çalışarak, anormal olarak çoğalan hücreleri kontrol altına almaya çalışırlar. Aynı zamanda, kanserojen dediğimiz, kansere sebep olan, organizmayı zehirleyen kimyasal maddeleri (toksinleri) ve kanser hücrelerinin yayılmasını, yani kanser hücrelerinin diğer organlara metastaz yapmalarını da önlemektedir.[179]

---

176 Modern Nutrition in Health and Disease, 9th ed. Williams and Wilkins, 1999.

177 Derry, M. David, *Breast Cancer and Iodine*. 2001. ISBN 1-55212-884-9.

178 Pories,WJ., et al., 1972. Trace elements that act to inhibit neoplastic growth. *Annals of the New York Academy os Sciences*,199.265-273.

179 Liechty, RD., et al. 1963. Cancer and thyroid function. *JAMA*,183,30-32.

İyot eksikliğinin görüldüğü hastalıklar nelerdir, yaygın mıdır?

Guatr ve tiroid kanseri ve kronik tiroidit, yani tiroid guddesinin otoimmün hastalığı olan HAŞİMATO hastalığı,[180] fibrokistik meme hastalığının[181] ve over kistlerinin İYOT verilerek tedavi edildiği bildirilmiştir.[182]

Ergenlik çağındaki kız çocuklarında ilk belirti, memelerin büyümesidir. Ergenlik çağında kanda iyodun düşük olduğu kız çocuklarında basit guatr (tiroid guddesinin büyümesi) hastalığı görülmüş ve basit bir şekilde, yalnız İYOT verilerek başarıyla tedavi edilmiştir.[183, 184]

Bu nedenle de basit guatra bağlı sağlık sorunlarının giderilmesi amacıyla, rafine edilmiş sofra tuzlarına radyoaktif olmayan iyodür eklenmiştir. Rafine sofra tuzuna eklenmiş İYODÜR ile tiroidin basit guatr hastalığı önlenebilmiştir.[185]

Ancak vücutta oluşan İYOT yetersizliğine bağlı birçok diğer sağlık sorunlarının önü alınamamıştır. Rafine sofra tuzuna eklenmiş olan İYODÜR, diğer sağlık sorunlarını önlemede yetersiz kalmaktadır.

Rafine sofra tuzuna eklenen İYOT miktarı, tüm vücudun ihtiyacı olan İYOT miktarı için iki nedenle yeterli değildir. Birincisi, kalp hastalığı ve tansiyon yüksekliği yapıyor gibi bir yanlış algılama sonucu tuz kullanımı çok fazla kısıtlanmıştır. İkincisi, rafine sofra tuzuna eklenmiş olan iyodun emilimi tam olmamakta ve yetersiz kalarak tüm organların, guddelerin ve hücrelerin genel İYOT gereksinimini karşılamakta yetersiz kalmaktadır.[186]

Tarihte ilk olarak bilinen klasik iyot eksikliğinin sebep olduğu en ciddi problem, kretinizm denilen, büyüme çağında/erken yaşlarda beyin harabiyeti sonucu gelişen öğrenme bozukluğu, zekâ geriliği ve büyüme geriliğidir.

Klasik iyot eksikliğinin neden olduğu çeşitli TİROİD hastalıklarının dışında, uzun süren iyot eksikliği sonucu, fibrokistik meme, meme no-

---

180 Abraham GD, et al. Facts about Iodine and Autoimmune Thyroiditis. The Original Internist, Vol. 15, No.2, pp.75-76, June, 2008.

181 Aceves, C., et al., Is Iodine a Gatekeeper of the Integraty of the Mammary Gland?. *J of Mammary Gland Biology and Neoplasia*, 2005.

182 **Jacob Teitelbaum MD,** Iodine Deficiency-An Old Epidemic Is Back The mineral is much more important that most realize. Aug 17, 2011.

183 Marine D. Prevention and treatment of simple goiter. *Atl. Med.* J.26:437-442, 1923.

184 Kimball, OP. Endemic Goiter: A food deficiency disease. J. *Am. Dietetic.* Assn. 1949;25:112.

185 http://www.cdc.gov/nutritionreport/pdf.

186 Brownstein D. *Iodıne Why You Need It: Why You Can't Live Without It.* 4th ed. ISBN:978-0-9660882-3-6.

dülleri, meme kanseri, endometriyum kanseri, prostat, yumurtalık ve kolon kanserlerinin riskinin arttığı gösterilmiştir.[187]

Gebelerde, annenin İYOT eksikliğine bağlı çocuk ve neonatal ölümlerin arttığı da bildirilmiştir.[188] İdrar İYOT değerleri düşük olan, yani 150 mcg/L'den az olan hamilelerin çocuklarında, kontrol grubu annelerin çocuklarına oranla %10 oranında heceleme bozukluğu, %8 oranında gramer yeteneğinin azaldığı, %6 oranında da okuma yazma zorlukları olduğu gösterilmiştir.[189, 190]

İYOT eksikliği sonucu sinir siteminde sinirlerin kılıfı olan miyelin tabakasının tahrip olması söz konusudur. Elektrik kablolarının izolasyonunu sağlayan dış kılıfları gibi, sinirlerimizin izolasyonunu sağlayan miyelin dokusunun tahribe uğraması, MS dediğimiz, multiple sikleroz ve diğer nörodejeneratif hastalıkların risk faktörü olduğu da gösterilmiştir.

Bu bağlamda, Yeni Zelanda, İngiltere, Avustralya ve İtalya'da gebelerde düşük İYOT alımı sonucu çocuklarda otizm hastalığının ve spektrumunun arttığı bildirilmiştir.[191]

Ayrıca, İYOT alımı az ve yetersiz olan gebelerin çocuklarında %70 oranında ADHD dediğimiz dikkat dağınıklığı bozuklukları görüldüğü ve %88 oranında IQ, yani düşük zekâ ölçümü göstergesi olduğu gösterilmiştir.[192, 193, 194]

İyot eksikliği ile kanser ilişkisi bu kadar ciddi mi?

İyot eksikliğinin, yukarıda da bahsetmiş olduğumuz gibi en başta meme kanseri olmak üzere birçok kanserin de riskini artırdığını biliyoruz. Burada, İYOT eksikliğine bağlı olan kanserleri ele alabiliriz.[195, 196]

---

187 Stadel, B. Dietary iodine and risk of breast, endometrial and ovarian cancer. *The Lancet*, 4.24.1976.

188 DeLong, FR. et al. Effect on infant mortality of iodination of irrgation in water in a severely iodine deficient area of China. *Lancet*, 1997, 350: 771-773.

189 Delong, R. et al. Iodine and the Brain, Plenum Press, New York, 1989.

190 *J. Clin Endocrin snd Metab.*, 98:1954-62;2013.

191 Verheesen RH., et al, Iodine deficiency, more than cretinism and goiter. *Med Hypotheses.*, 2008 Nov;71(5):645-8. doi: 10.1016/j.mehy.2008.06.020. Epub 2008 Aug 13

192 Fu, LX. et al [Effects of iodine nutritional status of fetuses, infants and young children on their intelligence development in the areas with iodine-deficiency disorders].1994 Nov;28 (6):330-2.

193 Cao, XY. et al, Timing of vulnerability of the brain to iodine deficiency in endemic cretinism. *N Engl J Med.* 1994 Dec 29;331(26):1739-44.

194 Delange F1. Thyroid. 1994 Spring;4(1):107-28.The disorders induced by iodine deficiency.

195 Eskin, BA., et al., The intracellular metabolism of iodine in carcinogeneis. *Biol Trace Element Res*, 1,101-117.1979.

196 Ghent, WR., et al. 1993. Iodine replacementin fibrocyctic disease of breast. *Can J Surg*. 36,453-460.

Fibrokistik meme ve meme kanseri

Son 60 yıldan beri, MEME BEZLERİNİN İYODÜRÜ YOĞUN BİR ŞEKİLDE DEPO ETTİĞİ BİLİNMEKTEDİR. İyodürü depo eden meme bezlerinin, aynı zamanda İYOT ELEMENTİNİ SALGILADIKLARI DA BİLİNİYOR.[197] Yani, memeler vücutta İYOT elementini en çok depo eden en önemli organımızdan biridir. Bu nedenle, normal bir meme dokusunun gelişmesi, normal yapısı ve işlevi için vücutta yeterli miktarda iyodür bulunması gerekmektedir. Örnek verecek olursak, ana sütünde bulunan İYOT miktarı, TİROİD guddesinin besinlerle aldığı İYOT miktarının 4 katı kadardır.[198] Fibrokistik meme hastalığının ilerlemesiyle, memelerde nodüllerin ve son evrelerde meme kanserinin gelişmesi, iyot eksikliğinin ileri düzeyde olduğunu göstermektedir.[199, 200]

İYOT konusunda uzman olarak kabul edilen Dr. David Brownstein, ***Iodine Why You Need It, Why You Can't Live Without It*** (*İyoda Neden İhtiyacımız Var, Neden İyot Olmadan Yaşayamayız*) adlı kitabında, İYODÜRÜN TÜMÖR MERKEZLERİNİ NEKROZE ETTİĞİNİ, yani öldürdüğünü bildirmektedir. Tümör hücrelerinin merkezinde bulunan tümöral hücreleri yok ederek tümörleri küçülttüğünü bildirmiştir. Bu alanda yapılmış birçok bilimsel çalışma da bulunmaktadır.[201]

Meme, tiroid, yumurtalık ve rahim kistleri ve prostat kanserleri

Birçok bilimsel çalışmada, iyodür kullanan kişilerde, kan değerleri yükseltilerek tiroid nodüllerinin, tiroid, yumurtalık ve rahim kistlerinin de yok olduğu bildirilmiştir.[202, 203, 204] Birçok bilimsel çalışmada da, iyodürün güçlü bir antioksidan etkisi olduğu gösterilmiştir.[205] Uzun süre devam eden iyot eksikliği sonucu hormonların yapımında sorumlu olan organlarımızda,

---

197 Strum, JM., et al. 1983. Resting human female breast tissue produces iodinated proteins. *J Ultrastruct Res*, 84.130-139.

198 Bretthauser, E. Milk transfer comparison of different chemical forms of radioiodine. *Helath Physics*. 1972.22:257.

199 Marninez, L., et al. 1995. Thyroid hormones in fibrocytic disease. *Eur J Endocrinol*, 132,673-676.

200 Estes, NC. 1981. Mastodynia due to fibrocictic disease of the breast controlled with thyroid hormone. *Am J Surg*. 142(6), 764-766.

201 Bacwinkle,K., et al., 1964. Some featurs of breast cancer and thyroid deficiency.. *Cancer*, 17,1174.

202 Brownstein D. *Iodine Why You Need It, Why You Can't Live Without It*. 4th ed. 2009. ISBN 978-0-9660882-3-6.

203 Vitale, M. Iodide excess induces apoptossis in thyroid cells through a p53-independent mechanism involving oxidative stress. *Endocrin*. 141. 2000.

204 Schottenfeld D.1968. The relation of breast cancer to thyroid disease. *J Chrin Dis*, 21, 303.

205 Smyth P. Role of iodine in antioxdidant defense in thyroid and breast disease. *Biofactors*. 19, 2003.

yani bezelerde hiperplazi gelişmeye başlar. Hiperplazi, mikroskopla bakıldığında görülebilir; dokularda normal hücrelerin azaldığının ve yerlerini anormal hücrelerin aldığının göstergesidir. Bütün dokularda mikroskopik olarak görülen hiperplazi kanserin ilk basamağı, yani başlangıcıdır.[206, 207]

İyot eksikliğinin en son basamağı da kadınlarda meme kanseri olduğu gibi erkeklerde de prostat kanseridir. Prostat guddesi de, sindirim sistemi, tükürük bezleri, kemikler ve tüm bağ dokuları gibi iyodürü kullanmaktadır.

Prostat kanseri ile ilgili bilimsel bir çalışma henüz elimizde yoktur, ancak iyot eksikliğinin guddelerde normal hücre yapısını bozduğu için prostat guddesinde de kanser riskini artırdığı bir gerçektir. Örneğin Japon erkeklerinde, besinleri ile yüksek miktarda iyot tükettiklerinden dolayı, Amerikan erkeklerine oranla çok daha düşük oranda prostat kanseri meydana gelmektedir. Japon kadınlarında, Amerikalı kadınlara oranla bu nedenle meme kanseri görülme oranı da çok düşüktür. Fakat Amerika'ya yerleşen Japon kadınlarında, bir iki jenerasyon sonra meme kanseri görülme oranı Amerikalı kadınlara eşit orana yükselmektedir.[208]

Vücuttaki iyot miktarı nasıl ölçülür? Düşüklüğü nasıl anlaşılır?

Dünya Sağlık Örgütü (WHO), bir kerelik idrarda (spot idrarda) 50µg/L iyot miktarının yetersiz olduğunu bildirmiştir. Ayrıca bir kerelik idrarda bulunan iyot miktarının 20µg/L'nin altında olması, ileri derecede iyot yetersizliğinin belirtisi olarak bildirilmiştir.

Dünya Sağlık Örgütü verilerine göre, dünyada 300 milyon kadar okul çağında olan çocukta iyot yetersizliği görülmektedir. [209, 210]

Özellikle çocuk sahibi olacak genç hanımların ve beylerin idrarlarında iyot değerinin 50µg/L'nin altında olduğu bilimsel araştırmalarla

---

206 Venturi s. Role of iodine in evolution and carcinogenrsis of thyroid, breast and stomach. *Adv. Clin. Path.* 2000;4:11-17.

207 Eskin, BA. Mammary gland dysplasia in iodine deficieincy. *JAMA*. 5.22.1967.

208 Stadel, VV. Dietary iodine and risk of breast, endometrial and ovarian cancer. *Lancet*. 1976;1:890-891.

209 Fertil Steril. 2015 Jun;103(6):1532-6.e1. doi: 10.1016/j.fertnstert.2015.03.006. Epub 2015 Apr 22. Gestational hypothyroidism: development of mild hypothyroidism in early pregnancy in previously euthyroid women.

210 R. C. Smallridge, et al. Hypothyroidism in Pregnancy: Consequences to Neonatal Health. *The Journal of Clinical Endocrinology & Metabolism*, Volume 86, Issue 6, 1 June 2001, Pages 2349-2353, https://doi.org/10.1210/jcem.86.6.7577

gösterilmiştir. Özellikle gestasyonel hipotiroidi, annenin iyot eksikliğine bağlıdır. Gebelik sırasında meydana gelen hipotiroidi, yani tiroid guddesinin az çalışmaya başlaması, gebelerde %2,5-5 oranında görülmektedir.

ABD'de 502.036 gebenin izlenmiş olduğu bir çalışmada, %16 oranında gebelik hipotiroidisi saptandığı bildirilmiştir. Ulusal Sağlık ve Beslenme Taraması'nın (NHANES/National Health and Nutrition Examination Survey) 2012 yılında yayınlanmış raporuna göre, doğurganlık çağında bulunan kadınların %60 oranında iyot yetersizliği bulunmaktadır.[211] Ana rahminde yeterli iyot alamayan bebeklerde hormonal bozukluklar, hastalıklar, mental gerilik, sinir sistemi, nörolojik bozukluklar ve bağışıklık sistemi bozuklukları ortaya çıktığı bilinmektedir.[212]

Hipotiroidi hastası olan bir kişide eğer iyot yetersizliği de birlikteyse (ki genelde bu ikili birlikte görülmektedir), kanında iyot yetersizliği düzeltilmeden tiroid hormon verilerek tedavi edilmesi iyot yetersizliğini daha da kötü hale getirecektir.

Tiroid hormon tedavisinin sakıncaları neler?

Hipotiroidi tedavisi için tiroid hormonları kullanıldığını biliyoruz. Tiroid hormonları doğal olarak yavaşlamış olan metabolizmayı nispeten hızlandıracak, yükseltecektir. Organizmada metabolizma yükselince ne olacak peki? Hücrelerin iyot ihtiyacı da yükselecek, artacaktır! Organizmada zaten düşük olan iyot miktarı, takviye alınmadığı takdirde daha da azalacaktır. Bilimsel çalışmalar, 15 seneden fazla tiroid hormonu kullanan kadınlarda, kullanmayanlara oranla %50 oranında daha fazla meme kanseri görüldüğünü göstermiştir. [213, 214, 215, 216]

Tedavi amacıyla tiroid hormonu kullanımının meme kanseri riskini artırdığı da birçok bilimsel çalışma ile gösterilmiştir.[217, 218, 219]

---

211 *J of Clin Endocrin and Metab*, Vol.97, No.3, 777-84,2012.

212 https://wwwn.cdc.gov/nchs/nhanes/search/nhanes11_12.aspx. Page last reviewed: December 28, 2017.

213 Estes, NC.(1981). Mastodynia due to fibrocytic disease of the breaast controlled with thyroid hormone. Am J Surg. 142(6),764-766.

214 Peter, F., et al., Thyroid hormones in benign breast disease. Cancer 56, 1982-1085.1985.

215 Thomas, BS., et al. Thyroid Function in early breast cancer.. Eur J Cancer Clin Oncol, 19 (9), 1213-1219.

216 Stoll BA. (1962). A clinical trial of triiodothyronine as a hormone potentiator in advanced breast cancer. British Journal of Cancer, 16, 436-440.

217 Lyons A R:, et al. (1965). Thyroid hormonr as a prophylactic agent following radical treatment of breast cancer. Brit J Cancer, 19, 116-121.

218 Emery, EW., et al. Triiodothyronine in advanced breast cancer. Lancet feb 16, 358-359, 1963.

219 Backwinkle K et al. (1964). Some features of breast cancer and thyroid deficiency. Cancer, 17, 1174.

Peki, doğal olarak iyot takviyesini nasıl alabiliriz?

Sağlıklı bir vücutta spot idrarda bakılan iyot değerinin 100 mcg/L'nin üzerinde olması gerekir. İyodu bu değerlerde olan kişilerin, beslenme planlarında deniz ürünlerine (deniz börülcesi, kaya koruğu, balık çeşitleri gibi) ve kristal kaya tuzuna yer vermeleri sağlıklı olur.

Ancak spot idrarda bakılan iyot değerinin düşük olması durumunda, doktor kontrolünde olmak şartıyla %3'lük veya %5'lik LUGOL SOLUSYONU doktorun belirleyeceği oranda damla olarak kullanılabilir.

Ayrıca ABD ve Avrupa ülkelerinde iyot tabletleri de bulanmaktadır. Temin edebilenler doktorlarına danışarak kullanabilirler.

İyodun antioksidan etkisi de var demiştiniz...

Evet, iyot oldukça güçlü bir antioksidandır. Organizmaya giren ve organizmada oluşan serbest oksijen radikallerini ve toksik kimyasalları nötralize ederek oksidatif stresi önler. Yani, uzun lafın kısası KRONİK İNFLAMASYONU önler ve giderir. Örnek verecek olursak, daha önceleri otoimmün dediğimiz tiroid hastalıkları, kronik tiroidit/Haşimato hastalıkları %1-3 oranında görülüyorken, şimdilerde bu hastalıkların görülme oranı, yani KRONİK İNFLAMASYONUN görülme oranı artarak %10 ve %30'lara kadar çıkmıştır.

Demek ki oldukça güçlü bir antioksidan etkiye sahip olan İYOT ve İYODÜR vücudumuzda KRONİK İNFLAMASYONU önlediği gibi, sağlığımıza son derece zararlı olan kan yağlarının oksidasyonunu da önlemektedir.[220, 221]

İYOT ve İYODÜRÜN hücrelerimizin ihtiyacı olan total kan kolesterolünün (HDL, LDL, VLDL) okside olarak bozulmasını, tehlikeli bir durum oluşmasını önlemesi son derece önemli bir bilgidir.

Kan yağlarının ve kandaki kolesterolün okside olmaları KRONİK İNFLAMASYONU da başlattığı için, kalp krizi ve Alzheimer hastalığından öte birçok kronik dejeneratif ve kronik nörodejeneratif hastalığa neden olmaktadır.

---

220 Winkler, R. Effectes of iodine on total antioxidant status of human serum. Cell Biochem. *Funct.* 18, 2000.
221 Tseng, Y.L. Iodothyronines: Oxidative deiodination by hemoglobin and inhibition of lipd peroxidation. *Lipids.* 19. 1984.

Burada şunu da açıklamak isterim ki, okside olmayan, yani bozulmayan kan yağları tehlikeli bile değildir, üstelik bilinenin tam aksine, kolesterol dahil güçlü antioksidan özelliklerinden dolayı koruyucu özellikleri vardır. Saf köy tereyağının aklanmasının, kalp hastalığına neden olmadığının da son zamanlarda gösterilmiş ve bilimsel araştırmalarla ortaya koyulmuş olması bu nedenledir.

DOĞALLIĞINI KAYBETMEMİŞ BÜTÜN YAĞLAR, yani trans yağ içermeyen yağlar kronik inflamasyonu önledikleri için, kronik dejeneratif ve kronik nörodejeneratif hastalıkları da önlemek ve iyileştirmek görevi üstlenmişlerdir.

Kilosuna meraklı olanlar için bir uyarı! Biliniz ki, doğal olan bütün yağların, bilinenin aksine kolesterolü düşürdüğü, kilo aldırmadığı, kilo verdirdiği gösterilmiştir. 1948 yılından beri devam eden ünlü FRAMINGHAM çalışmasını yöneten Dr. William Castelli de, katı yağların kolesterolü yükselttiğinin hiçbir bilimsel araştırmada gösterilmediğini senelerce önce açıklamıştır.

Vücutta iyodu azaltan faktörleri özetleyebilir miyiz?

Sağlıksız ve yanlış beslenme, özellikle hazır ve pakete girmiş yiyeceklerle beslenme sonucu halkımızda ciddi olarak İYOT eksikliği gelişmiştir. Vücudumuzda İYODÜRÜN azalmasının, yetersiz düzeylere inmesinin birkaç nedeni vardır:

1. Yetersiz iyot alımı.
2. Yetersiz olarak organizmaya girmiş olan iyodun hücreler tarafından kullanılmasının engellenmiş olması.
3. Şeker hastalığı gibi hastalıkların kandaki iyot mineralinin atılımını artırması.

İyot içeren besinler nelerdir?

İyot en fazla deniz ürünlerinde, özellikle deniz yosunu denilen KELP'lerde yoğun bir şekilde bulunmaktadır. Ülkemizde Ege ve Akdeniz kıyılarında bulunan deniz börülcesi, kaya koruğu gibi ürünlerde ve balıklarda da vardır. Ayrıca deniz kenarında, özellikle sabah saatlerinde gün doğarken yürümek veya denizde yüzmek nefes yolu ile iyot alınımı sağlar.

Ülkemizde, alışkanlık olarak deniz ürünleri yeterli düzeylerde tüketilmemektedir. Daha önce de belirtmiş olduğumuz gibi, deniz yosunu ve deniz ürünleri geleneksel olarak fazla tüketilen Japonya'da, örneğin meme kanseri ve prostat kanseri görülme oranı oldukça düşüktür.

Okinawa denilen ada sakinlerinde, aşırı hayvansal yağ ve kırmızı et tükettikleri halde kalp krizi, felç, kanser gibi kronik dejeneratif ve kronik nörodejeneratif hastalıklar adeta hiç görülmez. Ayrıca şunu da belirmek isterim ki, geleneksel olarak bütün Japon halkı gibi deniz yosunu (kelp) çayı aşırı tüketirler. Japonya'da şeker tüketilmez, meyve tüketilmez, fruktoz şurubu tüketilmez, şekerli içecekler de tüketilmez.

Gıdalarla yeterli İYOT alınamamasının en önemli nedenlerinden biri, önceleri unlara katılan İYODÜR yerine, 1970'li yıllardan sonra fabrikalarda unlara katkı maddesi olarak BROMÜR denilen toksik bir mineralin eklenmiş olmasıdır.

6. ŞİFRE:

SİNSİ KİMYASAL KATKILAR SİNSİCE HASTA EDER, UYANIK OL!

Anahtarlar:

Bromür

Klorür

Florür

Perklorat

Maruziyetin Marazları

Halojen ailesinden kısaca bahsetmiştiniz, toksik, yani zararlı kimyasalları açıklayabilir misiniz?

İyot, Klor, Brom ve Flor, HALOJEN denilen kimyasal maddeler grubunun birer üyeleridir. Dört kardeş gibidirler, ancak farklılıkları da vardır. Dört kardeşten biri olan İYOT dışında BROM, FLOR VE KLOR TOKSİK OLARAK KABUL EDİLEN HALOJENLERDİR. Bir organizmaya girdiklerinde, canlı organizmalara zarar veren elementlerdir.

Toksik, yani zararlı halojenler, SODYUM (Na) ve POTASYUM (K) ve MAGNEZYUM (Mg) gibi mineraller ve oksijen atomları ile birleşirler. Bu birleşmelerden BROMÜR, FLORÜR, KLORÜR ve İYODÜR vb gibi kimyasal bileşimler oluşur.

Halojen ailesindeki dört kardeşin arasında sürekli bir rekabet vardır, şöyle ki, bir tanesinin fazla olması diğerlerinin azalmasına ya da hücrelere girememesine neden olur.

Burada en dikkati çeken örnek, BROMÜR, FLORÜR ve İYODÜRÜN arasında ortaya çıkan tehlikeli rekabettir. BROMÜR, FLORÜR ve İYODÜR hücrelerin zarlarında bulunan aynı reseptörleri kullanırlar. Canlı hücrelere bir yararı olmayan BROMÜR ve FLORÜR ortamda bulunduğu zaman, reseptörlere bağlanarak hücrelerin temel ihtiyacı olan İYODÜRÜN reseptörlere bağlanmasını engellerler. Bu durumda, hücrelerin normal fizyolojik görevlerini yapabilmeleri için gerekli olan İYODÜR hücre içlerine giremez. Hücrelerin kapıları BROMÜR ve FLORÜR tarafından kilitlenmiştir, İYODÜRÜN hücrelere girmesi için kapılar açılamaz!

Ayrıca KLOR ile OKSİJEN ATOMLARININ birleşmesi sonucu oluşan kimyasal PERKLORAT (Cl+O4) diye adlandırılan, 1 ATOM KLOR ve 4 ATOM OKSİJENDEN oluşan kimyasal bileşim de canlı organizmalar için zararlıdır. PERKLORAT bileşiminin de, düşük dozlarda dahi guatr, tiroid kanseri, hipotiroidi, âdet bozuklukları meydana getirdiği ve bağışıklık sistemini zayıflattığı gösterilmiştir.[222, 223]

Ancak KLOR, SODYUM (Na), POTASYUM (K) ve MAGNEZYUM (Mg) mineralleri ile birleşince oluşan KLORÜR ise (Sodyum Klorür/

---

222 Tonacchera, M. Relative potenciec and additivity of perchlorate, thiocyanate, nitrate, and idodie on inhibition of radioavtive uptake by the human sodium iodide symporters. *Thyroid*. 2004, 14, 1012-9.
223 Ross B. Ammonium perchlorate contamination of Colorada River drinking water is associated with abnormal thyroid function in newborns in Arizona. *J of Occup, And Env. Medicine*. Vol 42 (8). August, 2000. 777-782.

NaCl, Potasyum Klorür/KCl, Magnezyum Klorür/MgCl gibi) sağlıklı bir halojene dönüşür.

KLORÜR, İYOT ve İYODÜR ile birlikte organizmaların yaşaması, sağlıklı kalması ve sağlıklı olarak çalışabilmeleri için önemli mikro elementlerdir.

Klor hem toksik hem de sağlıklı, bu nasıl oluyor?

Sağlıklıdır çünkü İYOT, İYODÜR VE KLORÜR (Sodyum Klorür-NaCl, Potasyum Klorür-KCl, Magnezyum Klorür-MgCl gibi) bileşimleri olmadan hiçbir canlı yaşayamaz. Ancak KLOR, PERKLORAT (Cl+O4) bileşiği olarak organizmaya girdiği zaman hücrelere zarar vermektedir.[224, 225, 226]

Peki, toksik olan Brom, Bromür hangi yollarla giriyor vücudumuza?

BROMÜR İLE İYODÜRÜN FORMÜLÜ BİRBİRİNE ÇOK YAKINDIR, zaten kardeş olduklarını belirtmiştik. Bromür aşırı düzeyde vücuda girince, iyot reseptörlerine bağlanarak iyodürün hücre içlerine girmesini engeller. Bu nedenle zararlıdır. Diğer zararlı yanı ise aşağıda açıkladığım toksik etkileridir.

BROMÜR, unlu gıdaların hamuruna kıvam veren, ekmeğin kabarık, şişkin ve dayanıklı olmasını sağlayan, unları beyaz un haline getiren kimyasal, aynı zamanda çok güçlü oksidan olan bir maddedir.

Bu nedenlerle 1960-1970 yıllarından itibaren, o tarihe kadar unlara eklenen İYODÜR yerine BROMÜR eklenmeye başlanmıştır. Böylece beyaz unlarda BROMÜR, İYODÜRÜN yerini almıştır.

Dünya Sağlık Örgütü'ne bağlı Uluslararası Kanser Araştırma Kurumu, BROMÜRÜ 'Class 2B kanser yapıcı ajan', yani KANSEROJEN olarak sınıflandırmıştır. Bu nedenle, fabrikalarda unlara katkı maddesi olarak BROMÜR eklenmesi, 1990 yılında İngiltere'de, 1994 yılında da Kanada'da yasaklanmıştır. Avrupa Birliği ülkelerinde, Peru, Brezilya ve Çin'de de unlara BROMÜR eklenmesi yasaktır.

---

224 https://www.atsdr.cdc.gov/substances/toxsubstance.asp?toxid=181
225 https://www.fda.gov/Food/FoodborneIllnessContaminants/ChemicalContaminants/ucm077572.htm
226 https://www.scientificamerican.com/article/perchlorate-in-drinking-water/

Yapılan birçok araştırma BROMÜRÜN deney hayvanlarında kanser yaptığını, tümör meydana getirdiğini göstermiştir.[227]

BROMÜR, iki ucu keskin bir kılıç gibidir. Unlara katılan İYODÜRÜN yerini BROMÜR aldığından beri, ABD verilerine göre, 1971-2001 yılları arasında kişilerin İYOT düzeylerinin %50 oranında azalmış olduğu bildirilmiştir. İYODÜR alımının azalması sonucu birçok sağlık sorununun da giderek arttığı gösterilmiştir.

Ayrıca azalmış olarak alınmış olsa bile, BROMÜR organizmalarda İYOT reseptörlerine bağlanır ve İYODUN/İYODÜRÜN HÜCRELERİN İÇİNE GİRMESİNİ ENGELLER. Bromürün, bu şekilde İyot/İyodürün insan vücudunda gerekli aktivite ve kullanımını engellediği birçok bilimsel çalışmada ve kitaplarda bildirilmiştir.[228, 229]

Özellikle tiroid guddesinde, tiroid hormonlarının yapımında gerekli olan iyodun tiroid guddesi hücreleri içine girmesinin engellenmesi sonucu, tiroid hastalıkları ile birlikte meme hastalıkları yaygın bir şekilde artmıştır. Tiroid ve meme guddelerinde kistlerin, nodüllerin oluşmasının ve kronik tiroidit denilen HAŞİMATO hastalığının, tiroid ve meme kanserlerinin nedeni olarak bildirilmiştir. Yapılan bilimsel çalışmalarda, İYOT eksikliği olan kişilerde yüksek oranda anti-troid antikorlarının bulunduğu bildirilmiştir.[230, 231, 232, 233, 234]

Ayrıca, tüm hormon üreten guddelerde de aynı şekilde kistler, nodüller, meme, prostat, kolon ve böbrek kanserlerine sebep olduğu bildirilmiştir.[235, 236]

---

227 US Environmental Protection Agency (EPA). 2001. Toxicological Review Of Bromate. Available from: http://www.epa.gov/iris/toxreviews/1002tr.pdf

228 David Brownstein, MD. *Iodine Why You Need It. Why You Can't Live Without It.* 4th ed. ISBN: 978-0-9660882-3-6. 2009.

229 Lynne F., *The Iodine Crisis: What You Don't Know About Iodine Can Wreck Your Life.* 2013. Pub. Devon Press. ISBN: 978-=-9860320-0-4. Printed in USA.

230 Eskin, BA., et al., Etiology of mammary gland pathophysiology induced by iodine deficiency. In G.Medeiros-Neto & E.Gaitan (Eds.), Frontiers in thyroidology, *Proceedings of the Ninth International Congress,* (pp.1027-1031). New York: Plenum.

231 Eskin BA., et al., (1975), Rat mammary gland atypia produced by iodine blocade with perchlorate. *Cancer Res.,* 35, 2332-2339.

232 Eskin BA. (1970). Iodine metabolism and breast cancer. *Trans NT Acad Sci.,* 32, 911-947.

233 Fenzi F. Role of autoimmune and familial factors in goiter prevalence. Studies performed in moderately endemic area. *J. Endocrin. Invest.,* 9:131-164. 1986.

234 Filetti S. Sodium/iodide symporter: a key transport system in thyroid cancar cell metabolism. Eur. J. Endocrin. 1999. Nov; 141(5): 443-57.

235 Farber, J. Mechanisim of cell injury by activated oxygen species. *Lab. Invest.* 62:670-79.1990.

236 Kohrie, J., et al. Selenium the thyroid and the endocrine system. *Endocrine Reviews.* 26(7):944-84.

Japonya Ulusal Hijyenik Bilimler Enstitüsü Toksikoloji Bölümü'nden Y. Kurokawa ve arkadaşlarının POTASYUM BROMÜR ile yaptıkları bilimsel çalışmalarda, güçlü bir oksidan olan potasyum bromürün birçok toksik etkisi olduğu bildirilmiştir.[237]

2013 yılındaki bir rapora göre, ekmek yapımında ekmek hamurunu güçlendirmek ve hamurun kabarmasını sağlamak amacıyla ve ucuz olduğu için kullanılan POTASYUM BROMÜR, kanser yaptığı gerekçesiyle İngiltere'de ve birçok ülkede yasaklanmıştır.[238]

ABD Ulusal Sağlık Enstitüsü'ne (NIH) göre, POTASYUM BROMÜR TOKSİKTİR VE KANSER NEDENİDİR. Güçlü bir oksidan etkisi olan potasyum bromürün böbrek, periton ve tiroid tümörlerine neden olduğu ABD Ulusal Sağlık Enstitüsü (NIH) tarafından bildirilmiştir.[239]

Daha önce de belirtmiş olduğumuz gibi, POTASYUM BROMÜR tiroid hormonlarının üretilebilmesi için gerekli olan İYODÜRÜN tiroid bezine girmesini ve kullanılmasını engelleyen kimyasal bir bileşimdir.[240]

Tiroid hormonları T4 ve T3 formüllerinde bulunan 4 ve 3 rakamları, tiroid hormonlarında bulunması gereken İYODÜRÜN sayılarını ifade eden rakamlardır. Örneğin T4 hormonunda 4, T3 hormonunda da 3 adet İYOT MOLEKÜLÜ bulunması gerekmektedir. İyot moleküllerinin hücrelerin içine girmesinin engellenmesi sonucu bu hormonlar tiroid guddesi tarafından yeterli düzeyde üretilmedikleri için, beyinden TSH dediğimiz tiroid uyarıcı hormon salgılanır. Tiroid guddesinin yeterli tiroid hormonlarını üretmesi için tiroid guddesini adeta kamçılar. Buna rağmen tiroid guddesinin yeterli tiroid hormonu üretememesi sonucu, hipotiroidi dediğimiz klinik durum ortaya çıkar. Bu nedenle TSH hormonu değerleri bu hastalarda yüksektir.

Tiroid hormonu verilerek bu fonksiyon bozukluğu düzeltilemez, TSH'nın düşürülmüş olması tiroid guddesinin iyileştiğini göstermez, HİPOTİROİDİ'yi tam olarak düzeltmiş olmaz. Vücutta BROMÜR fazla ise, bunun sonucu olarak İYOT miktarı da az ise ve az olan İYOT bile

---

237 Y. Kurokawa. et al. Toxicity and Carcinogenicity of Potassium Bromate-A new Renal Carcinogen. *Env. Health Perspectives.* Vol 87.309-335, 1990.

238 Lynne F., *The Iodine Crisis: What You Don't Know About Iodine Can Wreck Your Life.* 2013. Pub. Devon Press. ISBN: 978-=-9860320-0-4. Printed in USA.

239 -ncbi.nim.nih.gov

240 Vobecky, M. Effect of enhanced bromide intake on the concentration ratio I/Br in the rat thyroid gland. *Bio, Trace Element Research,* 43:509-513, 1994.

tiroidde bulunan hücrelerin içine giremiyor ise, yani hücrelerin temel bozuklukları düzeltilmemişse tiroid hastalıkları düzelmez ve geçmez.

HİPOTİROİDİ'nin temel nedeni, toksik birçok etkenin tiroid hücrelerinde KRONİK İNFLAMASYON başlatmış olması ve vücutta İYODÜR'ün azalmasıdır.

Hayati önemi olan iyodürün tiroid bezine girmesini ve tiroid hormonlarına bağlanmasını engelleyen potasyum bromür, bu nedenle guatr yapıcı olarak nitelendirilir.

TİROİD BEZİNİN GİDEREK BÜYÜMESİNİN, TİROİD BEZİNDE KİSTLERİN, NODÜLLERİN OLUŞMASININ VE SONUNDA TİROİD KANSERİNE DÖNÜŞMESİNİN ALTINDA, POTASYUM BROMÜRÜN, TİROİD BEZİNE İYODÜRÜN GİRMESİNİ VE HORMONLARA BAĞLANMASINI ENGELLEMESİ YATMAKTADIR.

Aşırı miktarda ekmek ve unlu mamullerin tüketildiği ülkemizde, organizmalara aşırı miktarda güçlü bir oksidan olan POTASYUM BROMÜR girmektedir. Buna paralel olarak toplumumuzda kronik tiroidit, yani HAŞİMATO'nun yanı sıra tiroid kistleri, nodülleri ve tiroid kanserleri, meme, prostat ve kolon kanserlerinin son yıllarda yüksek oranda giderek arttığı görülmektedir.

Peki, yine toksik olarak belirttiğiniz Florürün zararları neler?

Toksik halojenlerden, yani toksik ajanlardan biri de FLORÜRDÜR. Her ne kadar BROMÜR kadar yoğun bir şekilde vücudumuza girmiyor olsa bile, vücudumuzda hormonal dengeyi bozarak KRONİK İNFLAMASYONA sebep olmaktadır. Hücrelerimizin ihtiyacı olmayan, vücuda girdiğinde hormonal ve enzimatik dengeleri bozarak hücrelerin ve guddelerin sağlıklı bir şekilde işlev görmelerini engelleyen maddeler toksik olarak kabul edilmektedir.

Florürün insan vücudunda yüzlerce enzimi inhibe ettiği bilinmektedir. Özellikle iyot eksikliği olan kişilerde sağlık sorunları daha fazla ortaya çıkmaktadır. FLORÜR de, BROMÜR gibi etki ederek İYODUN tiroid guddeleri hücrelerine girmesini engeller ve tiroid hastalıklarına, örneğin guatr dediğimiz tiroidin aşırı büyümesine neden olur.[241]

---

241 Galletti, P. Effecet of fluorine on thyroidal idone metabolism in hyperthyroidism.

İlk kez 1854 yılında, FLORÜR'ün bir köpekte tiroid guddesini büyüterek guatra neden olduğu bildirilmiştir.[242]

Reçetelenen ve yaygın olarak kullanılan SSRI grubu birkaç antidepresan ilacın içinde de FLORÜR olduğu bilinmektedir. 2000 yılında ABD'de yapılan bir bilimsel toplantıda, bu tür antidepresan ilaçların meme kanseri riskini artırdığı rapor edilmiştir.[243]

Florür içeren birçok ilaç da zararlı yan etkilerinden dolayı piyasadan kaldırılmıştır. Bu ilaçlar arasında antidepresanları, kolesterol düşürücü ilaçları ve bazı mide koruyucu ilaçlar ile alerji ilaçlarını ve bazı antibiyotikleri sayabiliriz.[244, 245]

Bunlar, Florür içerdiklerinden dolayı üretimleri ve satılmaları yasaklanan ilaçlardan bazılarıdır. Ancak, yaygın bir şekilde kullanılan bazı ilaç içeriklerinde hâlâ FLORÜR bulunmaktadır.[241]

Diş çürümesini önlediği ileri sürülerek diş macunlarına ve içme sularına florür eklendiğini de biliyoruz. Ancak, Yeni Zelanda'da yapılan bir araştırmada, içme sularına eklenen florürün diş çürüklerini önleyemediği gösterilmiştir.[246] Bu alanda diğer birçok çalışma da bu bulguları teyit etmiştir.[247]

Diş çürüklerinin başlamasının ve önünün alınamamasının nedeni besinlerle alınan şekerler, şekerli içecekler, rafine edilmiş unlar ve nişastalı besinlerin tüketilmesidir. Tabii ki anında şekere dönüşen saf karbonhidratlı besinler ağız mukozasında asiditeyi artırarak ağız florasını bozarlar. Dost bakterileri öldürüp azaltarak düşman bakterilerin üremelerine ortam sağladıkları için dişte çürükler meydana gelmektedir. Dişlerin çürümesi FLORÜR eksikliğinden değil de zararlı, çürüme yapan bakterilerin ağızda çoğalmasından kaynaklanmaktadır.

Unlu besinlerde bulunan GLUTEN ve LEKTİN de ek olarak ağız, mide ve bağırsaklarımızda yaşayan trilyonlarca dost bakteriyi yok etmekte ve düşman dediğimiz zararlı bakterilerin çoğalmasını başlatmaktadır. Diş çürükleriyle aynı anda mide bağırsak hastalıklarına neden olmaktadır. Bu konuyu ileri bölümlerde detaylı olarak açıklayacağız.

---

242 Maumenee. 1854. Experience pour determiner l'action des fluores sur l'econimie animale. *Compt. Rend. Acad. Sci* (Paris) 39:538-539.

243 35th Annual Meeting of the Society for Epidemiologic Research, Seattle, WA. June 2000.

244 Proceedings of 35th Annual Meeting of Socieity for Epidemiologiic Researc, Seattle, WA June 2000.

245 David Brownstein, MD. *Iodine Why You Need It. Why You Can't Live Without It.* 4thed. ISBN: 978-0-9660882-3-6. 2009.

246 Colquhoun, G. New evidence on fluoridation. *Social Science and Medicine.* 1984. 19, 1239-46.

247 Galletti, P. Effect of flurinr on thyroidal iodine metabolism in hyperthyroidism.

Malum, musluk sularımızda da Klor bulunuyor... Bu bağlamda Klor ve Klorür arasındaki farkı bir kez daha vurgulayabilir miyiz?

Yukarıda da açıkladığımız gibi, KLOR, toksik olan HALOJEN ailesinin bir üyesi olmasına rağmen SODYUM (NaCl), POTASYUM (KCl), MAGNEZYUM (MgCl) gibi minerallerle birleşerek kanımızda, hücrelerimizde bulunması gereken en önemli ve elzem olan mineraller olarak karşımıza çıkar. Kanımızda en çok sodyuma bağlı olarak (NaCl) bulunur. Sağlıklı bir vücutta ortalama 135-145 mEq/L kadar SODYUM KLORÜR, 3-4 mEq/L POTASYUM KLORÜR ve 2-3 mg/dL MAGNEZYUM KLORÜR bulunur.

POTASYUM ve MAGNEZYUM en çok hücre içinde, SODYUM ise en çok hücre dışında bulunur. Bunlara kısaca TEMEL ELEKTROLİT diyoruz.

Ancak gerek dezenfeksiyonda ve gerekse çamaşır ağartmada kullanılan madde, kimya dilinde HİPOKLORİT (ClO) olarak adlandırılır.[248] Bu, toksik olan klor bileşimidir. Musluk sularına, havuz sularına dezenfektan olarak eklenen ve sağlığımıza zararlı olan işte bu klor bileşiğidir. Sanayi üretiminde beyazlaştırıcı olarak ürünlere HİPOKLORİT eklenmektedir. HİPOKLORİT kullanıldığı zaman, yan ürün olarak insanlar için en tehlikeli toksik ve kanserojen kimyasallardan olan DİOKSİN diye bir madde oluşmaktadır. DİOKSİN, TÜM CANLILAR İÇİN ZEHİR KABUL EDİLEN, ENDÜSTRİDE KULLANILAN KİMYASAL BİR YAN ÜRÜNDÜR.[249, 250]

Dioxin'in sağlığa zararlı olduğu birçok bilimsel çalışmada açıklanmıştır. Örneğin bebeklerde görülen doğumsal bozukluklar, kanserler, ölü doğumları ve bağışıklık sisteminin çökmesine bağlı otoimmün hastalıkları bu sağlık sorunları arasında sayabiliriz.[251, 252, 253]

Mutfağımızda, bulaşık makinesinin kapağını açıp deterjandan çıkan

---

248 http://www.burkut.com.tr/makale/66/klor-klorur-hipoklorit

249 Tom Webster, Dioxin And Human Health: A Public Health Assessment Of Dioxin Exposure In Canada (Boston: Boston University School of Public Health, 1994), pg. 7, citing unpublished work by Linda Birnbaum and others.

250 Andreas Zober and others, "Morbidity follow up study of BASF employees exposed to 2,3,7,8-tetrachlorodibenzo-p-dioxin (TCDD) after a 1953 chemical reactor incident," *Occupational And Environmental Medicine*, Vol. 51, No. 7 (July 1994), pgs. 479-486.

251 http://www.who.int/mediacentre/factsheets/fs225/en

252 http://www.ejnet.org/dioxin/

253 John C. Bailar III, "How Dangerous is Dioxin?" *New England Journal Of Medicine*, Vol. 324 (Jan. 24, 1991), pgs. 260-262.

sıcak su buharını soluduğumuz zaman dahi, aşırı miktarda zehirli madde solunum yolu ile vücudumuza girmektedir. Bu sebeple bulaşık makinelerinde, bulaşık temizliği için doğal/ekolojik maddeler ya da organik sertifikalı temizlik ürünleri tercih edilmelidir.

Maalesef çamaşır suyu da ülkemizde son derece yanlış bir dezenfektan olarak kullanılmaktadır. Özellikle halka açık olan kafelerde, kahvehanelerde, restoranlarda dezenfektan olarak klorlu çamaşır suyu genel temizliğin ve tuvalet temizliğinin yanı sıra bardakları yıkamak için de kullanılabilmektedir. Dezenfektan, yani bakterileri yok etme amacı ile bol bol kullanılan çamaşır suyu soluduğumuz havaya karışarak çay, kahve içtiğimiz bardaklara ve fincanlara bulaşarak sağlığımıza zarar vermektedir. Ev ve tuvalet temizliğinde kullanılan çamaşır suyunda bulunan klor da gaz olarak havaya karışıp solunum yollarımızı tahriş etmekte, üst solunum yollarında iritasyon yaparak kuru öksürüğe neden olmaktadır.

Yanlış anlaşılmasın, temizlik yapmayalım, havuz sularımızı dezenfekte etmeyelim demiyoruz hiçbir zaman. Ancak, biraz pahalı olsa da daha sağlıklı yöntemlerin var olduğunu ifade ediyor, bu yöntemlerin kullanılmasının mümkün olduğunu belirtmek ve önermek istiyorum. Özellikle kişisel temizliğimizde, kozmetik olarak kullandığımız ürünlerde, evimizin temizliğinde, çamaşır ve bulaşık makinesinde doğal/ekolojik ürünleri veya imkân varsa organik sertifikalı ürünleri kullanmanın sağlık adına önemli bir tasarruf olduğunu vurguluyorum.

Vücudumuza herhangi bir yolla giren zararlı kimyasalları, vücut hücrelerimiz kullanmaya programlanmamıştır. Yiyeceklerle, içeceklerle, solunum yoluyla ya da cildimizden emilerek dolaşıma karışan zararlı kimyasallar organizmada bir reaksiyon başlatmaktadır.

Bu reaksiyonların süregelmesi sonucu, organizmalarda KRONİK İNFLAMASYONLAR, KRONİK DEJENERATİF VE KRONİK NÖRODEJENERATİF hastalıklar başlamakta ve ortaya çıkmaktadır.

Sağlık en kıymetli hazinemizdir. Sağlık için yapılan hiçbir yatırım pahalı olamaz.

Sularımızı, havuzlarımızı doğal yollarla arındıran maddeler neler?

Sularımızı bakterilerden arındırmanın doğal olan yolları arasında İYOT, HİDROJEN PEROKSİT, ULTRAVİOLE IŞINI ve OZON gibi insan sağlığına zarar vermeyen, insanların vücutlarında KRONİK İNFLAMASYON başlatmayan, hatta başlamış olsa bile KRONİK İNFLAMAYONU önleyen materyaller kullanılmalıdır.

Sağlıklı fakat pahalı olan bu antibakteriyel ajanların kullanılması ile bağışıklık sistemlerimiz de güçlenecektir. Tüm vücudumuzda gelişmiş olan hormonlarımızın bozuk düzeni düzelecek, yani 'RESET' olacaktır.

Genel olarak ev temizliğinde, pencerelerde, tuvaletlerde, doğal olan arapsabunu ve de sirke kullanılabilir. Sağlıklı materyaller çok pahalı dahi olsa, sağlığımız için yapılan hiçbir harcama, sağlığımızı kaybettikten sonra yaşadıklarımız, sıkıntılarımız, üzüntülerimiz kadar pahalı olamaz!

SAĞLIK EN DEĞERLİ HAZİNEMİZDİR

Sağlık hazinemizi canla başla korumak zorundayız.
Sağlıklı kalmak kendi elimizdedir.

Perklorat nedir?

Perklorat da bir KLOR türevidir. Bir atom klor, 4 atom oksijen atomu ile birleşince PERKLORAT oluşmaktadır. PERKLORAT DA HÜCRELERE İYODUN GİRMESİNİ ENGELLER.[254] Az miktarda bile organizmaya girdiği zaman, hormonal dengeler altüst olmakta ve birçok sağlık sorunu ortaya çıkmaktadır.[255]

Perklorat ne gibi sağlık sorunlarına sebep oluyor?

Yapılan birçok bilimsel araştırmada, az miktarda dahi PERKLORATIN tiroid kanseri, tiroid guddesinin büyümesi olan guatr, hipotiroidi hastalığı, âdet düzensizlikleri ve bağışıklık sisteminin zayıfladığı OTOİMMÜN hastalıklara neden olduğu gösterilmiştir.[256]

254 Tonacchera, M. Relative potencies and additivity of perclorate, thiocyanate, nitrare, and iodide on the inhibition of radioactive idodide uptake by the human sodium iodide symporter. *Thyroid*, 2004. 14, 1012-19.
255 http://blogs.edf.org/health/2017/02/03/perchlorate-risks-from-bleach/
256 EPA. Perchlorate environmental contamination: toxicological review and risk charecterization based on emerging information. 1998.

PERKLORAT, birçok ürünün yapımında kullanılmaktadır. Bu ürünler arasında en önemli olanları roket yakıtları, arabalarda bulunan hava yastıkları ve kutlamalarda sık sık kullanan hava fişekleri olarak sıralanabilir.

PERKLORATIN görülen en önemli etkisi, İYODUN hücrelere girmesini engellemesidir. Bu bağlamda, İYOT eksikliğinde gördüğümüz bütün hastalıklar ortaya çıkmaktadır.

Bu hastalıkları kısaca şu şekilde sıralayabiliriz.

- Meme hastalıkları
- HAŞİMATO/Hipotiroidi
- İmmün sistem hastalıkları
- Yeni doğanda zihinsel gerilikler
- Nörolojik problemler [257, 258]
- Fetusun gelişme geriliği
- Rahim içinde, fetusta tiroid problemleri[259]
- Neonatal gelişme geriliği
- Tiroid kanseri

Peki, bu toksik kimyasalların zararlı etkilerinden nasıl arınabiliriz?

Özellikle doğurganlık çağındaki hanımlarda, gebelerde ve süt veren annelerin vücutlarında İYOTUN yetersiz olması, organizmaya giren toksik PERKLORATIN zararlı etkisini daha da artırmaktadır.[260] Bu bağlamda, çocuk sahibi olmayı planlayan hanımların hamile kalmadan önce vücutlarına girmiş olan yukarıda saymış olduğunuz toksik halojenleri temizlemeleri ve en faydalı halojen olan İYOT düzeyini vücutlarında artırmaları gerekmektedir.

ANNE VE BABA ADAYLARININ, İYOT ALIMINI ARTIRMAKLA BİRLİKTE, aynı zamanda toksik halojenlerden kurtulmak amacıyla GÜÇLÜ ANTİOKSİDAN OLAN C Vitamini, D Vitamini, DOĞAL MİNERALLER ve rafine olmamış KRİSTAL KAYA TUZU KULLANMALARININ FAYDALARI VARDIR.

---

257 https://www.scientificamerican.com/article/perchlorate-contamination-regulation-water/
258 https://www.epa.gov/sites/production/files/201510/documents/ace3_neurodevelopmental.pdf
259 Fisher, D., Maternal-fetalthyroid function in pregnancy. *Clin Perinat,* 1983.;10:615026.
260 Kirk, A. Perchlorate and iodide in dairy and breast milk. *Environ. Sci. And Technol.* 2000.

Kristal kaya tuzunun sodyum klorür (NaCl) gibi rafine tuz olmadığını, son derece faydalı bir doğal mineraller deposu olduğunu ve doğurganlık sağladığını bir sonraki bölümde detaylı olarak anlatacağız.

Yukarıda açıkladığımız bu önerilerle birlikte, sağlıklı ve planlı bebek sahibi olmak için anne ve baba adaylarına gerekli olan önerileri, ***Anne Adayları ve Hamileler için Karatay Diyeti*** kitabımda geniş kapsamlı olarak açıklamıştım.

BU HASTALIKLARDAN KURTULMAMIZ MÜMKÜNDÜR, BU HASTALIKLAR GENETİK DEĞİLDİR!

Kronik inflamasyon, kronik dejeneratif hastalıklar ve kronik nörodejeneratif hastalıklar önlenebilir ve tedavi edilebilir hastalıklardır!

Kronik hastalıklardan kurtulmak için, sağlıklı bir şekilde beslenmek ve yaşamak da yeterli değildir. MİKRO-BESİNLER dediğimiz faydalı doğal elementleri de vücudumuza aynı zamanda sokmalıyız, arz etmeliyiz. KOFAKTÖRLER diye adlandırdığımız, yukarıda açıklamaya çalıştığımız faydalı elementler vücudumuzda yetersiz düzeyde ise, sağlıklı beslenme sonucu aldığımız besinleri vücut hücrelerimizin tam olarak kullanması mümkün değildir. Beslenmeden beklediğimiz sağlıklı sonucu ancak, KATALİZÖR ya da KOFAKTÖRLERİN doğal olarak, yeterli miktarda vücuda girmesiyle alabiliriz. KRONİK İNFLAMASYONU da ancak bu şekilde önlememiz mümkün olmaktadır.

Kronik inflamasyonu başlatmamak, başlamış ise ilerlemesini durdurmak, ilerlemesini kontrolümüz altına almak kendi elimizdedir.

Vücudumuzu toksik minerallerden, yani ağır metallerden ve kimyasallardan bir an önce kurtarmak ilk hedefimiz ya da amacımız olmalıdır. En basit yol, toksik materyallerin kaynağını tespit edip onlardan elimizden geldiği kadar uzaklaşmak olmalıdır. Organizmamızın kullanamayacağı toksik kimyasal maddelere temas etmekten mümkün olduğu kadar kaçınmalıyız. Havamızla, suyumuzla ve gıdalarımızla almamalıyız. Mümkün olduğu süre cildimize de sürmekten kaçınmalıyız.

Biz buna, maruziyet diyoruz. VÜCUDUMUZU TÜM TOKSİNLERDEN TEMİZLEMNİN İLK BASAMAĞI MARUZİYETİ ÖNLEMEKTİR. İKİNCİ BASAMAĞI DA, TOKSİK MADDELERİN EN KISA ZAMAN İÇİNDE VÜCUDUMUZDAN ATILMASINI SAĞLAMAK OLMALIDIR.

7. ŞİFRE:

TUZ MASALLARINA İNANMA, KAYA TUZSUZ KALMA!

Anahtarlar:

Tuz-Tansiyon-Kalp İlişkisi
(Yine) İnsülin Direnci
Tuz Eksilince
Kristal Kaya Tuzu Mucizesi
Haloterapi

İyot eklenmiş rafine sofra tuzu vücudumuzun iyot ihtiyacı için yeterli olmuyor mu?

Sofra tuzu olarak bilinen rafine olmuş sodyum klorüre (NaCl) eklenmiş olan İYOT miktarı, toksik halojenlerin vücuttan atılması için vücudumuzda yeterli düzeylere erişememektedir. Halkımıza senelerden beri az tuz kullanılması önerildiğinden dolayı, korkudan zaten az olarak sofra tuzu tüketildiğini de unutmayalım. Sofra tuzuna eklenen İYOT belki tiroid büyümesi dediğimiz GUATRI önleyebilmiştir. Ancak, diğer kronik dejeneratif ve nörodejeneratif hastalıkların önünü almaya yeterli ve etkili olamamıştır.

Halkımız, sofra tuzuna eklenmiş olan İYODU bile yeterli miktarda tüketemediği için, toplumumuzda kronik olarak gelişen İYOT YETERSİZLİĞİ ve buna bağlı birçok önlenebilir kronik dejeneratif hastalık mantar gibi artış göstermiştir.

Fabrikasyon olarak işlenmiş ve pakete girmiş gıdalarda kullanılan tuzlarda ise zaten İYOT yoktur. Bu nedenlerle, örneğin 1971 ve 2001 yılları arasında ABD'de İYOT alınımının %50 oranında azaldığı bildirilmiştir. Aynı süre içinde kronik hastalıkların görülme oranı mantar gibi çoğalmış, artmıştır.

Hazır yeri gelmişken, rafine sofra tuzu tansiyon ve kalp hastalıklarını tetiklemiyor mu?

Senelerden beri kafalarımıza yerleşmiş olan algıları ve fikirleri kısa bir süre içinde değiştirmek kolay değil, maalesef. Gerek medyada, gerek her türlü sağlık eğitiminde, gerek tüm sağlık kuruluşlarında tansiyon yüksekliği ve kalp hastalığına önlem olarak fazla tuz tüketilmemesi yıllardan beri açıklanmakta. Tüm bu kuruluşlar tansiyon yüksekliğini, kalp hastalığını önlemek amacıyla toplumda az tuz tüketilmesini önermekte ve açıklamaktalar.

Oysa geleneksel olarak beslenmelerinde yüksek miktarda tuz tüketen birçok toplumda kalp hastalığı oranının çok düşük olduğu birçok bilimsel araştırmayla bildirilmiştir. Dünyada, tansiyon yüksekliği, kalp hastalığı ve kalp hastalığından ölüm oranları en düşük olduğu bilinen Japonya, Fransa, Norveç ve Güney Kore gibi ülkelerde aşırı miktarda tuz tüketilmektedir. Bu ülkelerde gerek tansiyon yüksekliği, gerek kalp hastalıkları çok düşük oranda görülmektedir. Tıp dilinde KORE PARADOKSU[261] ya da FRANSIZ PARADOKSU diye adlandırılmaları bu nedenledir.[262] Yani sürekli aşırı tuzlu besinlerle beslendikleri bilinen bu ülkelerde, bir PARADOKS olarak, kalp ve tansiyon hastalığı çok az oranda görülmektedir.

İlginç olanı da, yüksek miktarda tuz tüketen adı geçen ülkelerde, özellikle Japonya'da yaşam süresinin de uzun olduğu bildirilmiştir.[263] İsviçre ve Kanada gibi ülkelerde de aşırı tuzlu besinler tüketilmektedir. Adı geçen bu ülkelerde de tansiyon yüksekliği ve inmeye bağlı ölüm oranı çok düşük oranda görülmektedir.[264, 265]

Buna karşın, Japonlara oranla daha az tuz tüketen bir ülke olan Letonya'da ölümler Japonya'ya oranla 10 kat daha fazladır. Letonya'da tüketilen günlük tuz miktarı 7 gram, buna karşın Japonya'da tüketilen günlük tuz miktarı 13 gram kadardır, yani Japonya'da neredeyse iki misli daha fazla tuz tüketildiği halde, tansiyon ve kalp hastalığı görülme oranı çok düşüktür.[266]

Çok fazla miktarda tuz tüketen toplumlarda koroner kalp hastalığının da çok düşük oranda görüldüğü bildirilmiştir. Örneğin Park ve Kwock, yüksek miktarda tuz tüketen Koreli kadınlarda, az tuz tüketen Koreli kadınlara oranla %13,5 oranında daha az tansiyon yükseldiği, felç ve kalp hastalığı görüldüğünü bildirmişlerdir.[267]

ABD Washington Üniversitesi'nde görevli araştırmacı Belding H. Scrinbner, 1983 yılında yüksek doz tuz verdiği kişilerin damarlarında gevşeme, yani genişleme olduğunu göstermiştir.[268]

Damarların genişlemesi, biliyoruz ki tansiyonu yükseltmez, aksine düşürür. Bu nedenle acil servislerde yüksek tansiyonu düşürmek ve tedavi et-

261 Park, J.; et al. 2015. Sodium intake and prevalence of hypertension, coronary heart disease, and stroke in Korean adults. *J Ethn Foods,* 2(3):92-96.

262 http://www.worldlifeexpectancy.com/cause-of-death/coronary-heart-disease/by-country/

263 https://en.wikipedia.org/wiki/List_of_countries_by_life_expectancy

264 Stolarz-Skrzpek K, et al., Fatal and non-fatal outcomes, incidence of hypertension, and blood pressure changes in relation to urinary sodium excretion. *JAMA,* 305 (17): 1777-1785.

265 O'Donnell M., et el. 2014. Urinary sodium and potasium excretion, mortality, and cardiovascular events. N Engl J Med., 371 (7): 612-623.

266 http://ec.europq.eu/health/nutrition_physical_activity/docs/salt_report_en.pdf; http//ec.europa.eu/eurostat/statistics-explained/index.php./Causes_of_death_statistics;Elliot, P., et al. 2006. Sodium intakes around the World.
http://www.who.int/dietphysical activity/Elliot-brown-2007.pdf

267 Park and Kworck. Sodium intake and prevalance of hypertension, coronary heart diease, and stroke in Korean adults. *J Ethn Foods,* 2(3):92-96, 2015.

268 Scribner, B.H. 1983. Salt and hypertension. *JAMA,* 250(3):411-434.

mek amacıyla damarları genişleten ilaçlar uygulanıldığı genel olarak bilinir.

Tansiyonu yüksek olan kişilerin damarlarında, tıp dilinde vasokonstriksiyon diye adlandırdığımız, tüm damarlarda büzüşme oluşmuştur.[269] Ayrıca sodyum klorürün vücutta aşırı su tutarak tansiyon yükselmesine neden olduğu fikri hem normal kişilerde, hem de hipertansiyonu bulunan kişilerde bilimsel olarak kanıtlanmamıştır.[270] Tam tersine, birçok araştırma, hipertansiyonu olan kişilerin kan volümünde artma olmadığını defalarca göstermiştir.[271, 272]

TUZ ALIMI AŞIRI DERECEDE KISITLANAN KİŞİLERDE, tehlikeli olarak kan volümü, yani hacmi azalmakta ve bu kişilerde, sağlık açısından zararlı olduğunu bildiğimiz DEHİDRATASYON meydana gelmektedir.[273]

Peki, o zaman tansiyonu yükselten ne?

Önceki bölümde de detaylı olarak açıkladığım gibi, TANSİYONUN YÜKSELMESİNİN NEDENİ, master hormon olan insülin yüksekliğinden, diğer bir deyişle İNSÜLİN DİRENCİNİN BAŞLAMIŞ OLMASINDAN DOLAYIDIR.[274, 275, 276]

Tansiyonun yükselmesi, KAN ŞEKERİNİN yükselmesinden, kanda TRİGLİSERİDLERİN yükselmesinden dolayıdır. Sodyum klorürün aşırı kullanılmasından dolayı değildir.[277] Son zamanlarda yayınlanmış olan

---

269 Omvik, P., et al..1986. Is sodium restriction effective treatment of borderline and mild essential hypertension? A long-term haemodynamic study at rest and during exercise. 4(5):535-541; *Omvik,P Acta Med.*
270 Kirkendall. The effect of dietrsy sodium chloride on blood pressure, body fluids, electrolyes, renal function, and serum lipids of normotensive man. 411-434.
271 Heer, M., et al. 2000High dietary sodium chloride consumption may not induce body fluid retension in humans. *Am J Physiol Renal Physiol,* 278 (4):F585-F595.
272 Finnerty, F.A., Jr., et al. 1970. Influence of extracellular fluid volume on response to antihypertensivebdrugs. *Circ Res,* 27(I Suppl I):71-82.
273 Fries, ED.,1976. Salt, volume and the prevention of hypertension. *Circulation,* 53(4):589-434i
274 Ames R. 2001. The effect of sodium supplementation on glucose tolerance and insulin concentration in patients with hypertention and diabetes mellitus. Am J Hypertens 14 (7 Pt I): 653-659.
275 Iwaoka T, et al. 1988 The effect of low and high NaCl diets on oral glucose tolerance. Klin Wochenschr 66(16): 724-728.
276 Egan BM., et al. 1994. Renin and aldosterone are higher and the hyperinsulinemic effect of salt restriction greater in subjects with risk factors clustering. Am J Hypertens 7(10 Pt I): 886-893.
277 Egan BM. Et al. 2000. Biochemical and metabolic effects of very-low-salt diets. Am J Med Sci 320 (4): 233-239.

birçok bilimsel çalışma ile bu görüş desteklenmektedir.[278,279] Kan dolaşımında düşük sodyum değerleri sonucu insülin direncinin ana rahminde bile geliştiği bildirilmiştir.[280,281,282]

Kronik inflamasyon başlatılmazsa tansiyon da yükselmez!

Kanda şeker yükseldiği zaman vücuttan bütün gerekli minerallerle birlikte iyot mineralinin atılımı da artmaktadır.

Nehirlerin alüvyonları ve toprakları sürüklediği gibi, kanımızda yükselen kan şekeri de, kanımızda bulunan minerallerin idrarla atılmasını artırır. Şeker hastası olsak da olmasak da, aşırı karbonhidratlı bir yemekten sonra kanımızda zaten düşük düzeyde bulunan İYOT, idrarımızla birlikte hızla atılır. Sonuç olarak, toplumumuzda yaygın bir şekilde kronik İYOT eksikliği meydana gelmektedir. Şekerle atılan diğer mineraller arasında POTASYUM, MAGNEZYUM, SODYUM gibi hayati önemi olan mineralleri de sayabiliriz.

Dr. David Brownstein'in ifadesiyle İYOT mineralinin önemi: ***"30 yıllık hekimliğimin sonunda şunu belirtmeliyim ki, eğer vücudunuzda yeterli düzeyde İYOT bulunmuyorsa, hiçbir şekilde sağlığınıza kavuşmanız mümkün değildir! İYOT kadar sağlık için elzem olan bir minerale henüz rastlamış değilim."*** [283]

Yüksek oranda sodyum klorür tüketen ülkelerde tansiyon yüksekliği yok mu?

Hayır. Yüksek oranda sodyum klorür (NaCl) tüketen ülkeleri araştırmış ve incelemiş olan Gleibermann'ın bildirdiğine göre, bu ülkelerde yüksek miktarda sofra tuzu tüketildiği halde, tansiyon hastalığı görülmemektedir.

---

278 Hillier TA, et al. 1999. Hyponatremia: evaluating the correction factor for hyperglucemia. Am J Med 106 (4): 399-403.

279 Garg R. et al. 2011. Low-salt diet increases insulin resistance in healthy subjects. Metabolism 60 (7):965-968.

280 Prada PO, et al. 2005. Low salt intake modulates insülin signaling, JNK activity and IRS-ıser307 phosphorylation in rat tissues. J Endocrinol 185(3): 429-437.

281 Vidonho AF Jr., et al. 2004. Perinatal salt restriction: a new pathway to programming insüline resistance and dyslipidemia in adult wistar rats. Pediatr Res 56(6): 842-848.

282 Prada P, et al. 2000. High-or low-salt diet from weaning to adulthood: effect on insulin sensitivity in Wistar rats. Hypertension 35 (ı Pt 2): 424-429.

283 Brownstein D. *Iodine Why You Need It, Why You Can't Live Without It. 4th ed. 2009 ISBN 978-0-9660882-3-6*

Kuzey Hindistan
Tuz (NaCl) kullanımı (ortalama): 5,6 gr/gün
Kan basıncı: 133/81 mmHg[284]

Güney Hindistan
(Kuzey Hindistan'a oranla daha az tuz tüketirler)
Tuz (NaCl) kullanımı (ortalama): 3,2 gr/gün
Kan basıncı: 141/88 mmHg[280]

Güney Afrika Bantu Bölgesi
Tuz (NaCl) kullanımı (ortalama): 7,6 gr/gün
Kan basıncı: Erkeklerde 128/79 mmHg[280]

Tayland Budist Çiftçiler
Tuz (NaCl) kullanımı (ortalama): 8,0 gr/gün
Kan basıncı: Yaşlılarda tansiyon yüksekliği sorunu görülmüyor[280]

Japonya, Aomori Bölgesi
Tuz (NaCl) kullanımı (ortalama): 6,0 gr/gün
Kan basıncı: 131, 4/78,6 mmHg[285]

Japonya, Okayuma Bölgesi (yaz aylarında)
Tuz (NaCl) kullanımı (ortalama): 6,0 gr/gün
Kan basıncı: Erkeklerde 122/75 mmHg, Kadınlarda, 122/72 mmHg[281]

Geleneksel olarak, her gün ortalama 6-7-8 gr kadar tuz tüketen toplumlarda yüksek tansiyon sorunu bulunmuyor. Peki neden?

Bu toplumlarda genel olarak şeker ve ekmek tüketilmez. Okinawa Adası yerlileri ise günde en az beş kez hayvansal kırmızı et ve hayvansal katı yağ tüketirler.

---

284 Gleibermann L. 1973. Blood pressure and dietary salt in human populations. *Ecol Food Nutr.*, 2 ('): 143-156.
285 Sasaki, N. 1962. High blood pressure and salt intake of Japanese. *Jpn Heart j* 3:31324.

Ülkemizdeki rafine sofra tuzu ile bu ülkelerde kullanılan sofra tuzu aynı mı?

Sofra tuzu, yukarıda da değinmiş olduğum gibi, bembeyaz yapılarak, akışkan hale getirilerek fabrikalarda üretilen, rafine olmuş sodyum-klorürden (NaCl) başka bir şey değildir. Ayrıca akışkanlığını sağlamak için, yani topaklanmayı önlemek amacıyla, fabrikalarda içine alüminyum minerali de eklenmektedir. Alüminyumun Alzheimer hastalığı riskini artırdığı da bilimsel olarak senelerden beri gösterilmiştir.[286, 287, 288]

Bütün canlı organizmaların sağlıklı ve düzenli bir biçimde çalışmaları ve fonksiyonlarını yerine getirmeleri için birçok doğal, rafine edilmemiş, yani hiçbir şekilde işlem görmemiş minerallerin bir arada ve dengeli bir şekilde organizmaya girmesi şarttır.

Açıkladığınız bu özellikler kristal kaya tuzunu mu işaret ediyor?

Evet. Aslında KRİSTAL KAYA TUZU, tuz bile değildir! HALİTE MİNERALİ diye bilinen ve doğada aşırı miktarda bulunan son derece önemli bir doğal mineral deposudur.

Kaya tuzu kristali, insan organizmasında bulunması gerekli olan 92 mineral ve elementten 84 adedini dengeli olarak içerir. Fabrikadan çıkmamıştır. Dolayısıyla rafine edilmemiştir, katkı maddeleri katılmamıştır ve de çevresel kirlenmeye uğramamış olan kristallerdir. Tümüyle saf olan, doğanın derinliklerinden elde edilen KAYA TUZU KRİSTALİNDE eser miktarlarda bulunan mineralleri alfabetik olarak teker teker bildirmek istiyorum.[289]

---

286 www.greenmedinfo.com/blog/scientists-prove-link-between-aluminum-and-early-onset-alzheimer-s-disease. 2017

287 academic.oup.com/ndt/article-pdf/17/suppl_2/17/9901637/170017.pdf

288 http://theconversation.com/does-aluminium-cause-alzheimers-and-breast-cancer-8799

289 What Are the 84 Minerals in Himalayan Salt? | LIVESTRONG.COM https://www.livestrong.com/article/534033-what-are-the-84-minerals-in-himalayan-salt/

Kaya tuzu kristalinde bulunan minerallerin alfabetik sıralaması

A. actinium, aluminum, antimony, arsenic (arsenic), astatine
B. barium, beryllium, bismuth, boron, bromine
C. cadmium, calcium (kalsiyum), carbon, cerium, cesium, chlorine, chromium, cobalt (kobalt), copper (bakır)
D. dysprosium
E. erbium, europium
F. fluorine, francium
G. gadolinium, gallium, germanium, gold (altın)
H. hafnium, holmium, hydrogen (hidrojen)
I. indium, iodine, iridium, iron (demir)
L. lanthanum, lead, lithium (lityum), lutetium
M. molybdenum
N. neodymium, neptunium, nickel, niobium, nitrogen
O. osmium, oxygen (oksijen)
P. palladium, phosphorus (fosfor), platinum, plutonium, polonium, potassium, praseodymium, protactinium
R. radium, rhenium, rhodium, rubidium, ruthenium
T. tantalum, tellurium, terbium, thallium, thorium, thulium, tin, titanium
U. uranium
V. vanadium
W. wolfram
Y. yttrium, ytterbium
Z. zinc (çinko) ve zirconium

Kaya tuzu, gördüğümüz gibi birçok mikro-element ve mineral deposudur. Bütün bu mineraller ve elementler, doğada bitkiler ve ağaçlar dahil bütün canlıların hayatta kalabilmeleri ve yaşamları için elzem olan doğal elementlerdir. Özellikle, örnek verecek olursak, 2000 yıldan fazla yaşayan ve hâlâ zeytin üretmeye devam eden, asırlık, ölümsüz ağaç dediğimiz zeytin ağaçlarını kaya tuzları beslemektedir. Asırlarca dallarını yenileyerek ve dört mevsim yeşil kalarak yaşayan çam ağaçları da, güç ve kuvvetlerini üzerinde yetiştikleri kayalardan, yani kaya tuzlarından alırlar.

Anadolu'daki çobanların, ABD ve AVRUPA dahil tüm dünya ülkelerindeki çobanlar domestik hayvanlara, koyunlara, keçilere ve davarlarına sık sık kaya tuzu yalatırlar.

TUZ, TANSİYONU YÜKSELTMEZ!

Bilimsel araştırmalarla birlikte, aynı zamanda aşırı tuz tüketen birçok ülkede, tansiyon yüksekliği ve tansiyon yüksekliğinin neden olduğu kalp yetersizliği de ender olarak görülmektedir.

1980'li yıllardan beri TANSİYON yüksekliği de bir METABOLİK BOZUKLUK, yani KRONİK İNFLAMASYON belirtisi olarak görülmektedir.[290]

1987 yılında Ferrannini E ve arkadaşları, tansiyon yüksekliğinin organizmada sinsice gelişmiş olan bir metabolik bozukluk olduğunu, rayından çıkmış olan şeker/insülin metabolizması sonucu geliştiğini söylemişlerdir.[291, 292]

Aynı zamanda, senelerden beri biriken birçok bilimsel datada TUZUN değil, ŞEKERİN tansiyonu yükselttiğini, kalp hızını artırarak çarpıntıya neden olduğunu ve kardiyovasküler hastalıklara bağlı ölüm oranını 3 kat artırdığını bildirmişlerdir. Oxford profesörlerinden J Yudkin, birkaç hafta dahi yüksek miktarda şeker tüketen kişilerde insülin yüksekliği ve ürik asit yüksekliği görüldüğünü, trombositlerin fonksiyonlarının bozulduğunu bildirmiştir.[293]

2007 yılında Johnson RJ ve arkadaşları ve birçok bilimsel araştırmacı, yüksek miktarda FRUKTOZUN (meyve şekeri, NBŞ/mısır şurubu), tansiyon yüksekliği, obezite, metabolik sendrom, diyabet, gut hastalığı, böbrek hastalığı ve kardiyovasküler hastalıkların yaygın hale gelmesinde büyük rol oynadığını bildirmişlerdir.[294, 295]

Senelerden beri tansiyonumuz yükselmesin, kalp hastası olmayalım diye tuzsuz ya da az tuzlu yemek yemeye çaba sarf etmemiz boşuna mıydı?

Uzun süreden beri kabul edilmiş dogmaları, yanlış oldukları gösterilseler bile yıkmak kolay değildir. Tabii ki çeşitli ülkelerden örnekler ve birçok bilimsel kaynak ve kanıt vererek tuzun tansiyonu yükseltmediğini, hatta tam aksine, normalleştirdiğini, GLUKOZ ve FRUKTOZUN aslında halk sağlığı-

290 Walker, AR. 1975. Sucrose, hypertension and heart disease. *Am J Clin Nutr.*, 28(3):195-200.
291 Ferrannini, E., et al. 1987. Insulin resistance in essential hypertension. *N Engl J Med.*, 317(6).350-357.
292 Sievenpiper JL., et al. Added fructose: A Principal Driver of Type 2 Diabetes Mellitus and Its Consequences. *Mayo Clin Proc.*, January 26. Review, 2914.
293 http://www.forbes.com/sites/realspin/2015/04/09/if-you-must-have-a-dietary-culpit-at-least-pick-the-right-one/
294 Johnson, RJ., et al. 2007. Potential role of sugar (fructose) in the epidemic of hypertension, obesity, and the metabolic syndrome, diabetes, kidney disease, and cardiovascular disease. *Am j Clin Nutr.*, 86(4): 899-906.
295 DiNicolantonio et al. 2015. The wrong White crystals: not salt but sugar as aetiological in hypertension and cardiometabolic disease. *Mayo Clin Proc.*, 90(7):988-990.

nı senelerden beri tehdit ettiğini söylemek mümkün. Önceki bölümlerde de birkaç kez açıkladığım gibi, tansiyonu aslında kan şekeri ve insülin yükseltmektedir.[296, 297, 298] TUZ yükseltmemektedir.[299] DÜŞÜK TUZLU DİYETLER DE BİLİNENİN AKSİNE, İNSÜLİN DİRENCİNİ TETİKLEMEKTEDİR.[300]

Aslında TUZ kısıtlamasının ya da AZ TUZLU beslenmenin, kabul edilen genel görüşün aksine tansiyonu yükselttiği de birçok bilimsel araştırmada bildirilmiştir.[301]

Sullivan J.M. ve arkadaşları 1980 yılında, az tuzlu beslenmenin damarları büzüştürdüğünü ve periferik direnci artırarak tansiyonu yükselttiğini bildirmişlerdir.[302] Öte yandan Kirkendall ve arkadaşları da, 4 hafta süreyle günde 9,5 gr TUZ tüketen normal kişilerde damarların genişlediğini, yani periferik direncin azaldığını ve kan basıncında değişiklik olmadığını bildirmişlerdir.[303] Bu gerçekler senelerce insanlardan saklandı, gizlendi. İnsanlarımıza senelerce az yağlı tatsız tuzsuz besinleri tüketmeleri önerildi. Azıcık tuzu ve yağı kaçıran kişilerse hep suçluluk hissi içinde yaşamışlardır. Damak tadını sağlamak için ise tuzsuz ve yağsız besinlere her türlü şeker eklendi. Damak tatları ve beyin algıları şekerle beslenince, şeker bağımlılığı başladı.[304, 305]

Neticede OBEZİTE, ŞEKER HASTALIĞI, TANSİYON VE KALP HASTALIKLARINDAN ÖLÜMLER azalmamış, bilakis GİDEREK ARTMIŞTIR.

2013 yılında, konuya açıklık getirmek için ABD Tıp Enstitüsü'nde (INSTITUTE of MEDİCİNE-IOM) tuz ve kardiyovasküler hastalıklar riski üzerine yapılan araştırmaların sonucunda da tuz alımının günde

---

296 Ferrannini,E.,et al. 1989. Hypertension: a metabolic disorder? *Diabetes Metab.*, 15(5 Pt 2):284-291.

297 Ludwig DS., et al. Relation between consumption of sugar-sweetened drinks and childhood obesity: a prospective, observational analysis. *Lancet,* vol 357, No.9555, pp.505-508, 2001.

298 Reaven, GM., et al., 1987. A role for insülin in the aetiology of hypertension? *Lancet,* 2(8556):435-437.

299 Longworth, DL., et al 1980. Divergent blood pressure response during short-term dodium restriction in hypertension. *Clin Pharmacol Ther.*, 27(4):544-546.

300 Egan BM., et al. 1997. Adverse effects of short term, very-low-salt diets in subjects with risk-factor clustering. Am J Clin Nutr 65(16): 724-728.

301 Graudal G., et al. Effects of sodium restriction on blood pressure, renin, aldosterone, catecholamines, cholesterol, and trigliceride: a meta-analysis.

302 Sullivan, JM., et al. 1980. Hemodynamic effects of dietary sodium in man: a preliminary report. *Hypertension.*, 2(4):506-514.

303 Kirkendall, A.M., et al. 1976. The effect of dietary sodium chloride on blood pressure, body fluids, electrolytes, renal function, and serum lipids of normotensive man. *J Lab Clin Med.*, 87(3): 388-389.

304 Park, J. et al. 2015. Sodium intake and prevalance of hypertension, coronary heart disease, and stroke in Korean adults. *J Ethn Foods,* 2(3):92-96.

305 http://www.worldlifeexpectancy.com/cause-of-death/coronary-heart-disease/by-country/

2,3 gramın altı olarak kısıtlamasının kardiyovasküler hastalıkları önlemediği, bizzat artırdığı bildirilmiştir.[306]

Hayvan deneylerinde de, tuzun azaltılması ile kanda kolesterolün yükseldiği, trigliseridlerin yükseldiği ve arterlerde sertleşme meydana geldiği gösterilmiştir.[307, 308]

Yüksek tansiyonu olan kişilerde de az tuz kullanılması sonucu kan yağlarının altüst olduğu ve KRONİK İNFLAMASYON belirteçlerinin arttığı bildirilmiştir.[309]

2014 yılında 170 araştırma incelenerek hazırlanan ünlü Cochrane Meta-Analiz Raporu'nda da az tuzlu beslenme sonucu tansiyonda çok az bir düşme olduğu, aksine, anlamlı olarak böbrek hormonlarının, stres hormonlarının ve trigliseridlerin yükseldiği açıklanmıştır.

Birçok bilimsel araştırmayı inceleyen Cochrane Raporu, bilimsel taramaların altın standardı olarak kabul edilmektedir.[310]

Bu bağlamda, geleneksel olarak aşırı TUZ tüketen Güney Kore'yi ve birçok ülkeyi öğretici, düşündürücü ve gerçekçi önemli örnekler olarak gösterebiliriz: Normal olarak Koreliler her gün 4 gr tuz tüketirler. Dünyada en düşük tansiyonu olan toplum Korelilerdir. Ayrıca, koroner kalp hastalığı ve koroner kalp hastalığından ölümler de Korelilerde çok az görülmektedir. Bu gerçek, TUZ tüketilmesine bağlanmadığından dolayı, tıp dilinde 'KORE PARADOKSU' denmektedir.[311]

Japonya'da, Fransa'da, Norveç'te, İsviçre ve Kanada'da fazla miktarda TUZ tüketildiği halde koroner arter hastalığı, tansiyon ve felç gibi kardiyovasküler hastalıkların görülme oranı çok düşüktür. Bu bağlamda, FRANSIZ PARADOKSU diye bir kavram da senelerden beri kardiyologlar arasında dile getirilmektedir.[307]

Kanada'da yüksek oranda tuz tüketildiği halde FELÇ ya da İNME görülme oranı çok düşüktür ve insanların diğer ülkelere oranla daha uzun

---

306 Dietary fat and its relation to heart attacs and stroke. Report by the Central Commettee for Medical and Community Program of American Heart Association. *JAMA*, 175(5):389-391. 2013.

307 Prada, High-or low-salt diet from weaning to adulthood: effect on insulin sensitivity in Wistar rats. *Hypertension*, 35 (1 Pt 2):424-429.

308 Xavier AR. Et al. 2003. Dietary sodium restriction evacerbates age-related changes in rat adipose tissue and liver lipogenesis. *Metabolism.*, 52(8): 1072-1077.

309 http://fluoridealert.org/news/sugar-industry-has-subverted-public-health-policy-for-decades-study-finds/

310 The relationship of sugar to population-level diabetes prevalence: an econometric analysis of repeated cross-sectional data. *PLos One.*, 8(2):e57873.

311 Gleibermann L. 1973. Blood pressure and dietary salt in human populations. *Ecol Food Nutr* 2 ('): 143-156.

yaşadıkları bildirilmiştir. Japonya ve Güney Kore'de de yaşam süresi, az tuz tüketen ülkelere oranla daha uzundur.

Önemli bir faktörü burada belirtmemiz şarttır: Yüksek miktarda TUZ kullanılan bu ülkelerde, aşırı miktarda hayvansal yağ, yağlı kırmızı etler, deniz ürünleri tüketilmektedir. Bu ülkelerde ŞEKER ve FRUKTOZ tüketilmemektedir.[312]

2011 yılında yayınlanmış olan ***Karatay Diyeti*** kitabımda şeker ve fruktozun ve rafine karbonhidratların obezite, insülin direnci, tansiyon yüksekliği gibi kardiyometabolik hatalıkların sebebi olduğunu açıklamıştım. Burada bir kez daha belirtmek isterim ki, 1969 ve 1972 yıllarında Yudkin J ve arkadaşları kardiyovasküler hastalıkların asıl sebebinin şeker olduğunu, rafine karbonhidratlar olduğunu, kan KOLESTEROL yüksekliğine bağlı olmadığını senelerce önce bildirmişlerdir.[313, 314]

Bu durumda az tuzlu yemek ya da yemeklerimizde tuzu azaltmak kardiyovasküler hastalıkların riskini mi artırıyor?

Evet, TUZSUZ ya da AZ TUZLU yemek yemek doğru değil, sağlığımıza da zarar veriyor.[315]Az tuzlu beslenenlerde böbreküstübezinden salgılanan, tansiyonu yükselten hormonların aşırı düzeyde salgılandığı ve bu nedenle kalp krizini artırdığı bildirilmiştir.[316, 317]

Çok az tuz tüketildiğinde, yani organizmanın mutlaka ihtiyacı olan tuz vücuda girmeyince, vücutta İNSÜLİN DİRENCİNİ başlatan, ŞEKER İSTEĞİNİ artıran, sürekli açlık hissini başlatan doğal olarak bazı korunma mekanizmaları devreye giriyor. Bu mekanizmaların devreye girmesi

---

312 Falkner, B., et al. 1990. Insulin resistance and blood pressure in young black men. *Hypertension.*, 16(6):706-711.

313 Yudkin, J., et al. 1972. Sucrose ans cardiovascular disease. *Proc Nutr Soc.*, 31(3):331-337.

314 Yudkin, J. Et al. 1969. Sugar intake, serım insülin and platelet adhesiveness inmen with and without peripheral vascular disease. *Postgrad Med J.*, 45(527):606-611.

315 DiNicolantonio, JJ. 2014. The cardiometabolic consequences of replacing saturated fats with carbohydrates or Ω-6 polyunsaturated fats: do the dietary guidelines have it wrong? Open Heart I: e000032. Doi:10.1136/openhrt-2013-000032.

316 Krikken JA, et al. 2012. Short term dietary sodium restriction decreases HDL cholesterol, apoliprotin A-I and high weight adipocectin in healthy young men: relationships with renal hemodynamics and RAAS activation. *Nutr Metab Cardiovasc Dis.*, 22(1): 35-41.

317 Gradual NA, et al. Effects of low sodium diet versus high sodium diet on blood pressure, renin, aldosterone, catecholamines, cholesterol, and triglycerides. *Cochrane Database Syst Rew.*, (II): Cd004022.

tabii ki aşırı kilo aldırıyor ve obeziteyi başlatıyor.[318, 319, 320]

Yiyeceklerde TUZ miktarı azaldıkça, doğal olarak organizma ihtiyacı olan tuz kaybını önlemek için birçok hormonal mekanizmayı devreye sokacaktır. TUZ alınımını artırmak, vücuttan TUZ kaybını önlemek amacıyla mekanizmalar devreye girecektir. TUZ alınımı için fazla yemek yemek gerekeceğinden, iştahın da artırılması gerekmektedir. Yeme ihtiyacını artırabilmek için organizma İNSÜLİN hormonunun salgılanmasını artıracak ve giderek İNSÜLİN DİRENCİ oluşacaktır. İNSÜLİN DİRENCİNİN gelişmesinin sonucu, biliyoruz ki kişi yedikçe yiyecektir. Kan şekeri yükseldikçe İNSÜLİN HORMONUNUN salgılanması da artacak ve İNSÜLİN HORMONU giderek yükselerek, şeker hastalığına neden olacaktır. Öte yandan da İNSÜLİN HORMONU, yükseldikçe vücut yağlanması artacaktır.[321]

Böbreküstübezlerinden de vücutta tuz kaybını önlemek, tuz atılmasını kısıtlamak amacıyla birçok hormon salgılanmaya başlayacak ve bu hormonlar da ek olarak tansiyonun düşmesini engelleyecektir.[322, 323, 324]

Ayrıca, vücutta TUZ azlığının oluşması hücrelerde, organlarda genel bir şekilde dehidratasyona neden olacaktır. DOĞAL HİDRATASYONU BOZULMUŞ OLAN HÜCRELER NORMAL FONKSİYONLARINI YERİNE GETİREMEZLER. Bu nedenle, normal çalışabilmeleri için daha fazla enerjiye ihtiyaçları vardır. Hücrelerin enerji ihtiyacı arttıkça şeker yeme ihtiyacı da artacaktır.[325]

Neticede vücut yağlanması artacak, İNSÜLİN RESİSTANSI, METOBOLİK SENDROM gelişecek, bel çevresi genişleyecek, KAN ŞEKERİ VE

---

318 Garg, R., et al. 2011.Low-salt diet increases insülin resistance in healthy subjects. *Metabolism.*, 60(7):965-968.

319 Prada, PO: et al.2005. Low salt intake modulates, JNK activity and IRS-ıser307 phosphorylation in rat tissues. *J Endocrinol.*, 185(3): 429-437.

320 Weidemann, BJ., et al. 2015. Dietary sodium suppresses digestive effciency via the renin-angiotensin system. *Sci Rep* 5:III23.

321 Rosedale R. *Insulin and Its Metabolic Effects. The Rosedale Diet.* 2005. Harpers Collins Pub. NY, NY, ISBN 0-06-056572-1.

322 Weder AB, et al. 1991. Potential deleterious impact of dietary salt restriction on cardiovascular risk factors. *Klin Wochenschr.*, 69(uppl 25):45-50.

323 Egan, BM., et al. Neurohormonal and metabolic effecta of short-term dietary NaCl restriction in men.*Am J Hypertens.*, 4(5Pt I9:41421.

324 Gradual NA, et al. Effects of low sodium diet versus high sodium diet on blood pressure, renin, aldosterone, catecholamines, cholesterol, and triglycerides. *Cochrane Database Syst Rew.*, (II): Cd004022.

325 Gupta N., et al. 2011.Hypertension: salt restriction, sodium homeostatis, and other ions. *Indian J Med Sci.*, 65(3):121-132.

TANSİYON yükselecek, TRİGLİSERİDLER yükselecek[326] ve kalp krizi riski, şeker hastalığı riski ve felç riski hep birden artacaktır!

AZ TUZLU DİYETLERİN AÇLIK İNSÜLİN DEĞERİNİ 10 İLE 50 KAT ARTIRDIĞI BİRÇOK BİLİMSEL ÇALIŞMA İLE GÖSTERİLMİŞTİR.[327, 328, 329]

Ayrıca İNSÜLİN YÜKSEKLİĞİNİN sempatik sistemini uyararak tansiyonu yükselttiğini ve kardiyovasküler risk faktörlerini artırdığını hatırlayalım!

1995 yılında Michael Alderman ve arkadaşları, az TUZ alan kişilerde kalp krizi görülme oranının 4 kat arttığını açıkça bildirmişlerdir.

Avrupa'da yapılan 2 çalışmada, kalp hastası olmayan 4000 kişiyi inceleyen oldukça geniş kapsamlı çalışmalarda aynı bilgileri destekleyen sonuçlar elde edilmiştir. Reiser S ve arkadaşları, düşük NaCl ile beslenen bir grupla yüksek NaCl ile beslenen bir grubu karşılaştırmışlar ve düşük NaCl alan grupta kalp krizinin 5 kat daha fazla görüldüğünü bildirmişlerdir.[330]

Aynı araştırmacılar, 17 ülkeden 100.000 kişiyi incelemişler ve günde 3 gr ila 6 gr NaCl tüketen kişilerde kalp krizi görülme riskinin çok düşük olduğunu da bildirmişlerdir.[331]

Gradual ve arkadaşları yaptıkları meta-analiz ile 275.000 hastayı incelemişler ve günde 2,6 gr ve 4,9 gr NaCl tüketen kişilerde kardiyovasküler hastalık ve ölüm risklerinin çok düşük olduğunu 2015 yılında bildirmişlerdir.[332] Araştırmacılar, aynı grupta bütün risk faktörlerini incelediklerinde, günde 2,5 gr NaCl tüketen grupta çeşitli nedenlerle görülen ölüm oranının, yani mortalitenin yüksek olduğunu bildirmişlerdir. Günde 4,9 gr NaCl tüketen grupta yüksek ölüm oranı, yani yüksek mortalite görülmediğini de belirtmişlerdir.

---

326 Taubes. *Good Calories, Bad Calories. Fats, Carbs, and the Controversial Science of Diet and Health,* Paperback-September 23, 2008.

327 Egan, BM., et al. 1994. Renin and Aldosterone are higher and thehyperinsulinemic effect of salt restriction graterb in subjects with factors clustering. *Am J Hypertension.*, 7 (10 Pt 1): I9:886-893.

328 Egan, BM., et al. 2000. Biochemical and metabolic effects of very-salt diets. *Am J Med Sci.*, 320(4):233-239.

329 Okamoto MM., et al. Changes in dietary sodium consumption modulate GLUT 4 gene expression and early steps of insülin signaling. *Am J Physiol Regul Integr Comp Physiol.*, 286(4):R779-R785.

330 Reiser, S., et al. 1979. Isocaloric exchange of dietary starch and sucrose in humans. II. Effect on fasting blood insülin, glucose, and glucagon, and on insülin and glucose response to a sucrose load. *Am J Clin Nutr.*, 32(11): 2206-2216.

331 Reiser, S. et al. Serum insülin and glucose in hyperinsulinemic subjects fed three different levels of sucrose. 2348-2358.

332 Gradual N, et al. Compared with usual sodium intake, low and excessivsodium diets are asscociated with increased mortality: a meta-analysis. *Am J Hypertens.*, 27(9): 1129-1137.

Bütün bu çalışmaların ışığı altında, günde 3 ila 6 gr TUZ tüketmenin sağlık açısından zararlı olmadığını açıklayabiliriz. Günde 2,5 gr'dan fazla TUZ tüketilmemesi gerektiği önerilerinin doğru olmadığını, aksine KARDİYOVASKÜLER HASTALIKLARIN riskini ve her türlü MORTALİTEYİ, yani ölüm oranını artırdığını da söyleyebiliriz.[333, 334, 335]

Tuz olmadan hayat olmaz demek mi istiyorsunuz?

TUZ VE SU HAYATTIR! TUZSUZ HİÇBİR CANLI YAŞAYAMAZ!

Kristal kaya tuzu gibi beyaz kristallerle, damakta bulunan tat alma duyularını 'RESET' edebiliriz. Şöyle ki, hücrelerimizin ve organlarımızın yaşayabilmeleri ve sağlıklı, düzgün bir şekilde çalışabilmeleri için nasıl suya ihtiyacımız varsa, TUZ'a da aynı şekilde ihtiyacımız vardır.

Bu nedenle, su ve elektrolit dengesini vücudumuzda optimal, yani en iyi ve yeterli bir düzeyde tutmanın hayati önemi vardır.

Her canlı organizmada, mutlaka doğal olan bir TUZ TERMOSTATI bulunur. İnsan vücudunun da tıp dilinde elektrolit dediğimiz tuzları (kısaca tuz ve su ihtiyacını), tuz eksikliğini ya da fazlasını, vücudumuzda hayatımızın başından beri bulunan TUZ TERMOSTATI kontrol ve idare etmektedir. Hücrelerimizde tuz ve su miktarı azalınca, beynimize giden bir uyarı ile tuz ve su alınımını artırmak için çaba sarf ederiz, susuzluk hissimizin bizi su içmek için uyarması gibi açlık hissimizi de aynı merkez idare etmektedir. Tuz ihtiyacı olan bir organizmada hemen açlık hissi başlar. Beynimizin açlık merkezinden gelen uyarı ile yediklerimizde bulunan TUZ organizmaya girebilsin diye... Beynimizde bu nedenle susuzluk ve açlık merkezleri birbirine çok yakındır, hatta iki merkezin örtüştüğü de bilinmektedir.

Yapılan araştırmalar, 1 molekül tuzun, yani NaCl'ün 1 molekül su tuttuğunu göstermiştir. Şeker ya da herhangi bir karbonhidratın 1 molekülünün ise 190 molekül suyu tuttuğu gösterilmiştir.[336]

---

333 Masugi F et al. 1988 Changes in plasma lipids and uric acid with sodium loading and sodium depletion in patients with essential hypertension. *J Hum Hypertens.*, (4): 203-298.

334 Harsha DW et al. 2004. Effect od dietary sodium intake on blood lipid: results from the DASH-sodium trial. *Hypertension*, 43(2):393-398.

335 Krikken JA et al. 2012. Short term dietary sodium restriction decreases HDL cholesterol, apolipoprotein A-I and high molecular weight adiponectin in healthy young men: relationships with renal hemodynamics and RAAS activation. *Nutr Metab Cardiovasc Dis.*, 22(1):35-41.

336 Groves B. *Trick and Treat*. 2008. Pub. Hammersmith Press Ltd. ISBN: 978-1-905140-22-0.

Vücudumuzda TUZ ve SU TERMOSTATI bulunuyor ama vücudumuzun şekere ihtiyacı olmadığı için böyle bir TERMOSTATA da ihtiyacı yoktur, bu nedenle ŞEKER TERMOSTATI diye bir mekanizma organizmalara yerleştirilmemiştir. Vücudumuzda gelişen şeker yeme ihtiyacı, iki dış etken ve nedenden dolayıdır. Yani, TUZDA olduğu gibi İNTERNAL bir hayat kurtarıcı uyarı ile şeker yeme isteği oluşamaz.

Dayanılmaz, aşırı şeker yeme isteğini sonradan gelişen iki yapay etken kamçılamaktadır. Birincisi psikolojik şeker yeme isteği, yani şeker bağımlılığının gelişmesi. İkincisi fizyolojik uyarı, yani aşırı tatlı, şeker yenmesi sonucu gelişen İNSÜLİN DİRENCİNE bağlı olan, ani kan şekerinin düşmesi. Biz buna tıp dilinde REAKTİF HİPOGLİSEMİ diyoruz.

Bu bağlamda, ne kadar şeker yenirse yensin, sürekli şeker yeme ihtiyacı (açlık hissi) azalmayacak, sürekli artacaktır! Diğer bir deyişle, BİR POZİTİF GERİ DÖNÜŞÜM (pozitif feed back) olayı yaşanacaktır. Türk Diyabet Derneği'nin kurucusu olan saygın bilim insanı Rahmetli Prof. Dr. Şevki Yener, bu fenomeni çok güzel veciz olarak ifade etmiş, "*ŞEKER YEDİRİR, ŞEKER HASTALIĞI YER*" demiştir.

Öte yandan, vücuda yeterli miktarda, hücrelerimizin ihtiyacı olduğu miktar kadar TUZ girince, organizmanın TUZ ihtiyacı sona ermiş olacaktır. Bu nedenle tokluk hissi başlayacağından, TUZ yeme isteği ve YEMEK yeme isteği bitecektir. Yani bu sefer, BİR NEGATİF GERİ DÖNÜŞÜM (negative feed back) olayı yaşanmış olacaktır.

TUZ ve ŞEKER, iki beyaz kristal olarak bilinir. Ancak insan vücuduna olan etkileri bambaşka ve birbirinden çok farklı olmaktadır. Her ikisinin bu nedenle aynı kefeye konularak değerlendirilmesi ve tartışılması yanlıştır ve doğru değildir.

Peki, bir kişinin günlük doğal tuz ihtiyacı ne kadardır?

Gerçekçi olmak gerekirse, negatif geri dönüşüm, yani (negative feed back) mekanizması her vücudun ihtiyacına göre TERMOSTATINI işletir, vücudunuzun optimum TUZ ve SU dengesini en doğal şekilde ayarlar. Bu nedenle her bireyin kendi vücudunun sesini dinlemesini öneriyorum. Sağlıklı bir organizmaya sahipseniz, TERMOSTATINIZ sizi gerektiği anda uyaracaktır, merak etmeyin.

TUZU, İHTİYACINIZ OLDUĞUNDAN FAZLA İSTESENİZ DE Yİ-

YEMEZSİNİZ! Vücudunuzun ihtiyacı olan tuz miktarı ne kadar ise, canınız daha fazlasını arzu etmeyecektir!

İÇİNİZDEKİ TERMOSTATIN GÖREVİ BUDUR İŞTE!

Bu bağlamda, her bireyin TUZ ihtiyacı değişiktir, hiç kimse birbirine benzemez. Yeryüzünde 8 milyar insan vardır ve 8 milyar parmak izi vardır, dolayısıyla herkesin vücudu ve vücudunun ihtiyaçları farklıdır. Herkes kendi vücudunu tanıyacak, ona göre beslenecek. Ayrıca bir de yaşam biçimi devreye girecektir, yani bir atletin TUZ ve SU ihtiyacı ile aşırı egzersiz yapan bir kişinin TUZ ve SU ihtiyacı, evde oturup sürekli televizyon seyreden, dışarı çıkmadan elindeki telefonlarla işlerini halleden bir kimsenin SU ve TUZ ihtiyacı aynı değildir, olamaz tabii ki.[337, 338] Yaz aylarında ve aşırı terlediğimiz zamanlarda su ihtiyacımız nasıl artıyorsa, TUZ ihtiyacımız da aynı şekilde artar. Kış aylarında su ihtiyacımız azaldığı gibi, TUZ ihtiyacımız da azalır, birbirine paralel olarak.[339, 340]

SUSAMA HİSSİ ile TUZSUZLUK HİSSİNİN birlikte çalıştığı ve aynı anda devreye girdiği bilimsel çalışmalarla gösterilmiştir.

Hayvanlarda da TUZ yalama isteği aynı nedenden dolayıdır. Hayvanlar, vücutlarının ihtiyaçları kadar tuzu yalar, sonra kendiliğinden bırakırlar.[341, 342]

UZUN LAFIN KISASI, VÜCUDUMUZUN NE KADAR TUZ VE SU TÜKETECEĞİNİ TERMOSTATIMIZ AYARLAMAKTADIR. Termostatımız, herhangi bir tıp uzmanından ve tıp kılavuzlarından daha iyi bilir ve bizi anında uyarır. TUZ KISITLAMASI YAPMAK, SUSAMIŞ BİR KİŞİYE SU VERMEMEK GİBİ OLDUKÇA YANLIŞ BİR UYGULAMADIR. Tuz kısıtlaması yapıldığı zaman gerekli hormonlar devreye girerek böbreklerden tuzun atılımını ve tuz kaybını engellemeye çalışırlar!

---

337 Wald N., et al. 2003. Salt ocnditions a flavor preference or aversion after exercise depending on NaCl döşe and sweat loss. *Appetite,* 40(3): 277-284.

338 Leshem, M:, et al.1999. Exercise increases the preference for salt in humans. *Appetite,* 32(‘):251-260.

339 Ghooi, R., et al. 1993. Salt restriction in hypertension. *Med Hypothesis,* 42(2):137-140.

340 Denton, D., et al. 1982, *The Hunger for Salt: An Antthropological, Physiological and Medical Analysis.* New York: Springer.

341 Denton DA. 1965. Evolutionary aspects of the emergence of aldosterone secretion and salt appetite. *Physiol Rev.,* 45:245-295.

342 Denton D A., et al. 1996. Hypothalamic integration of body fluid regulation. *Proc Natl Acad Sci.,* USA 93(14): 7397-7404.

Sizce fazla tuzlu yemekler ve yiyecekler tüketecek olursak vücudumuzda aşırı TUZ veya SU birikmez mi?

Her sağlıklı organizmada TUZ ve SU TERMOSTATI vardır!

Sağlıklı olduğumuz sürece, yani böbreklerimiz ve bağırsaklarımız iyi çalıştığı sürece aşırı tuz birikimi olmaz. Tansiyonumuz da yükselmez. Vücudumuzda aşırı TUZ alınımına karşı güçlü bir defans mekanizması vardır, hemen bu devreye girer. Daha önce de açıkladığım gibi, örneğin kanımızda TUZ miktarı arttığı anda böbreklerden TUZ atılımı da artar ve TUZUN geri emilmesi çok azalır. Aynı zamanda bağırsaklarımızdaki mekanizma da devreye girer ve yiyeceklerimizdeki TUZUN emilmesi önlenir. Kanımızdaki TUZ düzeyine göre, gerek böbreklerde, gerek bağırsaklarda ayarlama, dengeleme mekanizmaları koruyucu olarak tetikte bekler, adeta nöbet tutarlar ve gerektiği zaman, aldıkları 'feed back'e göre ya TUZ atılmasını artırırlar, ya da vücuttan TUZ atılımını en az düzeye indirerek, azaltarak TUZUN vücudumuzda tutulmasını sağlar, yani TUZUN kaybını önlerler.

Dehidrate olduğumuz zaman, yani aşırı su kaybı olduğunda dolaşımımızdaki kan hacmi azalacağından, böbreklerden TUZ emilimi ileri derece artar. Dehidrate olduğumuz zaman, kanın yoğunlaşması ile birlikte TUZ, suyu doku ve hücrelerden dolaşıma çeker. Bu nedenle, KANDA TUZ (NaCl) İYONLARININ YÜKSEK OLARAK BULUNMASI, KLİNİK OLARAK İLERİ DERECEDE DEHİDRATASYON, yani SUSUZLUK BELİRİTİSİDİR. Bu şartlarda, TUZUN (NaCl) kanımızda yüksek değerlerde olması tehlikeli değildir. Kan hacmini artırmak için önemli mekanizmaların devreye girdiğinin önemli bir göstergesidir.[343] Vücudun ve hücrelerin aşırı derecede susuz kaldığının göstergesidir. Bu durumda acilen 'kana kana' su içilmelidir.

---

343 Heaney, RP: 2015 Making sense of the science of sodium. *Nutr Today,* 50(2):63-66.

TUZUN AZ MİKTARDA VE YETERSİZ TÜKETİLMESİ NE GİBİ SAĞLIK PROBLEMLERİNE NEDEN OLABİLİR?

- İdrar miktarı hemen azalır. Metabolik toksik atıklar vücutta birikir, dolayısıyla idrar yollarında enfeksiyon riski çok artar. Özellikle diyabetik hastaların, obezlerin ve yüksek tansiyon hastalarının en sık görülen sorunlarından biri sık idrar yolları enfeksiyonlarıdır. Bol idrara çıkma ile vücudumuzdan metabolik toksik artıkların hızlı bir şekilde atılması sağlanmaktadır.
- TUZ az tüketildiği zaman, yukarıda da değinmiş olduğumuz gibi organizmada DEHİDRATASYONA neden olur. Yani dolaşan kan hacmi azalır, kan yoğunlaşır. Bu, kardiyovasküler ve beyin, yani santral sistem hastalıkları riskinin artma nedenlerinden biridir.
- DEHİDRATASYONUN en önemli belirtisi susuzluk, idrar miktarının azalması ve idrar renginin ileri derecede koyu olmasıdır. Dil kuruluğudur, terlememektir, oturup kalkarken baş dönmesi ve denge kaybıdır.
- Yaygın bir şekilde yaşlılarda görülen baş dönmesi ve denge kaybı vücutta TUZ/SU eksikliğinin bir göstergesidir.
  DEMEK Kİ SORUN TUZDA DEĞİLMİŞ.
  AZ TUZ ve AZ SU TÜKETİLMESİ SAĞLIK SORUNLARINA
  NEDEN OLUYORMUŞ!

Hamilelikte fazla tuz tüketmek zararlı değil mi?

Maalesef senelerden beri genel olarak kabul edilen dogmanın aksine, gerek hamileyken, gerek emzirirken daha fazla doğal TUZA ihtiyaç vardır.

Az tuzlu beslenmenin hem sağlıklı erkeklerde hem de sağlıklı kadınlarda doğal bir kontraseptif olarak etki yaptığı gösterilmiştir. Yapılan bilimsel çalışmalarda, DÜŞÜK TUZ ALIMININ hem erkelerde hem de kadınlarda 'fertilite'yi inhibe eden, yani DOĞURGANLIĞI ENGELLEYEN, İKTİDARSIZLIK YAPAN ÖNEMLİ BİR FAKTÖR OLDUĞU BİLDİRİLMİŞTİR.[344, 345]

'Hamilelik süresince fazla TUZ tüketilmesi, hamilelerde PREEKLAMPSİ (GEBELİK ZEHİRLENMESİ) denilen ve yüksek tansiyon ile seyreden,

---

344 Moinier, BM., et al.2008. Aphrodite, sex and salt_from butterfly to man. *Nephrol Dial Transplant,* 23(7):2154-2161.

345 Wassertheil-Smoller S., et al. 1991. Effect of antihypertensives onsexual function and quality of life: the TAIM Study. *Inn Interrn Med.,* 114(8):613-620.

gerek anneye, gerek bebeğine zarar veren tehlikeli sağlık sorunlarına neden olur' algısı da maalesef doğru değildir, gerçeği de yansıtmamaktadır.

1958 yılında en saygın İngiliz Tıp Dergisi olan *Lancet*'te, 2000'den fazla hamile üzerinde yapılan incelemeyle az tuzlu beslenme ve tuzlu beslenmenin sonuçları yayınlanmıştır.[346] Az tuzlu beslenen hamilelerde, normal tuzlu beslenen hamilelere oranla daha fazla düşük meydana geldiği, daha fazla oranda prematüre doğum olduğu, daha fazla ölü doğum görüldüğü, daha fazla perinatal ve neonal ölümlerin görüldüğü, preeklampsi (gebelik zehirlenmesi), ayak ve bacaklarda daha fazla ödem gibi şikâyetlerin ortaya çıktığı bildirilmiştir.

Normal TUZLU yiyeceklerle beslenen hamilelerde ise, daha az oranda PREEKLAMPSİ (GEBELİK ZEHİRLENMESİ) görülmesinin sonucunda ekstra tuz verilerek tedavisinin yapılabileceğine karar verilmiştir. Bu nedenle, PREEKLAMPSİ tanısı konulmuş olan 20 hamile kadına günde 2-3 gr TUZ verilmiş ve en kısa zamanda şikâyetlerinin geçtiği, düzeldiği ve doğuma kadar normal bir gebelik geçirdikleri bildirilmiştir. Günde 2-3 gr kadar TUZ kullanan bütün hanımların, geri kalan gebelik sürelerinde de hiçbir sağlık sorunu yaşamadığı gibi, plasentalarının normal olduğu, plasentalarında infarktüs belirtilerinin bulunmadığı ve normal bir şekilde 'full-term' bebekler dünyaya getirdikleri bildirilmiştir.[347]

Aynı çalışmada, az tuzlu beslenen 8 hamile kadında aşırı bel ağrısı, kollarda ve bacaklarda kramp ve zafiyet oluştuğu ve buna bağlı düşmelerin yaşandığı bildirilmiştir. Normal miktarda TUZ kullanan hamile grubunda bu şikâyetlerin hiçbirinin görülmediği de bildirilmiştir.[348]

Özetle, hamilelikte az tuzlu beslenmenin adalelerde zafiyete neden olduğu ve yeterli TUZ verildiğinde bu şikâyetlerin tamamen giderildiği bildirilmiştir. Sonuç olarak araştırmacılar, hamilelerin TUZ kullanmalarının anne, bebek ve plasenta sağlığı için şart olduğunu ifade etmişlerdir.[352]

Son yıllarda yapılan birçok bilimsel çalışmada, özellikle 2000 yılı Cochrane Raporu'nda, hamilelikte TUZLU beslenmenin, daha doğrusu

---

346 Robinson M. 1958. Salt in pregnancy. *Lancet*, (7013):178-181.

347 Leandro SM, et al. 2008. Low birth weight in response to salt restriction during pregnancy is not due to alterations in uterinr-placental blood flow or the placental and peripheral renin-angiotensin system. *Physiol Behav.*, 95 (1-2): 145-151.

348 Dr. Dinicolantonio J. *The Salt Fix: Why the Experts Got it All Wrong and How Eating More Might Save Your Life*. 2017. Pub Harmony Books UK. ISBN: 978-0-349-41738-7.

TUZ kısıtlaması yapılmamasının önemi vurgulanmıştır.[349]

Fares ve arkadaşları da 2006 yılında, hamilelere NaCl, yani sofra TUZU vererek kan basınçlarını düşürdüklerini bildirmişlerdir.[350] Gennari ve arkadaşları da 2014 yılında, sofra TUZUNUN hamilelerin tansiyonlarını normalleştirdiğini bildirmişlerdir.[351]

Normal ya da fazla TUZLU beslenme hamilelerde kan volümünü artırarak tansiyon yüksekliği ve PREEKLAMPSİ komplikasyonunu önlemektedir.[352]

BEBEK SAHİBİ OLMAK İSTEYEN ANNE VE BABA ADAYLARI BUNLARA DİKKAT!

Bebek sahibi olmak isteyen anne ve baba adayları veya hamileler az tuz tüketme alışkanlıklarını bırakmalıdırlar. Yiyeceklerinde KRİSTAL KAYA TUZU kullanmaktan sakınmasınlar ve korkmasınlar.

Az tuzlu beslenen erkek ve kadınların hamile kalma olasılığı düşüktür.

Az tuzlu beslenen hamilelerde düşük riski yüksektir.

Az tuzlu beslenen hamillerde erken doğum riski fazladır.

Az tuzlu beslenen hamilelerde bebek ölüm riski artmaktadır.

Az tuzlu beslenen annelerde kanama daha fazla görülmektedir.

Az tuzlu beslenen hamilelerde preeklampsi daha sıktır.

Az tuzlu beslenen hamilelerin bebeklerinin kilosu düşüktür ve bebeklerinde obezite ve insülin direnci riski fazla görülür.

Kandaki şeker yüksekliğinin kanımızda ve vücudumuzda tuz oranımızı da azalttığını söylemiştiniz...

Evet, yüksek miktarda şeker, rafine karbonhidrat ve sıvı şekerli içecekleri tükettiğiniz zaman, daha çok TUZ tüketmek şart oluyor. Şeker hastalarında ve aynı zamanda şeker hastası olmayanlarda, yediklerimiz ve içtiklerimizle kan şekerimiz kısa bir süre için dahi yükselince dehidratasyon meydana geldiğinden, hücrelerimizden tuz ve su kan dolaşımına

349 http://www.cochranelibrary.com/cochrane-database-of-systematic-reviews/table-of-contents/2017/Issue1/

350 Farese S., et al. 2006. Blood presuure reduction in pregnancy by sodium chloride. *Nephrol Dial Transplant*, 21(7):1984-1987.

351 Gennari-Moser. et al. 2014. Normotensive blood pressure in pregnancy: the role of salt and aldosterone. *Hypertension*, 63(2):362-368.

352 Scholten RR., et al. 2015. Low plasma volume in normotensive formerly preeclamtic women predisposes to hypertension. *Hypertension*, 66(5):1066-1072.

geçer. Yani sadece şekerli ve yoğun idrarla başta kan tuzumuz atıldığı gibi, tüm vücudumuzdan bütün elektrolitlerin de atıldığı birçok bilimsel araştırmayla kanıtlanmıştır.[353, 354]

Özellikle kan şekeri kontrol altına alınamayan, uzun süre kan şekeri yüksekliği yaşayan şeker hastalarında kronik olarak HİPONATREMİ dediğimiz düşük kan TUZU ve buna bağlı birçok komplikasyon gelişmektedir.[355] Bu bağlamda yapılan bilimsel araştırmalarda, İNSÜLİN DİRENCİ olan hastalara yani şeker hastalarına, günde 6 gr TUZ verildiğinde, günde 3gr TUZ alanlara oranla İNSÜLİN DİRENÇLERİNİN iyileştiği, azaldığı gösterilmiştir.[356] Bu hastalarda tansiyon yüksekliğinin, TUZA değil de kanda İNSÜLİN HORMONU yüksekliğine bağlı olduğu bildirilmiştir.

YÜKSEK KAN ŞEKERİNİN VÜCUT TUZUMUZU NEDEN VE NASIL AZALTTIĞININ 6 ÖNEMLİ GEREKÇESİ!

1. YÜKSEK KAN ŞEKERİ, bağırsak epitellerini bozarak (çölyak hastalığı, ülseratif kolit gibi) TUZ EMİLİMİNİ AZALTIR.[357, 358]
2. YÜKSEK KAN ŞEKERİ, ayrıca yine bağırsak epitellerini bozarak (IBS, ishal gibi) bağırsaklardan TUZ ATILIMINI ARTIRIR.[359]
3. YÜKSEK KAN ŞEKERİ, böbreklerden tuzun geri emilme mekanizmasını bozar ve TUZUN İDRARLA FAZLA MİKTARDA ATILIMINA SEBEP OLUR.[360]
4. YÜKSEK KAN ŞEKERİ ile birlikte, Candida Albicans türü mantarın bağırsaklarda çoğalması ve bağırsak hücrelerinin fonksiyonlarının bozulması sonucu TUZ EMİLEMEZ VE BAĞIRSAKLARDAN HIZLA DIŞARI ATILIR.[361]

353 Liamis, G., et al. 2014. Diabetes mellitus and electrolyte disorders. *World J Clin Cases.*, 2(10): 488-496.
354 Palmer BF., et al. Electrolyte and acid-bas disturbances in patients witk diabetes mellitus. *N Eng J Med.*, 373 (6):548-559.
355 Dr. Dinicolantonio J. *The Salt Fix: Why the Experts Got it All Wrong and How Eating More Might Save Your Life.* 2017. Pub Harmony Books UK. ISBN: 978-0-349-41738-7.
356 Ames RP. 2001. The effect of sodium supplementation on glucose tolerance and insülin concentration in patients with hypertension and diabet mellitus. *Am J Hypertens.*, 14(7Pt ı): 635-659.
357 Barkas F, et al. 2013. Electrolyte and acid-base disorders in inflammatory bowel disease. *Ann Gastroenterol.*, 26(I): 23-28.
358 Schilli R, et al. 1982. Comparison of the composition of faecal fluid in Crohn's disease and ulcerative colitis. *Gut,* 23(4): 326-332.
359 DiNicolantonio JJ., et al. 2015. Is fructose malabsorption a cause of irritable bowel syndrome? *Med Hypotheses.*, 85(3):295-297.
360 Nakayama, T.; et al. 2010Dietary fructose causes tubulointerstitial injury in the normal rat kidney. *Am J Physiol Renal Physiol.*, 298(3):F712-F720.
361 Santelmann, H., et al. 2005. Yeasst metabolic products, yeast antigens and yeasts as possible triggers for irratable bowel syndrome. *Eur J Gastroenterol Hepatol.*, 17(I):21-26.

5. YÜKSEK KAN ŞEKERİ ile birlikte, kronik inflamasyon, oksidatif stres, hücrelerde bozulma, yüksek insülin değerleri sonucu KAN VE HÜCRELERDE TUZ AZALIR.[362, 363]
6. KAN ŞEKERİ YÜKSEKLİĞİ UZUN SÜRE DEVAM ETTİĞİ SÜRECE, İDRARLA ELEKTROLİT KAYBI, ÖZELLİKLE DE SODYUM KAYBI FAZLA VE SÜREKLİ OLUR. Kan şekeri, normal değerlerin üzerine her 100 mg/dL miktarınca çıktıkça, kanda TUZ değerleri ortalama olarak 1,6 mEq/L kadar düşer.[364, 365] Kan şekeri uzun süre yüksek seyreden ve kontrol altına alınamayan şeker hastaları, TUZ eksikliği dediğimiz ciddi HİPONATREMİ riski altındadırlar.[366, 367]

Görüyoruz ki, aşırı şeker, şekerli içecekler,[368] özellikle yüksek miktarda fruktoz içeren yiyeceklerle/içeceklerle[369] ve rafine karbonhidratlarla, ekmeklerle beslenip[370] bir de hastalanma korkusu ile AZ TUZLU yemekleri tüketiyorsanız, tüm vücut sağlığınızı büyük risk altına atıyorsunuz demektir, halsizliğiniz devam eder ve şikâyetleriniz bir türlü geçmez, düzelmez.[371, 372]

Sağlıklı bir yaşam sürebilmemiz için, pakete girmiş yapay gıdalardan, şeker eklenmiş tüm hazır yiyeceklerden ve fruktoz/mısır şurubu eklenmiş tatlılar ve içeceklerden uzak durmamız, tüketmememiz şarttır.

---

362 Luft, FC. 2015. Clinical salt deficits. *Pflugers Arch.*, 467 (3):559-563.

363 Liamis, G., et al. 2014.Diabetes mellitus and electrolyte disorders. *World J Clin Cases.*, 2(10): 488-496.

364 Hyponatremia: evaluating the correction factor for hyperglycemia.
https://www.ncbi.nlm.nih.gov/pubmed/10225241PURPOSE: There are no controlled experimental data that assess the accuracy of the commonly used correction factor of a 1.6 meq/L decrease in serum sodium concentration for every 100 mg/dL increase in plasma glucose concentration. The purpose of this study was to evaluate experimentally the hyponatremic.

365 Serum sodium level corrected for hyperglycemia-GlobalRPh
http://www.globalrph.com/hyperglycemia.htmNov 14, 2017 ... Serum Na concentration falls in proportion to the dilution of the ECF, declining 1.6 mEq/ L for every 100 mg/dL (5.55 mmol/L) increment in the plasma glucose level above normal. This condition has been called translational hyponatremia because no net change in total body water (TBW) has occurred.

366 Hiller, TA., et al. 1999. Hyponatremia: evaluating the correction factor for hyperglycemia. *Am J Med.*, 106(4)399-403.

367 Wannamethee, TA., et al. Mild hyponatremia, hypernatremia, and incident cardiovascular disease and mortality in older men: a population-based cohort study. 12-19.

368 Perez-Pozo, SE., et al. Excessive fructose intake induces the features of metbolic syndrome in healthy adult men: role of uric acid inthe hypertensive response. *Int J Obes.*, (Lond) 34(3): 454-461.

369 Brown, CM:, et al. 2008. Fructose ingestion acutely elevates blood pressure in healthy younghumans. *Am J Physiol Regul Integr Comp Physiol*, 294(3):R730-R737.

370 Malik AH., et al. 2014. Impact of sugar-sweeetened beverages on blood pressure, *Am J Cardiol.*, 113(9): 1574-1580.

371 Johnson RJ:, et al. 2014. Hyperosmolarity drives hypertension and CKD-water and salt revisited. *Nat Rev Nephrol*, 10(7): 415-420.

372 Te Morenga, LA:, et al. 2014. Dietary sugars and cardiometabolic risk: systemic review and meat-analyses of randomized contrlled trials of the effects on blood pressure and lipids. *Am J Clin Nutr.*, 100(1): 65-79.

Neden kristal kaya tuzuna ihtiyacımız var?

Senelerden beri tüketmekte olduğumuz ve korkarak tükettiğimiz rafine sofra tuzu olan saf (NaCl) sodyum klorür aslında sağlık açısından zararlıdır. Çünkü en başta adından da anlaşılacağı üzere fabrikasyon işlem görerek rafine edilmiştir, içerdiği tüm minerallerden arındırılmıştır, birçok işlemden geçerek ve kimyasal maddeler eklenerek 'akar' hale getirilmiştir. Geriye sadece saf sodyum klorür kalmıştır.

Evet, şimdiye kadar verdiğimiz bütün bilimsel kanıtlar rafine sofra diye bildiğimiz saf (NaCl) sodyum klorürle yapılmıştır, ancak yine de tuzun vücut için önemini kanıtlamıştır. Bu araştırmalar bir de doğal mineral içeren kristal kaya tuzu ile yapılmış olsa daha ne faydalı etkileri çıkacaktı ortaya...

Vücudumuzun her halükârda tuza ihtiyacı vardır. Ancak doğal, rafine olmamış ve işlem görmemiş olan KRİSTAL KAYA TUZUNA ihtiyacı daha fazladır. Tuz endüstrisi oluşmadan önce, TUZUN asırlarca, binlerce yıl BEYAZ ALTIN olarak kabul gördüğü tarihi bir gerçektir.[373, 374]

Tabiatta insanlar, hayvanlar ve bitkiler için TUZ ihtiyacını doğal yoldan karşılamak amacıyla yaratılmış doğal tuz madenleri/mağaraları varken, doğal olanın tüm canlılar için en sağlıklı olduğu tartışılmaz bir gerçekken, tuzun işlenmiş rafine olanı mı, yoksa doğal olanı mı daha sağlıklı diye tartışmaya gerek yok sanırım!

Vücudumuzun ideal bir şekilde çalışabilmesini sağlamak amacıyla, eksik olan TUZ ihtiyacını gidermek son derece kolay ve basit bir uygulamadır.

Doğal ve yeteri kadar tuzlu besinleri tüketerek, tüm vücudumuzda ve kanımızda, vücut sıvılarımızda gelişmiş olan TUZ açığını kapamamız mümkün ve en kolay yoldur. Metabolizmamız hızlanacak, enerjimiz artacak, sık acıkma, açlık hissi ve doyamama korkusu, aç kalacağım korkusu da sona erecektir. Vücudumuzda sinsi olarak gelişen KRONİK İNFLAMASYON başlayamadığı gibi, vücut TUZUMUZUN optimum, yani ideal düzeyde kalması da sağlanacaktır.

---

373 Nihal Doğan'ın 'Doğal Tuz sodyumun nefretine karşı' başlıklı yazısı. http://www.iyibilgi.com/artikel.php?artikel_id=23427

374 Rahmetli Prof. Dr. Ahmet Aydın'ın 'Kaya tuzunun sihirli gücü' başlıklı yazısı: http://www.beslenmebulteni.com/kaya-tuzunun-sihirli-gucu/

50 yıllık bir hekim, kalp ve iç hastalıkları uzmanı ve akademisyen olarak önemle vurgulamak isterim ki, sürekli koşu bandında yürüyen/koşan, yaz aylarında hızlı yürüyerek egzersiz yapan hastalar ya da aşırı terlemeye neden olan sportif hareketlerde bulunan kişilerin KAYA TUZUNA daha fazla ihtiyaçları vardır. Elbette saunalarda aşırı terleyen kişilerin de...

Senelerden beri tuz zararlıdır algısı ile yaşamış olan kişiler, özellikle tuz kısıtlaması uygulanan hastalar, bir de eğer tuz düşürücü kalp ve tansiyon düşürücü ilaçlar kullanıyorlarsa, tuz ihtiyaçları daha fazla artmaktadır. Bu kişilerin daha fazla KRİSTAL KAYA TUZU kullanmaları gerekmektedir.

Vücudumuzda tuzumuzu azaltan ya da düşüren ilaçlar arasında, başta idrar söktürücü dediğimiz (hidroklorotiazidler, frusemid gibi) diüretikler gelmektedir. Ayrıca tansiyon düşürücü olarak kullanılan ACE inhibitörleri (angiotensin-converting enzyme inhibitors) grubu ilaçları kullananların ideal tuz düzeylerini sağlamaları gerekmektedir.[375, 376, 377]

Kanımızda oluşan çok düşük tuz (NaCl) değerleri de doğal olarak kardiyovasküler sağlığımıza zarar verebilmektedir.[378, 379]

Yukarıda saydığımız ilaç gruplarını kullanan özellikle yaşlı hastaların en sık görülen şikâyetlerinin arasında aşırı halsizlik, çarpıntı ve baş dönmesi gibi yakınmalar gelmektedir. Bu şikâyetlerin temel nedeni tuz azlığına ve dehidratasyona bağlı olarak gelişmeleridir.[380, 381]

Daha önce de belirttiğimiz gibi, sağlıklı bir şekilde çalışan böbreklerimiz ve bütün hormonlarımız kanımızda, bütün hücrelerimizde ve vücudumuzda tuzun yükselmemesi için, TERMOSTAT olarak çalışmaktadırlar.

TUZLU yemeklerimiz her zaman daha lezzetli olur, damak tadımızı

---

375 Alderman, MH., et al. 1995. Low urinary sodium is associated with greater risk of myocardial infarction among treated hypertensive men. *Hypertenssion* 25(6): 1144-1152.

376 Stolarz-Skrzypek, K., et al. 2011. Fatal and nonfatal outcomes, incidence of hypertension, and blood pressure changes in relation to urinary sodium excretion. *JAMA*, 305(17): 1777-1785.

377 Passare G., et al. Sodium and potassium disturbances in the elderly: Prevalence and association with drug use. *Clin Drug Investig.*, 24(9):535-544.

378 Gradual, N., et al. 2014. Compared with usual sodium intake, low and excessive-sodium diets are associated with inversed mortality: a meta-analysis. *Am j Heypertens.*, 27(9):1129-1137.

379 Gankam-Kengne F., et al. 2013. Mild hyponatremia is associated with an increased risk of death in an ambulatory setting. *Kidney Int.*, 83(4):700-706.

380 Gupta, N, et al. 2011.Hypertension: salt restriction, sodium homeostasis, and other ions. *Indian J Med Sci.*, 65(3): 121-132.

381 Elkinton, JR., et al. 1946. Hemodynamic changes in salt depletion and in dehydratation. *J Clin Invest.*, 25: 120-129.

tatmin eder ve tokluk hissimiz gelişir. Bu nedenle, TUZLU yemekler yediğimiz zaman suçluluk hissetmek doğru değildir. İçimiz rahat etsin...

Aslında yeterli KRİSTAL KAYA TUZU TÜKETMEKLE, organizmamızda gelişmiş olan KRONİK İNFLAMASYON ve buna bağlı KRONİK DEJENERATİF HASTALIKLARDAN KURTULMAK MÜMKÜN OLMAKTADIR.

Diğer bir deyişle tansiyonumuz düzelir, kan şekerimiz düzelir, obeziteden kurtuluruz, insülin direncimiz düzelir, şeker hastalığımız düzelir, kalp yetersizliğimiz de düzelir.

KRİSTAL KAYA TUZU İLE SOFRA TUZUNUN ARASINDAKİ FARKLAR NELERDİR?

Buraya kadar açıklamış olduğum tuz ile yapılan araştırmalar RAFİNE SODYUM KLORÜR (NaCl), yani sadece iki mineralden oluşan beyaz bir tuz kullanılarak yapılan araştırmalardır ve bu şekilde algılanmalıdır. Açıklamış olduğum araştırmaların hiçbiri 84 mikro element ya da mineral içeren KRİSTAL KAYA TUZU kullanılarak yapılmamıştır. Önce bu gerçeği özellikle belirtmek ve açığa kavuşturmak gerekiyor.

Önemli bir HALİTE MİNERALİ olan KRİSTAL KAYA TUZU, asırlardan beri, tüm ülkelerde işlenen tuz madenlerinden çıkarılmıştır ve hâlâ çıkarılmaktadır.

Dünya tarihinde on binlerce yıldan beri kaya tuzu kullanılmıştır ve kullanılmaktadır. Kaya tuzu kristali, insan vücudunun temel ihtiyacı olan, bir organizma için olmazsa olmaz olan 92 mineralin 84'ünü içerir. Doğal ve bozulmamış, yani rafine edilmemiş, fabrikaya uğramamış, direkt olarak doğadan elde edilen dengeli 84 mikro-element ve minerali içerir kristal kaya tuzu!

KRİSTAL KAYA TUZU, bağışıklık sistemini güçlendirir.[382] Daha enerjik olmanızı sağlar, sık sık hasta olmanızı önler, ayrıca hücrelerinize ve kritik organlarınıza fazla stres yüklenmesini önler.[383]

RAFİNE SOFRA TUZU yalnız 2 mineral, yani sadece sodyum klorür (NaCl) içerir. Rafine edilerek beyazlaştırılmıştır. Kimyasal işlemlerden geçirilerek 84 mikro-mineralinin 82 adedinden yoksun bırakılmıştır. Ayrıca topaklanmasını önlemek amacıyla, yani akışkanlık sağlamak adına ALÜMİNYUM HİDROKSİT (Alzheimer hastalığına neden olan) ve yararlı olan İYOT tuzu da eklenmiştir.[384, 385]

---

382 Jantsch J:, et al. 2015. Cutaneous Na+ storage strengthens the antmicrobial barrier function of the skin and boosts macrophage-driven host defense. *Cell Metab.*, 21(3):238-239.

383 Dinicolantonio J. (cardiovascular research scientist). 2017. *The Salt Fix: Why the Experts Got it All Wrong and How Eating More Might Save Your Life.* ISBN: 978-0-349-41738-7.

384 https://www.healingnaturallybybee.com/table-salt-is-poison/

385 https://healthwyze.org/reports/115-the-truth-about-table-salt-and-the-chemical-industry

KRİSTAL KAYA TUZU ise saftır, işlem görmemiştir, kimyasal katkı maddeleri içermez, çevresel kirlenmeye maruz kalmamıştır.

KRİSTAL KAYA TUZUNDA saydığımız bütün minerallerle birlikte, DOĞAL OLAN İYOT da BULUNUR!

Paketlenmiş olan yiyeceklerin tuz içeriği azaltılmış olduğundan dolayı, normal tuz içeren yiyeceklere oranla, daha çok 'GIDA ZEHİRLENMELERİ' olaylarının arttığını ABD Ulusal Sağlık Enstitüsü (NIH) bildirilmiştir.[386] İşlenmiş etlere eklenen tuz miktarının azaltılması sonucu, Listeriosis denilen gıda zehirlenmesi olaylarının arttığı bildirilmiştir (L. monocycytogenes mikrobunun neden olduğu gıda zehirlenmesi).[387]

Sağlık açısından işlenmiş gıdalara eklenen doğal tuz azaltılınca, bu sefer koruyucu olarak yabancı, tehlikeli birçok preservative kimyasallar devreye sokulmaktadır. Hazır gıdaların raf ömrünü uzatabilmek amacıyla, KRONİK İNFLAMASYON başlatan ve kanserojen olan FOSFATLAR, NİTRATLAR VE NİTRİTLER, mikroplar gelişmesin diye tuz yerine eklenmektedir.[388]

Haloterapi ne demek?

KAYA TUZU İLE TEDAVİYE, TIP DİLİNDE HALOTHERAPY-HALOTERAPİ ADI VERİLMEKTEDİR.

Haloterapi ile başta kronik bronşit gibi solunum sistemi hastalıkları olmak üzere çeşitli sağlık sorunlarının giderildiği birçok bilimsel çalışmayla gösterilmiştir.[389, 390, 391, 392]

Bilimsel araştırmalarla da kanıtlanmış olduğu gibi, TUZ da SU gibi

---

386 http://www.ncbi.nlm.nih.gov/books/NBK50952/

387 Dinicolantonio J. (cardiovascular research scientist). 2017. *The Salt Fix: Why the Experts Got it All Wrong and How Eating More Might Save Your Life*. ISBN: 978-0-349-41738-7.

388 McCartty MF., et al. 2014. Bioavailable dietary phosphate, a mediator of cardiovascular disease, may be decreased with plant-based diets, phosphate binders, niacin, and avoidance of phosphate additives. *Nutrition*, 30(7-8):739-747.

389 Chervinskaya AV et al. Halotherapy for treatment of respiratory diseases J Aerosol Med. 1995 Fall; 8(3):221-32. Complete study is available PMID: 10161255 [PubMed-indexed for MEDLINE]

390 Gorbenko P et al. [Bronchial hyperreactivity to the inhalation of hypo-and hyperosmolar aerosols and its correction by halotherapy] Ter Arkh. 1996; 68(8):24-8. Russian.Abstract is available PMID: 9019826 [PubMed-indexed for MEDLINE]

391 Farkhutdinov UR et al.[Effects of halotherapy on free radical oxidation in patients with chronic bronchitis] Klin Med (Moscow). 2000;78(12):37-40. Russian. Abstract is available PMID: 11210350 [PubMed-indexed for MEDLINE]

392 Chervinskaia AV. [The scientific validation and outlook for the practical use of halo-aerosol therapy] Vopr Kurortol Fizioter Lech Fiz Kult. 2000 Jan-Feb ;(1):21-4. Review. Russian. Abstract is available PMID: 11094875 [PubMed-indexed for MEDLINE]

HAYATTIR. Tuzsuz, yani KAYA TUZSUZ hayat mümkün değildir.

Uzun senelerden beri KAYA TUZU ile tedavi yapılmaktadır.

Alman Dr. Barbara Hendel ve Peter Ferreira'nın, ***Wasser&Salt (Su ve Tuz, Yaşamın Kaynağı)*** adını verdiği kitap, Türkçe dahil dünyada birçok dile çevrilmiştir. Kitapta bilimsel araştırmalar ışığında vücuttaki su ve tuz eksikliği ile kronik yorgunluk, sinüzit, hiperaktivite, tansiyon rahatsızlıkları, stres, bronşit, cilt sorunları, astım, göz rahatsızlıkları, sedef gibi hastalıkların ilişkisi ortaya konmaktadır.

Kardiyovasküler hastalıkları araştıran ünlü bilim adamı Dr. James Dinicolantonio da (Cardiovascular Research Scientist), kaya tuzunun sağlığımıza faydalarını, detaylı olarak, 2017 yılında yayınladığı ***The Salt Fix. Why the Experts Got it All Wrong and How Eating More Might Save Your Life*** adlı kitabında açıklamaktadır.[393]

393 Dinicolantonio J. (cardiovascular research scientist). 2017. *The Salt Fix: Why the Experts Got it All Wrong and How Eating More Might Save Your Life*. ISBN: 978-0-349-41738-7.

8. ŞİFRE:

MAGNEZYUM OLMAZSA HAYAT OLMAZ!

Anahtarlar:

Magnezyum ve Enerji
Magnezyum ve Sinir Sistemi
Magnezyum ve Migren
Magnezyum ve Böbrekler
Magnezyum ve Diyabet
Magnezyum ve Gebelik
İşlenmiş Gıdalar

Magnezyum, sağlığımız için nasıl bir önem arz ediyor?

Daha önce açıkladığımız elzem minerallerle birlikte hayati önemi olan en önemli minerallerden biri de MAGNEZYUMDUR. Gerek fiziki olarak, gerek mental olarak iyi hissetmemiz ve sağlıklı olmamız, vücut sistemimize giren, vücudumuzda bulunan MİNERALLERİN optimum dengesine bağlıdır.[394] Magnezyum, en temel mikro-beslenme elementlerinden biri olmasına rağmen vücudumuzda en fazla eksikliği olan minerallerden biridir.

MAGNEZYUM, İNSAN VÜCUDUNDA ENERJİYİ ÜRETEN, ENERJİYİ TAŞIYAN, ENERJİYİ KULLANAN VE DEPO EDEN HORMONLARIN FONKSİYONLARINI GERÇEKLEŞTİREN 325 ENZİMDEN FAZLA ENZİMİ KONTROL EDEN BİR MİNERALDİR, YANİ TUZDUR.

Bilim adamları, yaptıkları çalışmalarla MAGNEZYUMUN hayat için temel, yani esansiyel mineral olduğunu bildirmişlerdir.[395, 396, 397]

MAGNEZYUM vücudumuzda, 325 enzimi katalizör ya da kofaktör olarak kontrol etmektedir.

Magnezyumun yüzlerce biyolojik mekanizmada görülen etkisini 5 temel grup altında toplamak ve açıklamak mümkündür:

1. MAGNEZYUM, vücudumuzda görev yapan birçok enzimin sağlıklı bir şekilde işlemesi için katalizör olan gerekli bir kofaktördür. Vücutta ısı regülasyonu da buna dahildir. Enzim ne demektir? Enzimler protein molekülleridir. Enzimler, vücudumuzda işlevi olan binlerce kimyasal reaksiyon için gereken katalizatörlerdir.
2. MAGNEZYUM, vücudumuzda enerji üretimi için gereklidir, ayrıca üretilen enerjinin gerekli yerlere ulaşabilmesi, taşınması için gerekli olan bir tuz, bir elektrolittir. MAGNEZYUM, B-KOMPLEKS VİTAMİNLERLE BİRLİKTE MÜKEMMEL ENERJİ KAYNAĞIDIR. Magnezyum ve B-kompleks vitaminleri, yiyeceklerin hazmedilmesini ve emilmesini sağlar, yiyeceklerle

---

394 Institute of Medicine. Dietary Reference Intake for Calcium, Phosphorus, Magnesium, VitaminD, and Fluoride, *National Academy Press*, Washington DC, 1997.

395 Aikawa JK, Magnesium: Its Biologic Significance, CRC Press Raton, FL, 1981.

396 Iannello S., et al, Hypomagnesemia, A review of pathophysiological, clinical and therapeutical aspects. *Panminerva Med.*, Vol. 43, No. 3, pp.177-209, 2001.

397 Durlach J. Magnesium in Clinical Practice, *Libbey*, London, 1998.

aldığımız proteinleri, yağ ve karbonhidratları düzenleyen bütün enzimleri aktif kılar ve uyarırlar. Özellikle organizmanın temel enerji kaynağı olan, tıp dilinde 'adenosine triphosphate', yani ATP dediğimiz, temel enerji kaynağını uyararak her bir hücremize enerji sağlamış olurlar. MAGNEZYUM OLMAZSA HİÇBİR HAREKET MÜMKÜN OLMAZ, MAGNEZYUM OLMAZSA HAYAT MÜMKÜN OLMAZ.

3. Magnezyum, vücudumuzda proteinlerin sentezlenmesi, yani yapılması için gerekmektedir. Magnezyum olmazsa yediklerimizde bulunan proteinler vücudun yapıtaşı olarak kullanılamaz. Ne kadar ihtiyacımız olursa olsun gıdalardan vücuda giren proteinler işe yaramaz, vücudun asıl yapısını oluşturamaz, asıl işlevlerini yerine getiremez.
4. Magnezyum, sinir sisteminde ileti için gereklidir, yani sinir sistemimizde uyarılarının iletilmesi için şarttır. Sinir sisteminde iletiyi magnezyum tuzu ya da elektroliti sağlar. Magnezyum sayesinde az miktarda kalsiyum sinir hücrelerinin, yani nöronların içine girebilir ancak. Kalsiyumun sinir hücrelerinin içine girmesi sonucu sinir sistemimizde, beyin ve sinirler arasında ileri ve geri uyarılar ve ileti mümkün olabilir. Sinir hücreleri içine magnezyumun sayesinde az miktarda giren kalsiyum, ortamda bulunan magnezyum sayesinde sinir hücrelerinden dışarı atılır. Beynimizde bulunan nöronların düşünce üretebilmeleri için dahi magnezyum tuzuna ihtiyaç vardır.
5. Vücudumuzda bulunan tüm çizgili ve düz kasların gevşeyebilmeleri için de magnezyum tuzuna ihtiyaç vardır. Şöyle ki, KALSİYUM TUZU çizgili kasları kasmakta, MAGNEZYUM TUZU da kasılan kasların gevşemesini sağlamaktadır. Bir hücre içine fazla oranda kalsiyum girdiği zaman ortamda magnezyum tuzu da eksik ise sürekli kasılmalar olacak ve kişiyi sürekli olarak rahatsız edecektir. Aynı şekilde, düz kas hücreleri içinde KALSİYUM fazla ise ve MAGNEZYUM az ya da düşük oranda bulunuyorsa, düz kaslarda da kasılmalar oluşacaktır. Örneğin, bronşlarımızda büzüşme meydana gelecektir, astım nöbetleri oluşacaktır ya da rahmimizde kasılmalar olacak, ağrılı âdetlere neden olacaktır. Damarlarımızın aşırı büzülmesi sonucunda tansiyonumuz yükselecektir, kardiyo-

vasküler hastalıkların riski de artacaktır.[398, 399, 400] Hücre içinde KALSİYUM TUZUNUN azıcık dahi yükselmesinin birçok yan etkileri ortaya çıkacaktır. Hücrelerin büyümesi, çoğalması, bölünmesi MAGNEZYUM TUZUNA bağlıdır. Kalsiyum miktarı fazlalaşınca, hücrelerin sağlıklı büyümeleri, bölünerek çoğalmaları mümkün olamamaktadır.[401, 402]

Bir organizmanın dengeli çalışması için Magnezyum, Kalsiyumdan daha mı önemli?

Kalsiyum da, magnezyum da organizmamızda dengeli olarak bulunurlar. Ancak birlikte sinerjik olarak çalıştıkları zaman önemli görevleri ve fonksiyonlarını yerine getirebilirler. Her ikisi de birbirine bağımlı olarak çalışır. Yani, birisinin eksikliği ya da fazlalığı hücrelerin dengesini bozar ve fonksiyonlarını tam olarak yapmaları ya da yerine getirebilmeleri mümkün olmaz.

Biyokimyasal açıdan, birbirlerinin antagonisti, yani karşıtı olarak işlev görürler ama kesin olarak her ikisi de tek başına işlevini etkili ve yeterli bir şekilde yerine getiremez.

Magnezyum suda eriyen bir tuzdur. Bu nedenle kalsiyumun da daha fazla oranda suda erimesini sağlar. EĞER KAN DOLAŞIMIMIZDA YETERLİ DÜZEYDE MAGNEZYUM BULUNMAZ İSE, KANIMIZDA BULUNAN KALSİYUM ERİYEMEZ.

Son derece önemli olan bu biyolojik mekanizma işlemezse, kaslarda kalsiyum fazlalığına bağlı kasılmalar, fibromiyalji, damarların iç yüzeylerine kalsiyum birikmesi sonucu damarların sertleşmesi ve kasılması gibi tatsız ve olumsuz gelişmeler yaşanacaktır.

AYRICA BÖBREKLERDE YETERLİ MAGNEZYUM BULUNMADI-

---

398 Altura BM. Cardiovascular risk factors and magnesium: relationship to atherosclerosis, ischemic heart disease and hypertension. *Magnes Trace Elemi.*, Vol. 92. No. 10, pp. 182-192,1991.

399 Turlapaty PD., et al. Magnesium deficiency produces spasms of coronary arteries: Relationship to etiology of sudden death ischemic heart disease. *Science*, Vol. 208, No. 4440, pp.198-200, 1980.

400 Altura BM, Sudden-death ischemic heart disease and dietary magnesium intake: is the target site coronary vascular smooth muscle? *Med Hypotheses.*, Vol.5, No.8, pp.843-848,1979.

401 Iseri LT, et al., Magnesium: nature's physiologic calcium blocker. *Am Heart J.*, Vol.108, pp.188-193, 1984.

402 Walker GM. Biotechnological implications of the interactions between magnesium and calcium. *Magnes Res.*, Vol.12. No.4. pp.303-309,1999.

ĞI ZAMANLAR KALSİYUM ERİYİP UZAKLAŞTIRILAMAYACAĞI İÇİN, MESANEDE KALSİYUM BİRİKİMİ, BÖBREKLERDE DE BÖBREK TAŞLARI OLUŞMASI BAŞLAYACAK VE HIZLANACAKTIR.

Baş ağrısı ve migren sorunları ile magnezyum arasında bir ilişki var mı?

Ortamda yeterli magnezyum olmadığı zaman, tıp dilinde arteryel spazm dediğimiz damarlarda büzüşme olacak ve kardiyovasküler kalp hastalıkları ve tansiyon yüksekliği riski artacaktır. AYNI ZAMANDA, ŞAKAKLARIMIZDA BULUNAN DAMARLARDA DA SPAZM MEYDANA GELECEĞİNDEN, MİGREN BAŞ AĞRILARI VE BAŞ AĞRISI ŞİKÂYETLERİ ORTAYA ÇIKACAKTIR.[403]

Aynı zamanda insülin yüksekliği de olan kişilerde ek olarak insülinin etkisi ile böbreküstü bezlerinden sürekli STRES HORMONU ADRENALİN salgılanacağından, tansiyon yüksekliği yüksek düzeylere çıkar ve ilaçlarla da kolay kolay düşmez.[404] Tıp dilinde biz bu duruma ilaca dirençli tansiyon yüksekliği adı veriyoruz. Hastalara 2-3 tür tansiyon düşürücü ilaçlar verildiği halde, temel ana nedenler düzelmedikçe yüksek tansiyon kontrol altına alınamıyor.

Magnezyum düşüklüğü ya da azlığı diyabet hastalığının başlamasına neden oluyor mu?

Magnezyumun düşüklüğünün insülin direncini başlattığı bilimsel olarak gösterilmiştir.[405, 406]

Hücre zarlarında, şekerin hücre içine girebilmesi için bulunan kapılar (reseptörler), İNSÜLİN DİRENCİ gelişmiş olan kişilerde çalışmıyor.

---

403 Dean C, M.D. *The Magnesium Miracle.* Discover the missing link to total health.: Lower risk of heart disease, Prevent stroke and obesity, Treat diabetes, Improve mood and memory. 2007. Ballantine Books. NY. ISBN 978-0-345-49458-0

404 Ma J et al. Associations of serum and diatary magnesium with cardiovascular disease, hypertension, diabetes, insülin, and carotid arteril Wall thickness; the ARIC study. Artherosclerosis Risk in Communties Study. *J Clin Epidemiol.*, Vol. 48, pp 927-940,1995.

405 Resnick LM. et al., Hypertension and peripheral insulin reisitance, Possible mediating role of intracellular free magnesium. *Am J Hypertens.*, vol 3, No.5, pt, 1, pp.373-379, 1990.

406 Resnick LM. Ionic basis of hypertension, insülin resistance, vascular disease and related disorders. The mecahnisin of syndrome X. *Am J Hypertens.*, Vol. 6, No.5, pt 1. pp, 413-417, 1993.

Kanda dolaşan hücrelere arz edilen kan şekeri kullanılmak üzere hücrelerin içine giremiyor. Kapılar kapandığı için, hücrelerin içine giremeyen şeker giderek yükseliyor. Bir bakıma hücreler beslenemedikleri için, yani şekeri alıp kullanamadıkları için sürekli açlık hissi, sürekli atıştırma hissi, sürekli doyamayacağız korkusu beynimizde gelişiyor.

İşte magnezyumun bir görevi de, hücre zarlarında bulunan kapıların açılmasını sağlamaktır!

Görüyoruz ki, bir tarafta MAGNEZYUM tuzu az olduğu için hücrelerin kapıları açılamıyor, kapalı kalıyor. Öte yandan da İNSÜLİN daha fazla salgılanarak kapıları daha güçlü yumruklamaya çalışıyor açabilmek için. Bu alanda otorite kabul edilen ünlü bilim adamı Resnick'in hücresel düzeyde yapmış olduğu birçok bilimsel çalışması, MAGNEZYUM/KAN ŞEKERİ/İNSÜLİN ilişkisinin hücre içi mekanizmalarını detaylı olarak açıklamış ve göstermiştir.[407]

Resnick, hayvanlarla yaptığı araştırmalarında, MAGNEZYUMU az olan yiyeceklerle beslediği hayvanlarda İNSÜLİN DİRENCİNİN geliştiğini göstermiştir.[408]

Humphries ve arkadaşları da 1999 yılında yayınladıkları çalışmalarında, MAGNEZYUM düşüklüğü ile İNSÜLİN DİRENCİ ilişkisini detaylı olarak açıklamışlardır.[409]

Daha sonra birçok bilim adamı da obezite, diabetes mellitus, metabolik sendrom ve tansiyon yüksekliği gibi klinik belirtilerin ortak bir paydası bulunduğunu bildirmişlerdir. Bu klinik belirtileri gösteren kişilerde sürekli bir şekilde İNSÜLİN hormonunun yüksek olduğunu ve aynı zamanda MAGNEZYUM tuzlarının da çok düşük olduğunu göstermişlerdir. Adeta bir kısırdöngü gibi, İNSÜLİN HORMONUNUN ve KAN ŞEKERİNİN birçok elzem tuzla birlikte MAGNEZYUM tuzunu da vücuttan attığını göstermişlerdir. Aynı zamanda, kanda ve hücrelerinde MAGNEZYUM tuzu az miktarda olduğunda hücrelerin içine kan şekerinin girmesi için gereken enzimlerin işlevlerini yerine getiremediklerini de göstermişlerdir.[410]

---

407 Resnick LM. Hypertension and peripheral and allied clinical conditions. *Prog Cardiovascular Dis*, Vol. 42, pp. 1-22, 1999.
408 Resnick LM. Cellular ions in hypertension, insülin resistance, obesity and diabetes: a unifying theme. *J Am Soc Nephrol*, Vol.3 (4 suppl.), pp. 578-585, 1992.
409 Humphries S et al., Low dietary magnesium is associated with insülin resistance in a sample of young, non-diabetic Black Americans. *Am J Hypertens.*, Vol. 12, No.8, pt.1, pp.747-756, 1999.
410 He K, et al., Magnesium intake and incidence of metabolic syndrome among young adults. *Circulation*, Vol. 113, no 13, pp. 1675-1682, 2006.

Hem yanlış beslenme sonucu organizmaya yeterli MAGNEZYUM arz edilemiyor, hem de yine yanlış beslenme sonucu yükselen ŞEKER ve İNSÜLİN ikilisi, zaten yetersiz düzeyde kan ve hücre içinde bulunan magnezyum tuzunu vücuttan atarak organizmada ileri derecede MAGNEZYUM eksikliğine neden oluyor.[411]

Bu durumda şeker hastaları ne yapmalı?

Üç tip şeker hastalığı olduğunu biliyoruz. Tip-1 diyabet, Tip-2 diyabet ve gestasyonel diyabet dediğimiz, gebelik sırasında ortaya çıkan şeker hastalığı.

Her üç şeker hastalığında da önemle üzerinde durulacak, dikkat edilecek, önlem alınacak 3 basit ve kolay önerimiz olacak:

1. MAGNEZYUM YETERSİZLİĞİ, her şeyden bağımsız olarak ŞEKER HASTALIĞINI İŞARET EDEBİLİR.
2. Şeker hastalarının her zaman fazla magnezyum tuzuna ihtiyaçları vardır, çünkü herkesten çok fazla bir şekilde bu magnezyum vücutlarından atılmaktadır.
3. İNSÜLİN HORMONUNUN YAPIMI, ÜRETİLMESİ, FONKSİYONU VE HÜCRELERE TAŞINMASI İÇİN MAGNEZYUM TUZU GEREKMEKTEDİR.

Özellikle GEBELERDE GÖRÜLEN MAGNEZYUM EKSİKLİĞİ ve göreceli olarak ortaya çıkmış olan KALSİYUM FAZLALIĞININ vasküler komplikasyon (damar hastalıkları) riskini artırdığı gösterilmiştir. Gebelere magnezyum tuzu takviyesi yapıldığı zaman vasküler komplikasyonların azaldığı bildirilmiştir.[412]

Yeri gelmişken, GESTASYONEL DİYABET var mı diye gebelere uygulanan ŞEKER YÜKLEMESİ sırasında, zaten magnezyum tuzu düşük olan gebenin vücudundan daha da fazla magnezyum atılacağını, bundan hem annenin ve hem de karnındaki bebeğin zarar görebileceğini burada vurgulamak istiyorum.

---

411 Alzaid AA et al., Effects of insülin on plasma magnesium in noninsulindependent diabetes mellitus: evidence for insülin resistance. *J Clin Endocrinol Metab.*, Vol.80, No.4, pp.1376-1381, 1995.
412 Bardicef M et al., Extracellular and intracellular magnesium depletion in pregnancy and gestational diabetes. *Am J Obstet Gynecol.*, Vol. 172, No.3, pp. 1009-1013, 1995.

Bütün diyabetik hastalarda ve gebelerde kan MAGNEZYUM düzeyleri ölçülüp gerekli MAGNEZYUM takviyesi yapılırsa, vasküler ve şeker hastalığına bağlı olan komplikasyonların azaldığı birçok bilimsel çalışma ile bildirilmiştir.[413, 414, 415]

Merz ve arkadaşları, 1999 yılında saygın bir tıp dergisi olan *Amerikan Kalp Dergisi*'nde yayınladıkları bir çalışmada, ağızdan verilen MAGNEZYUM TUZLARININ trombosit dediğimiz, pıhtı yaparak (tromboz) koroner arterleri tıkayan kan hücrelerini aspirin ve omega-3 gibi inhibe ettiğini ve koroner arterleri tıkayan pıhtının oluşmasını önlediğini göstermişlerdir.[416]

Magnezyumun gebelere başka ne gibi faydaları var?

MAGNEZYUM yalnız gebeler için değil, hamile kalmak (konsepsiyon) için, normal hamilelik süresi ve normal doğum için de gereklidir ve son derece faydalıdır.

İNGİLTERE'DE geleneksel olarak asırlardan beri EBELERİN, GEBELERE DOKUZ AY BOYUNCA MAGNEZYUM SÜLFAT TUZU olan Epsom Tuzlarını VERDİKLERİNİ BİLİYORUZ.

Ayrıca infertilite, yani KISIR OLAN ve bebeği olmayan hanımların doğal, işlenmemiş gıdalarla beslendiklerinde ve MAGNEZYUM TUZU kullandıklarında bebek sahibi olabildikleri bildirilmiştir.[417]

Alerji-Astım-İmmünoloji ve Çevresel Tıp Uzmanı ve Aile Hekimi olan Dr. Sherry Rogers, migrenin beyindeki damarların kasılması ve büzüşmesi sonucu ortaya çıktığını göstermiştir. Dr. Sherry, aynı şekilde kısırlığın nedenlerinden birinin de yumurtalıktan ana rahmine yumurtaları taşıyan tüplerin (falopyan tüpleri) kasılması olabileceğini bildirmiştir. Bu nedenle, KISIR OLAN KADINLARA MAGNEZYUM TUZU

---

413 Lima M de L, The effect of magnesium supplementation in increasing doses on the control of type 2 diabetes. *Diabetes Care.*, Vol. 83, No.5, pp.682-686, 1998.

414 Engelen W, et al., Are low magnesium levels in type 1 diabetes associated with electromyographical signs of polyneuropathy. *Magnes Res.*, Vol. 13, No.3, pp. 197-203, 2000.

415 Djurhuus MS et al., Effect of moderate improvement in metabolic control on magnesium and lipid concentrations in patieints with type 1 diabetes. *Diabetes Care*, Vol.22, No.4, pp, 546-554, 1999.

416 Merz CN et al., Oral magnesium supplementation inhibits platelet-dependent thrombosis in patients with coronary artery disease. *Am J Cardiol.*, Vol.84, pp. 152-156, 1999.

417 Seelig MS. Prenatal and neonatal nineral deficiencies: magnesium, zinc and chromium. *In Clinical Disorders in Pediatric Nutrition*, Marcel Dekker, New York, pp. 167-196, 1982.

VERİLİNCE BEBEK SAHİBİ OLABİLDİKLERİ GÖSTERİLMİŞTİR.[418]

Özellikle bebek bekleyen annelerin tüm hamilelik süresince yüksek doz MAGNEZYUM tuzu kullanması önerilmektedir.[419]

HAMİLELİKLERİ BOYUNCA RUTİN OLARAK MAGNEZYUM KULLANAN ANNELERİN DAHA RAHAT BİR HAMİLELİK SÜRESİ GEÇİRİP NORMAL DOĞUM YAPTIKLARI, DOĞUMLARINDA DA HERHANGİ BİR SORUN YA DA KOMPLİKASYONUN GÖRÜLMEDİĞİ BİLDİRİLMİŞTİR.

Muntazam bir şekilde MAGNEZYUM kullanan annelerde erken doğum sorunu görülmediği gibi, normal bir doğumdan sonra da daha rahat bir süre geçirdikleri birçok bilimsel çalışmayla bildirilmiştir.[420, 421, 422]

Hamilelikleri süresince MAGNEZYUM OKSİT TUZU kullanan gebelerin bebeklerinin daha sağlıklı doğduğu, preeklampsi, erken doğum, doğumsal bozukluklar, erken bebek ölümleri gibi durumların çok düşük oranda görüldüğü de bilimsel olarak gösterilmiştir.[423]

Ayrıca gebelik sırasında gelişen yüksek tansiyon ve preeklampsi tedavisinde intravenöz, yani damardan MAGNEZYUM SÜLFAT TUZU verilerek başarıyla tedavi yapıldığı da bildirilmiştir.[424]

Ek olarak, ERKEKLERDE DE İNFERTİLE, YANİ KISIRLIK NEDENİ OLARAK MAGNEZYUM TUZU EKSİKLİĞİNİN ÖNEMLİ BİR FAKTÖR OLDUĞU BİLDİRİLMİŞTİR. Tıp dilinde seminal sıvı da denilen menide oldukça yüksek oranda MAGNEZYUM ve ÇİNKO bulunmaktadır. Kısır olan erkeklerin seminal sıvısında bu tuzların çok az miktarda bulunduğu gösterilmiştir. Özellikle kronik prostat iltihabı bulunan ya da

---

418 Goldber B. Alternative Medicine Guide: Women's Health Series 1, Future Medicine Publishing, *Tiburon*, CA, 1998.

419 Frans KB, Magnesium intake during pregnancy. Magnesium, Vol.6, pp.18-27, 1987.

420 Conradt A, et al. The central position of magnesium in the management of fetal hypotrohy-a contribution to the pathı-mechanism of utero-placental insuffciency, prematurity and poor intrauterine fetal growth as well as pre-eclampsia. *Magnesium Bull*, Vol. 4, pp.103-124, 1982.

421 Handwerker SM, et al., Ionized serum magnesium levels in umbilical cord blood of normal pregnant women at delivery: relationship to calcium, demographics and birthweight. *Am J Perinatol*, Vol.10, No. 5, pp. 392-397. 1993.

422 Almonte RA et al., Gestational magnesium deficiency is deleterous to fetal outcome. *Biol Neonate*, Vol.76, No. 1, pp. 26-32, 1999.

423 Seelig MS, Toxemia of pregnancy, postpatum cardiomyopathy and SIDS in consequences of magnesium deficiency on the enhancement of stres reactions: preventive and therapeutic implications; a review. *J Am Coll Nutr*, Vol.13, No.5, pp. 429-446, 1994.

424 Lazard EM. A preliminary report on the intravenous use of magnesium sulphate in puerperal eclampsia. *Am J Obst Gynec*, Vol.9, pp. 178-188, 1925.

akut prostat enfeksiyonu geçirmiş olan erkelerin seminal sıvılarında yukarıda da saydığımız tuzların çok düşük oranda olduğu bildirilmiştir.[425]

Gıdalarımız ve yiyeceklerimizle yeterli magnezyum tuzu alamıyor muyuz?

Fabrikasyon işlem görmüş, doğallıklarını kaybetmiş olan yiyeceklerde, işlem sırasında MAGNEZYUM minerali yok olmaktadır, kalmamaktadır.

Gıdaların, işlem gördükleri zaman yitirilen magnezyum oranları gösterilmiştir:[426]

1. Buğday rafine edilerek un elde edildiğinde %80 oranında MAGNEZYUM minerali KAYBOLMAKTADIR.
2. Pirincin parlatılması sırasında %83 oranında MAGNEZYUM minerali KAYBOLMAKTADIR.
3. Mısır unu elde edilme sırasında %97 oranında MAGNEZYUM minerali KAYBOLMAKTADIR.
4. Mısırdan elde edilen, NBŞ diye adlandırılan fruktoz şurubu/mısır şurubu tüketildiğinde %99 oranında MAGNEZYUM minerali KAYBOLMAKTADIR.

Bu sonuçlar doğal, işlem görmemiş ve rafine olmamış yiyecek ve içeceklerin tüketilmesinin sağlığımız için ne kadar önemli olduğunun bir kanıtı olarak kabul edilmelidir.

ORGANİZMAYA YETERLİ MİKTARDA MAGNEZYUM GİREMEDİĞİ ZAMAN tüm enzimatik faaliyetler sekteye uğrayacak ve sonuç olarak KRONİK İNFLAMASYONUN TEMELİ ATILACAKTIR. Dolayısıyla KRONİK İNFLAMASYON gelişecek, DİSMETABOLİK/KRONİK DEJENERATİF/KRONİK NÖRODEJENERATİF klinik hastalıklar sinsi sinsi GELİŞECEKTİR.

---

425 Edorh AP, et al., Magnesium content in seminal fluid as an indicator of chronic prostatitis. *Cell Mol Biol*, Vol. 49, pp. 419-423, 2003.

426 Dean C, M.D. *The Magnesium Miracle*. Discover the missing link to total health.: Lower risk of heart disease, Prevent stroke and obesity, Treat diabetes, Improve mood and memory. 2007. Ballantine Books. NY. ISBN 978-0-345-49458-0

9. ŞİFRE:

EKMEKTE GLUTEN VE LEKTİN TEHLİKESİ VAR!

Anahtarlar:

Modern/Cüce Buğday
Dost Bakterilere Veda
Geçirgen Bağırsak (Leaky Gut)
Obezite
Gıda Alerjisi
Depresyon
(Yine) İnsulin Direnci

Bu nedenlerle mi siz, her türlü ekmeği yemeyin diye öneriyorsunuz?

Önceki bölümlerde gördük ki, işlenmiş olan ve fabrikadan gelen rafine unlarda insan vücudu için gerekli mikro-elementler, MİKRO BESLENME ÖĞELERİ yok edilmektedir. Ayrıca un fabrikalarında, genel olarak unlara ortalama %10 oranında kimyasal katkı maddesi eklenmektedir. Bu katkı maddeleri arasında, hamura dolgunluk veren, kimyasal ve ağır metal olarak bilinen BROMÜR TUZU da vardır.

Ayrıca, ***Karatay Diyeti'yle Beslenme Tuzaklarından Kurtuluş Rehberi*** adlı kitabımda, hibrit ve cüce buğday olarak bildiğimiz MODERN BUĞDAYIN yüksek oranda GLUTEN içerdiği için sağlığımıza nasıl zarar verdiğini detaylı olarak açıklamıştım. Buna karşın bir kişi tedbir olarak GLUTENSİZ ürünleri tüketiyor olsa da, GLUTEN kadar, hatta GLUTENDEN sağlığımıza daha zararlı olan LEKTİN adında bir BUĞDAY proteini daha olduğunu bilmesi gerekir. LEKTİN adı verilen ve insan vücuduna yabancı olan bu BUĞDAY PROTEİNİNİN de sağlığımıza ciddi zararlar verdiğini bilmemiz ve anlamamız gerektiği düşüncesindeyim.

Eğer GLUTENSİZ beslendiğiniz halde ya da GLUTENSİZ yemek yemeye çalıştığınız halde gaz, şişkinlik, hazımsızlık ve ishal-kabızlık gibi şikâyetleriniz azaldığı halde hâlâ devam ediyorsa, vücudunuzda LEKTİN'e karşı da entolarans gelişmiştir demektir.

Buğday proteini dediğiniz Lektin nedir?

Islah etmek amacıyla hibrit yapılmış olan MODERN/CÜCE BUĞDAYDA 23.000 türlü GLİADİN, yani buğday proteini olduğunu biliyoruz. Gliadinlerin en popüler ve üzerinde en çok bilimsel araştırma yapılmış olanları GLUTEN ve LEKTİNDİR. Modern/cüce buğdayda yüksek oranda bulunan GLUTEN gibi, LEKTİN de vücudumuzda KRONİK İNFLAMASYONU BAŞLATAN yabancı bir proteindir.

Ülkemizde aşırı miktarda unlu gıdalar, özellikle de fazla ekmek tüketildiğinden dolayı, GLUTEN gibi birçok sağlık problemlerine neden olduğu halde, LEKTİN halk tarafından çok iyi bilinmemektedir. Farkında olmadığımız için de, GLUTENSİZ ürün tüketiyor olsak bile, eğer şişkinlik, mide-bağırsak şikâyetleri, kabızlık-ishal şikâyetleri, kronik bağırsak hastalıkları gibi hastalıklar ve belirtileri, azaldığı halde tam olarak geçmiyor ise, bilesiniz ki bunun nedeni LEKTİNDİR. Bu durumlarda LEKTİN hassasiyetinden ya da LEKTİN entolaransından şüphelenilmesi gerekir.

Doğada, yiyecekler içinde binlerce tür LEKTİN bulunmaktadır, henüz tümünü kapsayan çalışmalar yapılmamıştır. Ancak vücudumuzda KRONİK İNFLAMASON başlamasına neden olan LEKTİN alanında çalışmalar yoğunlaştırılmıştır. Özellikle modern/cüce buğdayda bulunan LEKTİN alanında birçok bilimsel araştırma yapılmıştır.[427]

LEKTİNİN, GLUTENE benzer şekilde bağırsak iç yüzeyini kaplayan bağırsak hücrelerini parçaladığı ve dost bakterileri azaltarak düşman bakterileri çoğalttığı gösterilmiştir. Yarı geçirgen olan bağırsaklarımızın hücreleri parçalanınca, geçirgen olmaya başlayan bağırsaklardan her türlü gıda maddesinin (sağlıklı olsalar dahi) tam hazmolmamış olarak kanımıza karıştığını biliyoruz. Büyük gıda molekülleri olarak kan dolaşımına giren bu gıdalar, organizmamızda alerjik birçok reaksiyona neden olurlar. Vücudumuzu yabancı cisim ve organizmalara karşı korumakla görevli hücrelerimiz, tam hazmolmamış olan bu besin maddelerine hücum etmeye başlar ve uzun süren sinsi mücadele bu şekilde başlamış olur.

İşte OTOİMMÜN reaksiyonların başlamasının temel ve ana nedeni budur. OTOİMMÜN reaksiyonlar, ileri devrelerde KRONİK OTOİMMÜN HASTALIKLAR ya da vücudumuzda gelişen KRONİK İNFLAMASYON, KRONİK DEJENERATİF ve KRONİK NÖRODEJENERATİF hastalıklarıdır.

BU HASTALIKLARIN ANA NEDENİ ve TEMELİ, GEÇİRGEN BAĞIRSAK HÜCRELERİNİN PARÇALANMASI VE BAĞIRSAKLARDA YAŞAYAN DOST BAKTERİLERİN AZALMASI ya da YOK OLMASIDIR!

Ayrıca, LEKTİN denilen protein vücudumuzda bulunan eklem hücreleri, beyin hücreleri, karaciğer, kalp ve böbrek hücreleri gibi her hücrenin zarına da yapışır ve bu dokularda da otoimmün reaksiyon başlamasına neden olur. Uzun süren kronik otoimmün reaksiyonlar da bir süre sonra KRONİK OTOİMMÜN HASTALIKLARA neden olur.

Ülkemizde aşırı miktarda tüketilen TAHILLAR, yoğun oranda LEKTİN içeren gıdalarımızdır.

---

427 Carmichael E. *The Essential Handbook To Lectin: The Protein Causing Inflammastion, Digestive Issues, and Weight Gain*. 2017. ISBN 9781521325919.

Lektinin sağlığımıza başka ne gibi zararları dokunuyor?

Birçok KRONİK DEJENERATİF hastalığın altında GLUTEN ve LEKTİN gibi, modern/cüce buğdayda ve genleriyle oynanmış, konvansiyonel tarım yöntemiyle yetişen diğer tahıllarda (ithal pirinç, mısır gibi) yüksek oranda bulunan yabancı proteinlerin olduğu gösterilmiştir.

Bilimsel çalışmalar aynı zamanda GLUTEN/LEKTİN içeren besinler aşırı olarak tüketilmediği takdirde, bu hastalıkların (kronik dahi olsalar) düzelebileceğini göstermiştir.[423]

En yüksek oranda modern/cüce buğdayda bulunan LEKTİN'in sağlığımıza olan olumsuz etkisini altı grup altında özetleyebiliriz:

1. **GEÇİRGEN BAĞIRSAK (LEAKY GUT) nedenidir:** LEKTİN bağırsak hücrelerine yapışır ve onları parçalar. Bakterilerin ve başka proteinlerin büyük moleküller halinde kana karışmasına neden olur. Sonuç olarak, tüm vücut hücrelerinde KRONİK İNFLAMASYON başlar. Ayrıca, bağırsaklarda bulunan (Escheria Coli gibi) kötü bakterilerin ve Candida türü mantarların artmasına da LEKTİNİN NEDEN OLDUĞU birçok bilimsel araştırma ile kanıtlanmıştır.[428, 429, 430] Bu bağlamda LEKTİN, otoimmün hastalıkları başlatmaktadır. Neden? Çünkü:

a. Buğday proteini LEKTİN, immünotoksiktir. Bağışıklığı çökertir. Burun tıkanıklığı, kuru öksürük gibi alerjik sorunlara neden olur.

b. LEKTİN'in moleküler yapısı, boğmaca bakterisi molekülüne çok yakındır bu nedenle çocuklarda boğmacaya benzer kuru öksürüklere neden olur

---

428 Faith-Magnusson, K., KE. Magnussen. "Elevated Levels of Serum Antibodies to the Lectin Wheat Germ Agglutinin in Celiac Children Lend Support to the Gluten-lectin Theory of Celiac Disease." *Pediatrid Allergy & Immunology*. Hoboken: Wiley-Blackwell Publishing. 1995.
http://www.ncbi.nlm.nih.gov/pubmed/7581728#

429 Ovelgonne, J.H., J.F.J.G. Koninkx, A. Pusztai, S. Bardocz, W. Kok, S.W.B. Ewen, H.G.C.J.M. Hendriks, J.E. van Dijk. "Decreased Levels of Heat Shock Proteins in Gut Epithelial Cells After Exposure to Plant Lectins." Gut. London: BMJ Group. 2000.
http://gut.bmj.com/content/46/5/680

430 http://www.greenmedinfo.com/page/opening-pandoras-bread-box-critical-role-wheat-lectin-human-disease[8] Tyrrell, Gregory J., Mark S. Peppler, Robert A. Bonnah, Clifford G. Clark, Pele Chong, Glen D. Armstrong. "Lectinlike Properties of Pertussis Toxin". Infection and Immunity. Washington, D.C.: *The American Society for Microbiology*, 1989.
http://www.ncbi.nlm.nih.gov/pmc/articles/PMC313367/pdf/iai00066-0224.pdf.

c. LEKTİN, TİP II HLA denilen antijenleri artırır ve tiroidit ve pankreatit gibi OTOİMMÜN KRONİK HASTALIKLARI başlatır.[431, 432]
d. LEKTİN, sitotoksiktir. Hücrelerimizi tahrip eder (bağırsak hücrelerinin parçalanması).[433]
e. LEKTİN, kardiyotoksiktir. Kalp adalesini de yıpratır. Kalp yetersizliğine neden olur.
f. LEKTİN, hücreleri tahrip ettiğinden dolayı hormonların üretilmesini ve guddelerin normal fonksiyonlarını bozar. Sonuç olarak, erkeklerde ve kadınlarda kısırlığa neden olur. Ayrıca kadınlarda âdet bozuklukları ve erken menopoz, erkeklerde iktidarsızlık ve erken andropoz gibi sağlık sorunlarını başlatır.

2. **OBEZİTE nedenidir:** LEKTİN, leptin hormonu üreten hücre zarlarına bağlanarak leptinin uyarısının beyne ulaşmasını engeller. Sonuç olarak, beynimizde tokluk hissi oluşamaz ve sürekli aç kalmışız gibi yemek yemeye devam ederiz. Kilomuz giderek artar, İNSÜLİN DİRENCİ ve Tip-2 diyabet hastalığının temeli atılmış olur.
3. **GIDA ALERJİSİ nedenidir:** LEKTİN uzun süre aşırı tüketildiği zaman, sıklıkla tüketilen gıdalara karşı alerji oluşmasını da tetikler. Yer fıstığı, soya fasulyesi, sütlü yiyecekler, yumurta, baklagiller ve balıklar gibi az da olsa LEKTİN içeren gıdalara karşı da alerji oluşabilir. GLUTEN alerjisi ile çapraz gıda alerjisi de gelişebilir.
4. **İNSULİN DİRENCİ nedenidir:** LEKTİN, hücrelerde bulunan insülin reseptörlerine yapışarak tüm hücrelerde İNSÜLİN DİRENCİNİ başlatır. Yani, Tip-2 diyabet, gebelik diyabeti, beynin Tip-3 şeker hastalığı da denilen Alzheimer hastalığı ve diğer kronik dejeneratif hastalıkların başlamasına da sebep olur.
5. **DEPRESYON nedenidir:** Bağırsak-beyin ilişkisi bugün artık tıp dilinde yoğun olarak gündeme gelen önemli bir konudur. Bağırsak-beyin bağlantısını VAGUS dediğimiz sinir sistemi sağlamaktadır. VAGUS siniri, birçok görevi dışında BAĞIRSAK-BEYİN ileti-

---

431 Sasano H et al. "Analysis of Lectin Binding in Benign and Malignant Thyroid Nodules." *Pathology & Laboratory Medicine*. Northfield: The College of American Pathologists.1989. http://europepmc.org/abstract/MED/2916907/reload=0;jsessionid=KYN2j0u7h2Zg8CT6OZ2D.2.
432 Cordain L et al. Modulation of immune function by dietary lectins in rheumatoid arthritis. *Br J Nutr*. 2000 Mar; 83(3):207-17.
433 Hollander D. Current Gastroenterology Reports. Intestinal permeability, leaky gut, and intestinal disorders. October 1999, Volume 1, *Issue* 5, pp 410-416.

şimini sağlayan önemli bir sinirdir. Bu bağlamda, buğday proteini LEKTİN nörotoksik olduğundan dolayı, VAGUS siniri de dahil olmak üzere sinir sistemini çökerttiği bildirilmiştir.[434, 435, 436]

Bağırsaklarımızın bozulmasıyla beynimiz ve sinir sistemimiz arasında nasıl bir ilişki olabilir ki, biraz daha açıklayabilir misiniz?

Bağırsaklarımız İKİNCİ BEYİN olarak kabul edilmektedir.[437] Örneğin, Aarhus Üniversitesi Hastanesi'nde gerçekleştirilmiş olan geniş kapsamlı bir çalışmada, KRONİK NÖRODEJENERATİF bir hastalık olarak kabul edilen Parkinson hastalığının mide bağırsak sisteminden kaynaklandığını bildirmişlerdir.[438, 439] Bilim adamları, Parkinson hastalığının bağırsaklarda başladığını ve VAGUS siniri yoluyla beyne yayıldığını ileri sürmüşlerdir.

Aslında nörogastroenteroloji bilimi de on dokuzuncu yüzyılda, Bayliss ve Starling'in Londra'daki laboratuvar çalışmalarıyla başlamıştır.[440] İnsan vücudunda bir tek kan dolaşımı vardır, beyne de, göze de, tiroide de, kalbe de, akciğerlere de, mide ve bağırsaklara da ve tabii ki tüm hücrelerimize aynı kan ulaşır ve besin sağlar.

Artık her hastalık için, gerek teşhis, gerek tedavi ve gerekse hastalıkların ilerleme, tedavilerinin etkilerini izleme amacıyla NANO-TIP uygulanmaya başlanmıştır ve yaygın bir şekilde kullanılmaktadır. Bu gerçeği

---

434 Guzyeyeva, Gloria V. *"Lectin Glycosylation as a Marker of Thin Gut Inflammation." The FASEB Journal*. Bethesda: Federation of American Societies For Experimental Biology, 2008. http://www.fasebj.org/cgi/content/meeting_abstract/22/1_MeetingAbstracts/898.3

435 Pusztai, A., S.W.B. Ewen, G. Grant, D.S. Brown, J.C. Stewart, W.J. Peumans, E.J.M Van Damme, S. Bardocz. "Antinutritive Effects of Wheat-germ Agglutinin and Other N-Acetylglucosamine-specific Lectins." *The British Journal of Nutrition*. Cambridge: Cambridge University Press, 1993. https://www.cambridge.org/core/journals/british-journal-of-nutrition/article/antinutritive-effects-of-wheatgerm-agglutinin-and-other-nacetylglucosaminespecific-lectins/E72FAF835A16D87AB1FB604017D50320

436 Dolapchieva, S. "Distribution of Concanavalin A and Wheat Germ Agglutinin Binding Sites in the Rat Peripheral Nerve Fibres Revealed by Lectin/glycoprotein-gold Histochemistry". *The Histochemical Journal*. London: Chapman & Hall, 1996. https://link.springer.com/article/10.1007%2FBF02331422?LI=true#page-1

437 http://www.hopkinsmedicine.org/health/healthy_aging/healthy_body/the-brain-gut-connection.

438 http://neurosciencenews.com/parkinsons-gastrointestinal-tract-neurology-2150/

439 https://www.livescience.com/59498-parkinsons-disease-may-begin-in-gut.html

440 J. Physiol. (1967), 191, pp. 1-23. Printed in Great Britain The Second Bayliss-Starling Memorial Lecture Some Aspects Of Their Separate And Combined Research Interests By I. De Burgh Daly Delivered on 25 March 1966 at University College London.

göz ardı etmemiz mümkün değildir. HÜCRESEL TIP uygulamaları bir bütün olarak ele alınmaktadır, hiçbir zaman multidisipliner olarak ele alınmaz, çünkü hasta gerek fiziksel gerekse ruhsal, yani mental olarak yaşadığı çevre içinde bulunduğu ortam ile bir bütün olarak kabul edilir ve edilmelidir.

Bu bağlamda, daha önce de defalarca açıkladığım gibi, kronik dejeneratif ve kronik nörodejeneratif hastalıkların kökünde artık kronik inflamasyonun bulunduğu birçok bilimsel araştırmayla gösterilmiştir. Nörodejeneratif hastalıkların temelinde beslenme bozuklukları sonucu sinsi bir şekilde gelişen kronik inflamasyonun olduğu da birçok bilimsel araştırma ile gösterilmiştir.[441, 442, 443]

Bir hasta, kısaca önceden hazırlanmış bazı kriterlere dayanılarak (kılavuzlar) hastalık belirtileri baskı altına alınmaya ve tedavi edilmeye çalışılmaktadır! Tıbbi kılavuzlar, hekimleri korumak amacıyla kaleme alınmıştır. Bu kılavuzlar maalesef hastaların şifa bulmaları için hazırlanmamıştır. Kılavuzlar, hastalık belirtilerinin ilaçlarla nasıl bastırılacağını belirler bir bakıma.

Sonuç olarak artık 'NUTRİTİONAL MEDİCİNE', yani 'BESLENME TIBBI' diye bir kavram ortaya çıkmıştır. O halde, hücresel düzeyde oluşan ve sinsi sinsi ilerleyerek ileri yaşlarda çeşitli KRONİK DEJENERATİF ve KRONİK NÖRODEJENERATİF hastalıkların asıl nedeni ve asıl kökü olduğu bilinen kronik inflamasyonu başlatmamak en doğal, en kolay uygulama ve yöntemdir.

Kronik inflamasyon da bir bütün olarak organizmanın her organını etkilemektedir. KRONİK İNFLAMASYON DÜZELTİLMEDEN BİR KİŞİNİN SAĞLIĞINA KAVUŞMASI MÜMKÜN OLMAMAKTADIR.[444]

Kronik inflamasyon ilaçlarla düzelmez mi?

Bu hastalıklar, Harvard Tıp Fakültesi Beslenme Bölümü'nden Prof. David S Ludwig'in de açıklamış olduğu gibi, son 40 yılda bir salgın ha-

---

441 https://www.ncbi.nlm.nih.gov/pmc/articles/PMC2814458/

442 https://www.ncbi.nlm.nih.gov/pmc/articles/PMC4805095/

443 https://www.alzforum.org/news/conference-coverage/systemic-inflammation-driver-neurodegenerative-disease

444 Giugliano D., et al. The effects of diet on inflammation.: emphasis on thr metabolic syndrome. *J Am Coll Cardiol.*, August 15, 2006;48(4):677-685.

linde giderek artmıştır ve bu nedenle hiçbiri de GENETİK değildir. 40 yıldan beri uygulanmakta olan, AZ YAĞLI VE YÜKSEK KARBONHİDRATLI şekilde önerilen yanlış beslenme politikaları sonucu bu hastalıkların mantar gibi artmış olduğu gösterilmiştir.[445, 446]

Saydığımız kronik dejeneratif ve kronik nörodejeneratif hastalıklar aynı zamanda ÇEVRESELDİR ve YAŞAM BİÇİMİ İLE İLİŞKİLİDİR. Çünkü toksik bir dünya içinde yaşamaktayız.[447, 448] Çünkü hareketsiz olarak yaşamayı seviyoruz, fizik aktivitelerimiz çok kısıtlı. Uykularımız düzensiz.

Son zamanlarda yapılmış olan birçok bilimsel çalışma, tüm bu saydığımız hastalıklarından, depresyon ve Alzheimer hastalığı da dahil olmak üzere YANLIŞ BESLENME ve YALNIŞ YAŞAMA SONUCU ORGANİZMADA MEYDANA GELEN KRONİK İNFLAMASYONU SORUMLU TUTMAKTADIR.

Nörodejeneratif hastalıkların da kronik inflamasyon sonucu ortaya çıktığı artık kabul edilmektedir.[449]

Bu hastalıkların sevindirici olan özelliği ise, önlenebilir, düzeltilebilir olmalarıdır. Ancak doğru beslenme, sağlıklı yaşama biçimini seçerek uygulamaya başlandığında bu hastalıkları başlatmamak ve bu hastalıklardan kurtulmak mümkün olmaktadır.

Doğal ve sağlıklı beslenme, fizik aktivitenin artırılması ve kilo verme vücudumuzda KRONİK İNFLAMASYONUN iyileşmesine neden olduğu için, hastalıklar da ortadan tümüyle kalkacaktır.

İşte bu nedenle, özellikle başta DEPRESYON olmak üzere kronik dejeneratif ve kronik nörodejeneratif hastalıkların riski giderilmiş olacak ve hiçbir hastalık riski kalmayacaktır.

LEKTİN ve GLUTEN gibi, BROMÜR, KLORÜR ve FLORÜR gibi toksik olan kimyasal maddeler besinlerle organizmaya girip kan dolaşımına geçerek, beyin ve sinir ileti hücrelerimizin temel işlevi olan, sinir uyarıcı ve ileticilerin, yani 'neuro-transmitter' denilen elzem biyokimyasal maddele-

---

445 David S. Ludwig. Lowering the Bar on the Low-Fat Diet. *JAMA*. Published online. September 28, 2016.
446 Mozaffarian D, Ludwig DS. The 2015 US Dietary Guidelines: lifting the ban on total dietary fat. *JAMA*. 2015;313(24): 2421-2422.
447 Wang, X. *et al.* Oxidative stress and mitochondrial dysfunction in Alzheimer's disease. *Biochim Biophys Acta* 1842, 1240-1247 (2014) 10.1016/j.bbadis. 2013.10.015.
448 Wyss-Coray, T. & Rogers, J. Inflammation in Alzheimer disease-a brief review of the basic science and clinical literature. *Cold Spring Harb Perspect Med 2*, a006346 (2012), 10.1101/cshperspect.a006346.
449 M. Sastr et al., Contribution of Inflammatory Processes to Alzheimer's Disease: Molecular Mechanism, *Int j. Dev. Neurosci.* 24, No.2-3 (April-May 2006):167-76.

rin ölümüne neden olmaktadır. Sonuç olarak DEPRESYON, ALZHEIMER, PARKİNSON gibi birçok nörodejeneratif hastalık ortaya çıkmaktadır.[450]

Nörodejeneratif hastalıkların asıl nedeni ANTİDEPRESAN İLAÇLARIN eksikliğinden kaynaklanmaz. Yukarıda saydığımız birçok faktörün nörohormonal dengesizliğe neden olduğu, sonuç olarak da sinsi bir şekilde geliştiği birçok bilimsel araştırma ile gösterilmiştir.[451]

25 Temmuz 2016 tarihinde İsrail'de, Weizmann Bilim Enstitüsü'nden yayınlanmış olan bilimsel bir yayında, Mahera BM. ve arkadaşları, insan beyninde aşırı düzeyde toksik hava kirlenmesine bağlı ağır metallerin, yani metal nano-partiküllerin bulunduğunu bildirmişler ve ALZHEIMER hastalığı için önemli ipucu olabileceğini vurgulamışlardır.[452, 453]

Çevresel toksik etkiler, ağır metallerin organizmaya girmesi, yanlış beslenme ve yaşama sonucu beynimizde de kronik inflamasyonun başladığını daha önce bildirmiştik. KRONİK İNFLAMASYON beynimizin yapıtaşı olan nöronlarda ve özellikle mutluluk hormonu olan serotoninin üretildiği bağırsak hücrelerinde tahribata neden olmakta ve SEROTONİN eksikliği ortaya çıkmaktadır.[454, 455]

Moskova Üniversitesi'nde Nöroloji ve Beslenme Uzmanı olan Dr. Natasha Campbell de, 2016 yılında kaleme almış olduğu ***Gut and Psychology Syndrome: Natural Treatment for Autism, Dyspraxia, A.D.D., Dyslexia, A.D.H.D., Depression, Schizophrenia (Bağırsak ve Psikoloji Sendromu)*** adlı kitabında, psikolojik kökenli hastalıkların gastrointestinal sistemden kaynaklandığına açıklık getirmektedir.[456]

Dr. Natasha Campell, yaptığı bilimsel araştırmalarla yazdığı ***'Put Your Heart in Your Mouth'*** adlı kitabında da psikolojik hastalıkların gastro-

---

450 Ferro et al., Experimental Toxic Approach to Mental Illness, *Psychiatr.* Q.7 (1933):115-53.

451 N. Vogelzangs et al., Association of Depressive Disorders, Deprwssion Charecteristics and Antidepressant Medication with İnflammation. Transl. *Psychiatry*, 2(February 21, 2012):e79,doi:10.1038/tp.2012.8.

452 http://www.lancaster.ac.uk/news/articles/2016/toxic-air-pollution-nanoparticles-discovered-in-the-human-brain/

453 Bing-Fang Hwang, PhD, Department of Occupational Safety and Health, College of Public Health, China Medical University, DOI: 10.3233/JAD-140855 *Journal of Alzheimer's Disease*, Vol. 44, No. 2, pp. 573-584, 2015.

454 G.M. Khandaker, et al., Association of Serum Interleukin 6 and Reactive Protein in Childhood with Depression and Psychosis in young Adult Life: A Population-Based Longitudinal Study, *JAMA Psychiatry* 71, No. 10(October 2014):1121-28.

455 Mario Almond, Depression and Inflammation: Examinig the Link, Curr. Psychiatry 6., No. 12 (2103): 24-32.

456 Natasha Campbell-McBride MD, *Gut and Psychology Syndrome*: Natural Treatment for, autism, dyslexia, ADD, A.D.H.D, Depresyon, Schizophrenia, Dyspraxia. 2010. ISBN 13:978-0-95548520-2-3

intestinal sistemden nasıl kaynaklandığını açıklamıştır ve bu kapsamda yüzlerce bilimsel çalışmayı da referans olarak vermiştir.[457]

Senelerden beri birçok bilimsel yayın ve bu alanda yayınlanmış olan birçok kitap, DEPRESYON denilen psişik hastalık durumunun bağırsaklarda başladığını açıklamaktadır. Bu konuda yayınlanmış olan bilimsel çalışmaların ortak paydası, bir nörotransmiter olan SEROTONİNİN, %90 oranında bağırsakta bulunan sinir hücrelerinde, yani 'enterik nöronlarda' üretildiğini bildirmektedir.

Dr. M.D. Gershon, bu gerçeği radyoaktif serotonin kullanarak yaptığı bilimsel araştırmalarında, radyoaktif serotoninin enterik nöronlarda üretildiğini ve depo edildiğini ispat etmiştir. Dr. M.D. Gershon, 2003 yılında birkaç baskısı yapılmış olan ***The Second Brain (İkinci Beyin)*** adlı kitabında, mide ve bağırsaklarımızın neden ikinci beyin olduğunu açıklamaktadır.[458]

İşte gerek GLUTEN, gerek LEKTİN dediğimiz buğday proteinleri (tümüne GLİADİN diyoruz), SEROTİNİNİN YAPILDIĞI BAĞIRSAK HÜCRELERİNİ YOK ETMEKTEDİR. Buğday proteinlerinin tümünü içeren gliadinin 23.000 türü olduğunu daha önce birkaç kez belirtmiştik.

---

457 Natasha Campbell-McBride MD, *Put Your Heart in Your Mouth*. 2016. ISBN 13:978-0-9548520-1-6.
458 Dr. Gershon, MD, *Your Gut Has a Mind of Its Own: The Second Brain*. ISBN 0-06-018252-0 reprinted. 2003.

10. ŞİFRE:

İSTİKBAL BAĞIRSAKLARINDADIR!

Anahtarlar:

Serotonin
Doğal Prebiyotikler
Canlı Probiyotikler
K2 Vitamini
D Vitamini
Coenzym Q-10

Mutluluk hormonu serotinini yükseltmek ilaçlarla mümkün olmuyor mu?

NÖRODEJENERATİF HASTALIKLARDA beyin hücrelerinde SEROTONİNİN DÜŞÜK OLDUĞU uzun süreden beri bilimsel olarak bilinmektedir. Depresyon durumunda da beyin hücrelerinde serotoninin düşük olduğunu biliyoruz. Psikiyatristler tarafından DEPRESİF HASTALARA bu nedenle beyin hücrelerinin SEROTONİNİ yükselten ve dengeleyen SSRI grubu ilaçlar verilmektedir. SSRI grubu ilaçların bağırsakta bulunan enterik nöronların SEROTONİNİ de ilk etapta yükselttiğini, Dr. M.D. Gershon, ***The Second Brain (İkinci Beyin)*** kitabında açıklamaktadır.[459] Uzun süre kullanılan SSRI grubu ilaçların bir süre sonra bağırsakların hareketliliğini inhibe ettiğini ve yavaşlattığını da araştırmalarında göstermiştir.[460]

Johns Hopkins Üniversitesi Tıp Fakültesi Geriyatrik Psikiyatri ve Nöropsikiyatri Profesörü olan Dr. Gwenn Smith, Ph.D, 13 Mayıs 2017 tarihinde yayınlanmış olan bilimsel çalışmasında, özellikle en ağır DEPRESYONDA görülen DÜŞÜK düzeydeki beyin SEROTONİNİN, organizmadaki SEROTONİN TAŞIYICILARININ da (serotonin transporterları) aynı zamanda düşük olmasından dolayı, SSRI grubu ilaçlarla etkin tedavi ve sonuç alamadıklarını, bu nedenle DEPRESYON tedavisinde arzu ettikleri şifayı elde edemediklerini açıklamaktadır.[461]

SEROTONİNİN %90'ı bağırsak hücrelerinde ve en yeni bilgilerimize göre MİKROBİYOM diye adlandırılan, bağırsaklarımızda simbiyoz olarak birlikte yaşadığımız trilyonlarca dost bakteri tarafından üretilmektedir.[462]

ABD, Louisiana Devlet Üniversitesi'nde Nöroloji Bilimi Profesörü olan Dr. James M. Hill'in laboratuvarında yapılan araştırmalarla, bağırsak mikrobiyomu ile depresyon arasında sıkı ilişki olduğu gösterilmiştir. 2014 yılında yayınlamış olduğu raporunda, gastrointestinal sistemde yaşayan trilyonlarca mikrobiyom ile DEPRESYON, KRONİK İNFLAMASYON ve KRONİK NÖRODEJENERATİF HASTALIKLARIN oldukça

---

459 Dr. Gershon, M.D., *Your Gut Has a Mind of Its Own: The Second Brain.* ISBN 0-06-018252-0 reprinted. 2003.
460 https://www.harpercollins.com/9780060930721/the-second-brain
461 Gwenn S. Smith, et. Al., "Molecular imaging of serotonin degeneration in mild cognitive impairment". *Workman in Neurobiology of Disease.* Published online May 13 2017 doi:10.1016/j.nbd.2017.05.007.
462 NIH Human Microbiome Project Defines Normal Bacterial Makeup Of The Body. U.S.

sıkı bağlantıları bulunduğunu açıklamıştır.[463]

Bu bağlamda gerek akut, gerek kronik gastrointestinal hastalıklarda, intestinal serotonin sekresyonunun bozulduğunu gösteren bilimsel çalışmalar da bulunmaktadır.[464, 465]

GM Rogers ve arkadaşları da 2016 yılında *Molecular Psychiatry* dergisinde, MİKROBİYOMUN (bağırsak florası) bozulmasının beyin fonksiyonları ve mental hastalıklarla ilişki mekanizmasını, bu mekanizmanın nasıl çalıştığını açıklamışlardır.[466] 2016 yılında yayınlanan, kapsamlı bir *Review Article*'da da, bağırsaklarda bulunan internöronların, NÖRO İMMUNO MODULASYONU açıklanmaktadır.[467]

Wheatcroft D. ve arkadaşları da farelerde yaptıkları deneylerde, GASTROİNTESTİNAL ENFEKSİYONLARDAN SONRA bağırsaktaki hücrelerin yok olması sonucu, aynı zamanda SEROTONİN TAŞIYICILARININ DA BAĞIRSAK HÜCRELERİNDE ÇOK AZALMIŞ OLDUĞUNU GÖSTERMİŞLERDİR.[468]

HEKİMLERİN İLK İŞİ MİKROBİYOMU DOĞAL YOLLARLA ÇOĞALTMAK OLMALI!

Bütün değinmiş olduğumuz BİLİMSEL ARAŞTIRMALARDAN ÇIKARDIĞIMIZ ÖĞRETİ, gastrointestinal sistemde yaşayan trilyonlarca canlı dost bakterinin, yani bağırsak florasının, yani MİKROBİYOMUN ve ENTERİK NÖRONLARIN, MUTLULUK HORMONU OLAN SEROTONİNİ ÜRETTİĞİNİ GÖSTERMEKTEDİR. ENTERİK NÖRONLARIN, yani bağırsakta bulunan sinir hücrelerinin üretilen SEROTONİNİ DEPO ETTİKLERİNİ DE GÖSTERMEKTEDİR.

463 J.Hill, The Gastrointestinal Tract Microbiome and Potential Link to Alzheimer's Disease. *Front Neural*, 2014; 5:43. PMCID: PMC3983497.

464 M. B. Hansen and A.B. Witte, "The role of serotonin in intestinal luminal sensing and secretion," Acta Physiologica, Vol. 193, No. 4, pp. 311-323, 2008.

465 M. Kidd, B. I. Gustafsson, I. Drozdov, and I. M. Modlin, "IL1-and LPS-induced serotonin secretion is increased in EC cells derived from Crohn's disease," *Neurogastroenterology and Motility*, Vol. 21, No. 4, pp. 439-450, 2009.

466 GB Rogers., et al. From gut dysbiosis to altered brain function and mental illness: Mechanism and pathways. *Molecular Psychiatry* (2016) 21, 738-748; doi:10.1038/mp.2016.50; published online 19 April 2016.

467 C Bernardazzi, et al., 2016. Neuroimmunomodulation in the Gut: Focus on Inflammatory Bowel Disease. *Review Article*. Hindawi Publishing Corporation Mediators of Inflammation. Volume 2016, Article ID 1363818, 14 pages. http://dx.doi.org/10.1155/2016/1363818

468 J. Wheatcroft, D. Wakelin, A. Smith, C. R. Mahoney, G. Mawe, and R. Spiller, "Enterochromaffin cell hyperplasia and decreased serotonin transporter in a mouse model of postinfectious bowel dysfunction," *Neurogastroenterology and Motility*, Vol. 17, No. 6, pp. 863-870, 2005.

O halde biz hekimlerin ana ve temel hedefi, kronik inflamasyonu başlamış olanlarda, kronik dejeneratif hastalığı olanlarda, nörodejeneratif hastalığı olanlarda, depresyon grubu hastalığı olanlarda ilk iş, bağırsaklarında yaşayan dost bakterileri, yani dost mikrobiyomu çoğaltmak olmalıdır. Bağırsaklarda simbiyoz halinde yaşadığımız dost mikrobiyomu yok etmemek, korumak en önemli hedeflerimizden biri olmalıdır.[469]

Bağırsaklarda simbiyoz halinde yaşadığımız dost mikrobiyomu nasıl koruyacağız, canlandıracağız ve çoğaltacağız?

DOĞAL PREBİYOTİK ve CANLI PROBİYOTİKLERİ TÜKETEREK ilk hedefimize ulaşmak kolay ve mümkündür. Besinlerimizi de BİLİNÇLİ OLARAK SEÇECEĞİZ elbette... Bu şekilde, bağırsaklarımızın doğal MİKROBİYOTASINA kavuşmasını sağlayacağız.

Doğal prebiyotikler ve probiyotikler nelerdir?

DOĞAL PREBİYOTİKLER; başta her türlü soğan, sarımsak, her türlü lahana, kereviz, pırasa, karnabahar, ıspanak, semizotu, yerelması, taze fasulye ve bamya gibi sebzeler, yerli Anamur muzu ve kurtlu elma diye tabir ettiğimiz doğal elma gibi meyveler, siyez buğdayı gibi atalık tohumlardan elde edilen tahıllar, kuru fasulye, mercimek, barbunya, nohut, gibi atalık tohumlardan elde edilen bakliyatları sayabiliriz.

DOĞAL PROBİYOTİKLER ise doğal fermantasyon sirke, doğal ev turşusu, doğal ev yoğurdu, doğal ev ayranı, doğal tereyağı, şirden mayalı peynir, siyez gibi atalık buğdaylardan elde edilmiş ekşi mayalı ekmek ve ekşi mayalı tarhana, sirke ile fermente edilerek yapılmış salamura zeytin gibi fermente gıdalar en sağlıklı ve canlı PROBİYOTİK kaynaklarıdır.

Mesela ekolojik/organik doğal bir elma ile kendi mayasını, yani sirke anasını kendisinin üretmesine, içindeki probiyotik bakterilerin doğal olarak üremesine, çoğalmasına imkân ve zaman tanıyarak ortalama 4-6 ay gibi uzun bir sürede doğal fermente yöntemiyle yaptığınız bir elma sirkesi hem prebiyotik hem de probiyotik kaynağı haline geliyor. ***Karatay Mutfağı*** kitabında tarifini bulabileceğiniz, tüm kitaplarımın editörü ve aynı zamanda

469 P. Bercik et al.,The Intestinal Microbiota AffectCentral Levels of Brain-Drived Neurotrofic Factor and Behavior in Mice. *Gastroenterology*, 141, no2(August 2011):599-609.

sirke uzmanı olan Nihal Doğan'ın anlattığı yöntemle böyle bir elma sirkesini kolaylıkla evinizde yapabilirsiniz.

Ayrıca yerli tohumdan üretilmiş beyaz bir lahanayı ince ince kıyıp kristal kaya tuzu ile güzelce harmanlayarak kuracağınız lahana turşusu da hem prebiyotik hem da probiyotik kaynağıdır. ***Karatay Mutfağı*** kitabında, bu kitabın aynı zamanda eş yazarı olan Nihal Doğan'ın hazırladığı doğal sirke, turşu, ev yoğurdu, tereyağı, zeytin gibi probiyotik gıdaların nasıl yapılacağı konusunda detaylı tarifleri bulabilirsiniz. Ayrıca sağlıklı pişirme yöntemleriyle lahana, karnabahar, kereviz, pırasa, soğan gibi prebiyotik gıdalarla yapılmış yemek tariflerini ve mutfak alışverişi yaparken dikkat edilecek konuları da...[470]

Doğal prebiyotik ve doğal probiyotik gıdaların faydalarını sıralayabilir miyiz?

Öncelikle, MAKSİMUM DÜZEYDE FAYDALANABİLMEK İÇİN PROBİYOTİKLERİ, PREBİYOTİKLERLE BİRLİKTE ALMAK ÇOK ÖNEMLİ BİR DETAY, bunu vurgulayalım!

Mesela kuru fasulye ile ev turşusunu ya da ıspanak ile ev yoğurdunu bir arada yemek, yemeklere soğan veya sarımsak, salatalara ev sirkesi ve tercihe göre sumak ile kokusu giderilmiş soğan koymak, turşulara sirke veya sarımsak koymak, yemeklerde içecek olarak ev ayranını tercih etmek prebiyotik ve probiyotiklerin bir arada alınımını kolaylaştırır.

Mikrobiyotamızı koruyan, güçlendiren doğal prebiyotikleri ve probiyotikleri DOĞAL ANTİDEPRESAN olarak da tanımlayabiliriz aslında.

DEPRESYONU başlatmamak kendi elimizdedir. Ayrıca, başlamış olan KRONİK DEJENERATİF ve KRONİK NÖRODEJENERATİF HASTALIKLARIN iyileşmesi de mümkün olmaktadır. Bu nedenle, Psikiyatrist James Greenblatt'in Nisan 2016'da yayınlanan ***Breakthrough Depression Solution: A Personalized Model for Relief from Depression*** adlı kitabında psikiyatrinin geleceğinin gastroentero sistemde, yani mide bağırsak sisteminde olacağı açıklanmıştır.

Maalesef dünya genelinde ve ülkemizde yaygın bir şekilde uzun süre kullanılan antidepresan ilaçlarının birçok tehlikeli yan etkileri olduğu, yapılan birçok bilimsel çalışmayla gösterilmiştir.[471]

---

470 Karatay, C. E. & Doğan, N., *Karatay Mutfağı*, Hayykitap, İstanbul (Mayıs 2012).
471 P Holford. *Optimum Nutrition fort he MIND: The Dangers of drugs and how to get off them*. 2004. ISBN 1-59120-105.5. USA.

Oysa DEPRESYONUN metabolik bir hastalık olduğu ve antidepresan ilaçların eksikliğinden kaynaklanmadığı verdiğimiz bilimsel kaynaklarda açıkça bildirilmiştir. İngiltere Londra'da bulunan ünlü Hammersmith Hastanesi, Psikiyatri ve Fonksiyonel Beyin MR Görüntüleme Merkezi Direktörü Profesör Basant Puri, 2005 yılında yayınlamış olduğu ***The Natural Way to Beat Depression*** adlı kitabında, DOĞAL ANTİDEPRESANLARIN FAYDALARINI VE YARARLARINI detaylı olarak açıklamaktadır.[472] Prof. Basant Puri, başta ***Klinik Psikiyatri Kitabı*** olmak üzere, moleküler psikiyatri alanında 30 kadar tıp kitabının yazarıdır ve fonksiyonel psikiyatri konusunda dünya otoritesi olarak kabul edilen bir bilim adamıdır.

Psikiyatrist Doktor Mutluhan İzmir de 2013 yılında yayınlanmış olan ***Antidepresan Tuzağı*** adlı kitabında, antidepresan ilaçlarının zararlı yan etkilerini birçok bilimsel referans vererek açıklamıştır.[473]

Nörogastroenterolojinin babası olarak kabul edilen Dr. Michael D. Gershon, ***The Second Brain*** (İkinci Beyin) kitabının, *putting the* 'Gut on Prozac' bölümünde, prozac ile yaptığı bilimsel araştırmaları detaylı olarak açıklamaktadır. Antidepresan tedavisinde yaygın bir şekilde bütün dünyada kullanılmakta olan SSRI grubu ilaçların bağırsak hücrelerinde serotonine karşı direnç geliştirdiklerini ve bu nedenle uzun süre kullanıldığı zaman yararlı etkilerinin kalmadığını bildirmiştir.[474]

Depresyon hastalığının birçok nedeni olduğunu biliyoruz. Bu nedenleri araştırıp ortaya çıkararak düzeltmeden, yalnız ilaç vererek sağlık sorununu düzeltmek mümkün değildir. Depresyonun temelinde, kökünde, başlangıçta da belirtmiş olduğum gibi organizmada gelişmiş olan sinsi KRONİK İNFLAMASYONUN bulunduğu birçok araştırma ile kanıtlanmış ve gösterilmiştir. Khandaker ve arkadaşları organizmada inflamasyon arttıkça depresyonun da paralel olarak arttığını göstermişlerdir.[470]

Depresyonun sağlıklı ve doğal beslenme ile ilişkisi uzun zamandan beri bilinmektedir. Örneğin yüksek kan şekeri olanlarda, diyabet hastaları, obez ve insülin direnci gelişmiş olan kişilerde depresyonun %58 oranında artmış olduğu bildirilmiştir. Bütün bu saydığımız hastalarda inflamasyon göstergesi olan, kanda C-reaktif protein (CRP) değerlerinin de özellikle yüksek bulundu-

---

472 B.K. Puri. *The Natural Way to Beat Depression*: The Groundbreaking Discovery of EPA to Successfully Conquer Depression.
473 İzmir, Mutluhan. *Antidepresan Tuzağı-İşte Psikiyatrinin Karanlık Yüzü*, Hayykitap, İstanbul, Ekim 2013.
474 https://www.harpercollins.com/9780060930721/the-second-brain

ğu bildirilmiş ve birçok bilimsel araştırma bu kapsamda yapılmıştır.[475, 476, 477, 478]

Fermente olan sebze ve meyveler ve süt ürünleri CANLI VE ÇOK ÇEŞİTLİ PROBİYOTİK içerdikleri için, bağırsaklarda dost bakterilerin çoğalmasını sağlarlar. MİKROBİYOM dediğimiz bu bakterilerin, mutluluk hormonu olan SEROTİNİNİ %90 oranında ürettikleri gösterilmiştir.[479]

Dost bakteriler, yani MİKROBİYOMLAR aynı zamanda bağırsak endotelini güçlendirerek lektin,[480] gluten, şekerler, sıvı şekerli içecekler, ekmekler/unlu mamuller[481] gibi yüksek glisemik indeksli rafine karbonhidratların neden olduğu ve başlattığı LEAKY GUT, yani GEÇİRGEN BAĞIRSAK HASTALIĞINI DÜZELTİRLER.[482, 483] Sonuç olarak organizmamız KRONİK İNFLAMASYONDAN da korunmuş olur.

Hurst ve arkadaşları, daha 1930'lu yılların başında, aşırı miktarda tüketilen karbonhidratların mide ve bağırsaklarda hazımsızlık ve şişkinlik gibi hazım bozukluklarına neden olduğunu bildirmişlerdir.[484]

KRONİK İNFLAMASYON gibi NÖRODEJENERATİF HASTALIKLARIN TEMELİNDE DE 'LEAKY GUT' BULUNMAKTADIR. Önlemek de kendi elimizdedir!

Bağırsaklarımızın hücrelerinin bozulmasına neden olan başka faktörler var mı?

Bağırsaklarımızda dost bakterilerin azalmasına neden olan, yanlış beslenmenin, özellikle aşırı miktarda LEKTİN[485] ve GLUTEN ile beslen-

475 Diabetes: What's the Connection between Diabetes and Depression: How Can I Cope If I Have Both? Mayo Clinic, accessed January 12, http:www.mayo clinic org/diabetes-and-depresson. 2015.

476 A. Pan et al., Bidirectional Association between Depression and Typr 2 Diabetes Mellitus in Women, *Arch. Intern. Med.* 170, no 21 (November 22, 2010).

477 F.S. Luppino et al., Overweight, Obesity, and Depression: A Systemic Review and Meta-analysis of Longitudinal Studies, *JAMA Psychiatry* 67, No.3 (March 2010): 220-9.

478 M Maes et al., The Gut-Brain Barrier in Major Depression: Intestinal Dysfunction from Gram Negative Enterobacteria (Leaky Gut) Plays a Role in the Inflammatory Pathophysiology of Depression. *Neura Endocrinol Lett.*29, No.1 (February 2008):117-24.

479 https://www.harpercollins.com/9780060930721/the-second-brain

480 Freed DL. Lectins in food: their importance in health and disease. *J Nutr Med.*, 1991; 2: 45-64.

481 Sandstead HH. Fibre, phytates, and mineral nutrition. *Nutr Rev* 1992; 50: 30-1.

482 Cordain L. Cereal grains: humanity's double-edged sword. *World Rev Nutr Diet.*, 1999; 84:19-73.

483 COMA Report. Dietary sugars and human diseas: conclusions-and recommendations. *Br Dent J.*, 1990; 165: 46.

484 Hurst Af., et al. Intestinal carbohydrate dyspepsia. *Quart J Med.*, 1930-1931; 24: 171-80.

485 Freed DL. Do dietary lectins cause disease? *Br Med J* 1999;318/71090): 1023-4.

menin dışında birçok toksik etken de bulunmaktadır.[486]

Özellikle, başta fabrikasyon yöntemlerle işlenmiş yiyecekler olmak üzere[487] enfeksiyon hastalıkları, uzun süre devam eden stresler, alkol bağımlılığı, sigara, çamaşır-bulaşık-temizlik-kozmetik-tekstil ürünlerindeki sentetik kimyasal maddeler, endüstriyel boyalar,[488] radyasyon, hava kirliliği, su kirliliği gibi birçok etken bağırsaklarımızda yaşayan dost bakterileri yok ederek bağışıklık sistemimizi zayıflatır ve çökertir.

Çeşitli alerjik reaksiyonların ve hastalıkların ve OTOİMMÜN hastalıkların başlamasının altında bu faktörleri de belirtmemiz gerekmektedir.[489]

Ağzımız, burnumuz, boğazımız, midemiz ve incebağırsaklarımız ve kalınbağırsaklarımızda trilyonlarca bakteri, yani canlı MİKROBİYOTA bulunmaktadır.[490, 491]

Bu bakterilerin dost ve düşman bakteriler olarak sınıflandığını artık çok iyi biliyoruz. Ağzımızdan itibaren bağırsaklarımızın son bölümüne kadar bütün mukozaların yüzeyini dost bakteriler kapsar. Dost bakterilerin bu örtüsü, yabancı toksik maddelere, mikroplara ve bakterilere karşı koruyucu bir fiziki engel ya da bariyer meydana getirir.

Normal ve sağlıklı bir bünyede dost bakteriler yabancı mikrop ve bakterileri yok edecek ve öldürecek antibiyotik gibi maddeler üreterek bağırsak epitelini ve vücudumuzu bu etkenlere karşı korurlar. Ama normal dengenin bozulması sonucu, yani düşman bakterilerin artması ve aynı zamanda bağırsak hücrelerinin de parçalanması ile KRONİK DEJENERATİF hastalıkların başlamasını ve bağışıklık sisteminin çökmesini mümkün kılan bir ortam ve çevre ortaya çıkar.[492, 493]

Bağırsak floramızı, yani bağırsaklarımızdaki MİKROBİYOTANIN DENGESİNİ BOZAN, DOST BAKTERİLERİ ÖLDÜREN VE HAZIMSIZLIK, KUSMA, KABIZLIK, İSHAL GİBİ BİRÇOK MİDE-BAĞIRSAK

---

486 Pusztai A., et al., Antinutritive effects of wheat-germ agglutinin and other N-acetylglucosamine-specific lectins. *Br J Nutr.,* 1993; 70:313-21.

487 Most packaged süpermarket food is unhelathy-study.
http://www.radionz.co.nz/news/national/280056/'supermarket-food-largely-unhealthy

488 Gracy-Whitman L, et al. Artificial colorings and adverse reactions. *BMJ,* 1995; 310:1204.

489 McLaren H J. Intestinal dysbiosis. Complementary Therapies. *Med.*, 1993; 1:153.

490 O'Hara A m., et al., (2006). The gut flor as a forgotten organ. *EMBO Reports*, 7(7): 688-693.

491 MacDougall, et al. (13 June 2012). NIH Human Microbiome Project defines normal bacterial makeup of the body. *NIH Retrieved,* 2012-09-20.

492 Eaton KK. Sugars in food intolerance and abnormal gut fermentation. *J Nutr Med.*, 1992;3: 295-301.

493 Round JL, et al., (2009). The gut microbiata shapes intestinal immune response during health and disease. Nature Reviews: I*mmunology*, 9(5): 313-323.

ŞİKÂYETİNE NEDEN OLAN ETKENLERİN BAŞINDA, DAHA ÖNCE DE BELİRTMİŞ OLDUĞUMUZ GİBİ, GELİŞİ GÜZEL VE UZUN SÜRE KULLANILAN ANTİBİYOTİKLER GELİR.[494, 495]

Anti-biyotikler, yani canlıyı öldüren ilaçlar vücudumuzdaki dost bakterilere zarar verince, dost bakterilerin tekrar çoğalması ne kadar zaman alıyor?

Sağlıklı kişilerde, bağırsaklarda yaşayan dost bakteriler çoğunluktadır ve bütün mikropları kontrol eden mikro-organizmalardır. Ancak bu dost bakteriler modern ilaçlara, özellikle antibiyotiklere karşı son derece hassas ve kırılgandır. Yani antibiyotik tedavisi ile maalesef çok çabuk bozulur ve yok olurlar. Antibiyotik tedavisi sonucu yok olan ya da azalan dost bakterilerin kendilerini toparlamaları ve çoğalmaları için ortalama olarak 1-2 ay gerekmektedir.[496]

Bu süre içinde maalesef fırsat kollayan birçok düşman bakterinin çoğalması da söz konusu olmakta, bu da ikinci ve ek bir sağlık sorunu olarak karşımıza çıkmaktadır. Bağırsaklarımızda çoğalan düşman bakterilerle mücadele kolay olmadığı gibi, ayrıca çoğalan fırsatçı, düşman bakterilerle de mücadele etmek bağışıklık sistemimizi daha da zayıflatır.[492, 497]

Bu bağlamda, dost bakterileri azaltan, düşman ve fırsatçı bakterilerin çoğalmasına neden olan, özellikle uzun süre kullanılan bütün modern ilaçları saymamız gereklidir sanıyorum!

Örneğin, sıklıkla kullanılan ağrı giderici ilaçlar, doğum kontrol hapları, kortizon türü steroid ilaçlar, uyku hapları, nöroleptikler, antidepresan ilaçları ve sitotoksik ilaçların bir süre sonra bağırsaklarda yaşayan dost bakterileri yok ederek ve bağırsak hücrelerini parçalayarak bağışıklık sistemini bütünüyle çökerttikleri, birçok bilimsel çalışmayla gösterilmiştir.[498, 499, 500]

Herhangi bir organizmada BAĞIŞIKLIK SİSTEMİ GENEL OLARAK ZA-

---

494 Samons G et al. (1994). Prospective evaluation of the impact of broad-spectrum antibiotics on the yeast flora of the human gut. *European J Clinical Microbiology and Infectious Diseases*, 13:665-7.
495 Survet shows link between antibiotics and developmental delays in children. *Townsend letter for Doctors and Patients*. October 1995.
496 https://www.harpercollins.com/9780060930721/the-second-brain
497 Howard J. The 'autobrewery' syndrome. *J Nutr Med.*, 1991; 2:97-98.
498 Krasnogolovez VN. Colonic dysbacteriosis. M: *Medicina*, 1989.
499 Fallers C. Oral contraceptives and allergy. *Lancet*, 1974; part 2: 515.
500 Grant E. The contrceptive pill: its relation to allergy and illness. *Med.*, 1993; 1: 153.

YIFLAYINCA, KRONİK BAĞIRSAK HASTALIKLARI, HAZIMSIZLIK, KABIZLIK, İSHAL, ŞİŞKİNLİK ŞİKÂYETLERİNİN YANI SIRA vücudun değişik bölgelerinde SEDEF HASTALIĞI, EGZAMA ve KAŞINTI GİBİ ALERJİK CİLT REAKSİYONLARI DA ORTAYA ÇIKMAYA BAŞLAMAKTADIR.[501, 502]

Dost bakterilerin daha başka faydaları da var mı?

Dost bakterilerin, vücudumuza, ağzımıza giren toksik maddeleri ve zararlı kimyasalları hızla etkisiz hale getirdikleri bilinmektedir.

Örneğin cıva, kurşun, alüminyum gibi toksik mineralleri, kanserojen dediğimiz, kanser başlatan toksik ajanları yakalarlar ve kan dolaşımına girmesini engellerler.[503, 504] Bu nedenle, bağırsaklarımızda sağlıklı dost bakteriler çoğunlukta olduğu sürece, örneğin mide-bağırsak-kolon kanserleri hiçbir zaman gelişemez. Görüyoruz ki, Yaradan vücudumuzu korumak ve hastalanmamamız için her türlü önlemi zaten almış, bedenimizi müthiş bir savunma mekanizması ile yaratmıştır. Yeter ki bu doğal önlemlerin, yani dost bakterilerin iyi ve etkili bir şekilde canlı kalmaları, en etkili şekilde işlevlerini yerine getirebilmeleri için ortamı hazır tutalım!

Bağırsaklarımızdaki dost bakteriler azaldığı ve bağırsak hücrelerimiz parçalandığı zaman, daha önce de açıklamış olduğumuz gibi, ne kadar sağlıklı ve doğal beslenirsek beslenelim, besinlerde bulunan faydalı vitaminler ve mineraller vücuttan atılmakta, hastalanmış bağırsak hücreleri tarafından emilmeleri mümkün olmamaktadır. Bu nedenle çok çeşitli vitamin ve mineral eksiklikleri gelişmekte ve önceki bölümlerde açıkladığımız her türlü sağlık sorunu ortaya çıkmaktadır.

Önceki bölümlerde birçok vitaminin ve mineralin önemine açıklık getirdiniz... Burada hangi vitaminlerden bahsediyorsunuz?

Bir kalp ve iç hastalıkları profesörü olarak, son zamanlarda üzerinde sıklıkla durulan ve kalp damar hastalıkları için, eksikliği ya da az olması

---

501 Mackie RM. Intestinal permeability and atopic disease. *Lancet*, 1981;I:155.

502 Penders J et al. (2007). The role of the intestinal microbiota in the development of atopic disorders. *Allergy*, 62 (11): 1223-1236.

503 Campell-McBride. *Put Your Heart in Your Mouth*, 2016. ISBN 13:978-0-9548520-1-6.

504 Gershon M D. *The Second Brain: Your Gut Has a Mind of Its Own*. 2003. ISBN 0-06-018252-0.

ciddi bir risk faktörü olarak kabul edilen K2 vitamininin sağlığımıza ne gibi faydaları olduğunu belirtmek istiyorum.

K2 VİTAMİNİ temel ve olmazsa olmaz bir beslenme öğesi olduğu halde üzerinde çok fazla durulmamış, önemsenmeyen ve pek bilinmeyen, gerek KALP gerek KEMİK SAĞLIĞIMIZDA SON DERECE ÖNEMLİ bir yeri olan önemli bir vitamindir.

Bu konuda, ABD New York Üniversitesi Kalp Hastalıkları ve Hastalıkları Önleyici Tıp Merkezi (Preventative Medicine) Direktörü olan Kardiyolog Dr. Dennis Goodman'ın 2015 yılında yayınlanmış olan ***Vitamin K2: The Missing Nutrient for Heart and Bone Health*** (*Vitamin K2: Kalp ve Kemik Sağlığı İçin Eksik Olan Mikro-Beslenme Öğesi)* adlı kitabı önemli bilimsel kaynaklar sunmaktadır.[505]

Organizmamıza yiyeceklerle giren proteinlerin vücudumuza yararlı bir hale gelmesi için yardımcı olan kofaktörlere ihtiyaç vardır. Diğer bir deyişle, vitaminler ve mineraller gibi gerekli olan kofaktörler ortamda eksik olursa, yetersiz ya da hiç bulunmuyorsa, yediğimiz sağlıklı proteinlerin ve yağların hücrelerimiz tarafından kullanılması mümkün değildir.

Bu bağlamda, VİTAMİN K2, VÜCUDUMUZDA ÇOK ÖNEMLİ İŞLEVLERİ OLAN PROTEİNLERİ UYARARAK AKTİF HALE GETİREN ELZEM BİR KOFAKTÖRDÜR.

Kaç tane K vitamini var? K vitamininin özellikleri nelerdir, açıklar mısınız?

K vitamini, D vitamini gibi yağda eriyen önemli vitaminlerden biridir. K vitamini geniş bir K VİTAMİNLERİ ailesinin üyesidir.

K vitaminleri ailesinden, sağlığımızı etkileyen ve bizleri ilgilendiren vitaminler, K1 ve K2 dediğimiz vitaminleridir. Ailenin diğer üyeleri olan K3, K10 gibi üyeler, sentetik olan ve sağlığımıza önemli bir şekilde etkisi olmayan üyelerdir. Diğer bir deyişle, K3 ve K10 vitamini yaşamımız için elzem ve temel beslenme öğeleri olmayan vitaminlerdir. Bu nedenle de konumuzun dışında kalacaklardır.

Asıl konumuz K1 ve K2 VİTAMİNİ'dir. Her iki vitaminin formülleri değişiktir;

---

505 Goodman D. *Vitamin K2: The Missing Nutrient for Heart and Bone Health.* 2015. ISBN: 978-1-4969-7087-9(sc), ISBN: 978-1-4969-7086-2(e).

K1 VİTAMİNİ: (K1-phylloquinone)

K2 VİTAMİNİ: (menaquinone-7, kısaca Mena-K7 ya da MK-7)

Her iki vitaminin de önemli ve birbirinden farklı görevleri vardır.

Vücudumuzda, gerektiği zaman K1 VİTAMİNİNDEN K2 VİTAMİNİ sentez edilmektedir.

VİTAMİN K1, yani phylloquinone, hepimizin de bildiği gibi pıhtılaşma proteinlerini aktive ederek kanın pıhtılaşmasını sağlar ve kanamayı durdurur. Bu şekilde kan kaybından hayatımızı kaybetmemiz mümkün olmaz. K1, BİTKİLERDE BULUNAN BİR VİTAMİNDİR.

Özellikle yeşil yapraklı sebzelerden karalahana, ıspanak, pancar yaprakları, brokoli ve brüksel lahanası gibi sebzeler en iyi K1 VİTAMİNİ kaynaklarıdır.

VİTAMİN K2, yani menaquinone-7 (Mena-K7) ise, yağda eriyen bir vitamindir. Özellikle en çok yeşilliklerde, serbest otlayan hayvanların sütünde, peynirlerde, yoğurdunda... Serbest dolaşan tavukların da yumurta sarılarında bulunur. Aynı zamanda K2 VİTAMİNİ, sağlıklı olan kişilerin bağırsaklarında bulunan dost bakteriler, yani MİKROBİYOTA tarafından sentezi yapılan bir vitamindir.

Görüyoruz ki, her iki vitaminin sentez edildikleri kaynaklar da, organizmadaki görevleri de, kimyasal formülleri de birbirinden farklıdır.[506]

Burada, önemli bir kofaktör ya da katalizör olan ve kalp, kemik ve birçok organımızın sağlıklı çalışması için hayati önemi olan K2 VİTAMİNİNİN kofaktör olarak tetiklediği, uyardığı ya da aktive ederek çalışmalarını sağladığı proteinleri açıklamak istiyorum.

Vitamin K2 hangi proteinleri uyararak kofaktör olarak aktif hale getiriyor?

VİTAMİN K2'nin en önde gelen görevi, kemik yapımızla ilgili olan, OSTEOCALCİN ve MGP gibi, tıp dilinde MATRİX GLA PROTEİN dediğimiz son derece önemli iki proteini uyarmasıdır. Ancak bu proteinler uyarılarak aktif hale geldikleri anda KALSİYUM minerali bu önemli iki proteinle birleşir ve kemiklere doğru taşınarak kemik ve dişlerimize yerleşir.

VİTAMİN K2, KANIMIZDA DOLAŞAN KALSİYUM MİNERALİ

---

506 Rheaume-Bleue K. *Vitamin K2 And The Calcium Paradox: How A Little-Known Vitamin Could Save Your Life*. 2012. ISBN 978-1-44342-807-1. Canada.

YA DA TUZUNU YUKARIDA ADINI VERDİĞİMİZ İKİ ANA PROTEİNE BAĞLAMAKLA GÖREVLİDİR.

K1 VİTAMİNİNİN uyardığı proteinler ise, daha önce de açıkladığımız gibi, kanın pıhtılaşmasını sağlar ve kanamayı durdurur. Buna karşın, K2 VİTAMİNİNİN uyardığı proteinlerin fonksiyonları bambaşkadır.[507, 508]

K2 VİTAMİNİNİN uyardığı proteinler, KALSİYUM MİNERALİNİN asıl olması gerektiği yerlere, yani kemiklere ve dişlere girmesini ve depo edilmesini sağlarlar. Aynı zamanda da KALSİYUM MİNERALİNİN girmemesi ve bulunmaması, birikmemesi gereken yumuşak dokularımızdan da uzaklaştırırlar.[509] Vücudumuzun yumuşak dokularında gereksiz olarak gelişmiş olan kireçlenmeyi önlerler, ancak MGP/GLA proteininin K2 VİTAMİNİ tarafından aktif hale getirilmesi ön koşuldur.

MGP/GLA proteini aktive olduktan sonra, kalp ve damarlarımızda, memelerimizde, beynimizde, kıkırdaklarımızda, böbreklerimizde, akciğerler ve cildimizde yerleşmiş olan KALSİYUMU yumuşak dokulardan uzaklaştırarak sağlığımızı kazanmamızı sağlarlar. Bu şekilde yumuşak dokuların kireçlenmesini, kalsifikasyonunu, damar sertliğini ve böbrek taşlarının vb oluşmasını engellediği birçok bilimsel çalışma ile gösterilmiştir.[510]

K2 vitamini bir kofaktör olarak kemik yoğunluğunu etkiliyor öyleyse?

Evet, kemik yoğunluğunu ve özellikle diş çürümesini önlediği bilimsel çalışmalarda, ünlü Diş Hekimi Dr. Weston Price tarafından gösterilmiştir.[511]

1939 yılında da Dam ve Doisy, Vitamin K2'nin, ani mena-quinone'in önemli biyolojik rolünü açıklamışlardır. Bu tarihten 4 yıl sonra Nobel Ödülü'nü almışlardır.

Ayrıca şunu da belirtmek isterim ki, kemiklerimiz ne kadar OSTE-

---

507 Vermeer C et al., Beyond deficiency: potential benefits of increased intakes of vitamin K for bone and vascular health. *Eur J Nutr.*, 2004, 43:325-35.

508 Cranenburg ECM et al., Vitamin K, the coagulation vitamin that became omnipotent. *Thromb Haeomost.*, 2007, 98(1): 120-25.

509 Booth SL: Skeletal functions of vitamin K-dependent proteins: not just for clotting anymore. *Nutr Rev.*, 1997, 55(7): 282-84.

510 Luo G et al., Spontaneous calcification of arteries and cartilage in mice lacking matrix GLA protein. *Nature*, 1997, 386(6620):78-81.

511 Price WA. Nutrition and Physical Degenaration, 8Th ed. (La Mesa, CA: Price Pottenger Nutrition Foundation, 2008). 387.

CALCİN proteini üretirlerse üretsinler, eğer ortamda K2 ve D VİTAMİNLERİ yeterli düzeyde bulunmuyorsa, kemiklerimize ve dişlerimize KALSİYUM MİNERALİNİN girip yerleşmesi mümkün olmaz.

Bu bağlamda, kemik yoğunluğunun oluşması ya da azalmaması için OSTEACALCİN proteininin yanında mutlaka K2 VİTAMİNİ ve D VİTAMİNİ gibi onu aktif haline getiren diğer kofaktörlerin de bulunması gerekmektedir.

K2 VİTAMİNİNİN aktive ettiği OSTEOCALCİN nasıl KALSİYUMUN kemiklerin içine girmesini sağlıyorsa, yine K2 VİTAMİNİNİN aktive ettiği MGP/MATRİX GLA PROTEİN de KALSİUMU arterler, venler, akciğer ve böbrekler gibi yerleşmiş olduğu yumuşak dokulardan uzaklaştırmakla görevlidir.

İşte K2 vitamini, MGP/GLA PROTEİNİNİ de aktive ederek damarlarımızda birikmiş olan ve damar sertliği ateroskleroza neden olan kireçlenmeyi de önlemektedir.[512] Yani kalp krizi, felç gibi öldürücü hastalıkların riski azalmış olur. K2 vitamini aynı zamanda boynumuzda, dizlerimizde, belimizde vb yumuşak dokularımızın olduğu bölgelerdeki kireçlenmeyi de önler! K2 vitamini eksik olan kişilerde, ***"Boynumda kireçlenme var, dizlerimde kireçlenme var, belimde kireçlenme var"*** yakınmalarını da bu nedenle sık sık duyarız.

OSTEOCALCİN gibi, D VİTAMİNİ de MGP/GLA PROTEİNİNİ aktif hale getirir, yani uyarır ve yumuşak dokulara birikmiş olan KALSİYUMUN, başka bir deyişle yumuşak dokularda oluşan kireçlenmenin yumuşak dokulardan atılmasını sağlar.

Gerek laboratuvarda, gerek klinik çalışmalarda damarların kalsifikasyon nedenleri araştırılmış ve K2 VİTAMİNİNİN, arterlerin tıkanmasına neden olan kalsiyum plaklarını erittiği de gösterilmiştir.[513] Bilimsel araştırmaların sonucu olarak, KALSİYUM mineralleri kemiklere nasıl yerleşiyorsa, arterlerde oluşan kalsiyum plaklarının da aynı şekilde yerleştiği bildirilmiştir. Hatta arterlerden elde edilen plakların kemik yapısına çok benzediği, içlerinde kemik iliği dahi oluşmuş olduğu bilimsel çalışmalarla gösterilmiştir. Arterlerde oluşan kalsifikasyonun, yani damar sertleşmesi ve kalsifik plakların kemiklerin kalsifikasyonundan, kemik yapımı olan osifikasyon, yani

512 Proudfoot D et al., Calcification of human vascular cells in vitro is correlated with high levels of matrix Gla protein and low levels of osteoponin expression. *Arterioscler Thromb Vasc Biol*, 1998, 18(3):379-88.

513 Schurgers I et al. Matrix gla-protein: the calcification inhibitör in need of vitamin K. *Thromb Haemost*, 2008 Oct, 100(4):593-603.

kemikleşme olayından hiçbir farkı olmadığı da bildirilmiştir.[514, 515]

K2 VİTAMİNİ tarafından uyarılan, yani aktive edilen MGP/GLA PROTEİNİNİN yalnız damarlarda kalsifikasyonu, yani kireçlenmeyi önlemediği, aynı zamanda oluşmuş olan kalsifiye plaklarını da erittiği gösterilmiştir. Schurgers LJ ve arkadaşları, yaptıkları hayvan deneylerinde, altı hafta süre ile yüksek miktarda K2 vitamini içeren besinlerle besledikleri farelerde, arterlerde bulunan kalsifikasyonun %37 oranında azaldığını 2007 yılında bildirmişlerdir.[516]

Önemli bir kofaktör olan K2 vitamininin, MGP/GLA proteinini uyararak damar sertliğini önlemesi ve gidermesi son derece önemli bir bilgi! Bu kadar önemli ve temel olan bir vitamini nasıl elde edebiliriz?

Bir kardiyolog ve akademisyen olarak öncelikle şunu bir kez daha vurgulamak istiyorum ki, yukarıda açıkladığımız ve birçok bilimsel araştırmanın da kanıtlamış olduğu gibi, damarlarımızı tıkayan kalsifik plakların oluşmasının nedeni senelerden beri suçlanan KOLESTEROLÜMÜZ değildir.[517] Kan kolesterolünün düşük, normal ya da yüksek olmasıyla damarlarımızda kalsifik plakların oluşmasının hiçbir ilişkisi gösterilmemiştir.

Önemli olan doğal ve sağlıklı bir diyet ya da güvenilir takviyeler alarak, organizmaya yeterli miktarda K2 VİTAMİNİNİN girmesinin sağlanmasıdır. Aynı zamanda da, özellikle bağırsaklarımızda ve diğer dokularımızda yeterli miktarda K2 VİTAMİNİNİN sentez edilebilmesidir.[518, 519]

Yeterli miktarda K2 vitamini aldığımız zaman damarlarımızda kalsiyum plakları oluşmaz, damarlarımız tıkanmaz ve total kan kolesterolümüz (HDL, LDL, VLDL) oksidasyona uğramaz, yani okside olmaz!

514 Boström K et al., Bone morphogenetics protein expression in human atherosclerotic lesions. *J Clin Invest.*, 1993. Apr, 91(4):1800-09.

515 Schurgers LJ et al. Regression of warfarin-induced medial elastocalcinosis by high intake of vitamin K in rats. *Blood.*, 2007 Apr 1, 109(7):2823-31.

516 Goodman D. *Vitamin K2: The Missing Nutrient for Heart and Bone Health.* 2015. Author House Pub. ISBN: 978-1-4969-7087-9 (sc).

517 Beulens JW et al. High dietary menaquinone intake is associted with reduced coronary calcification. *Atherosclerosis,* 2009 Apr, 203(2):489-93.

518 Geleijnse JM et al. Dietary Intake of Menaquinnone Is Associated with a Reduced Risk of Coronary Heart Disease: The Roterdam STUDY. *J Nutr.*, 2004, Nov 134: 3100-3105.

519 Stamler J. Diet-heart: a problematic revisit. *Am J Clin Nutr.,* 2010,91:497-99.

İşte bu sebeple besinlerimizle yeterli miktarda K2 VİTAMİNİ tüketmemiz gerekmektedir. Doğal olan yiyecekler, işlem görmemiş ve paketlenmemiş gıdalar, doğal yollarla fermente olmuş bütün yiyecek ve içecekler K2 VİTAMİNİ içerirler. Bu nedenle, ***Karatay Mutfağı*** kitabındaki prensiplerle evde mayalanmış yoğurt, evde yapılmış tereyağı, evde fermente edilmiş sirke ve ev turşusu, evde kurulmuş zeytin gibi gıdaların, K2 VİTAMİNİ kaynağı oldukları için ve doğal probiyotikleri yoğun olarak içerdikleri için çekinmeden bol bol tüketilmeleri önerilmektedir.

K2 VİTAMİNİ ayrıca yiyeceklerle vücudumuza giren K1 VİTAMİNİNDEN bağırsaklarımızda bulunan dost ve sağlıklı bakteriler, yani MİKROBİYOTA tarafından da üretilmektedir. Bu nedenle, bağırsak hücrelerimizin doğal MİKROBİYOTASINI canlı tutmamız ve korumamız gerekmektedir. Sağlıklı bağırsak florasında bulunan dost bakterilerin K2 VİTAMİNİ ürettikleri gibi, aynı zamanda K2 VİTAMİNİNİ depo ettikleri de bilinmektedir.

O halde, modern buğdayda yüksek oranda bulunan ve aşırı miktarda tüketilen ekmek ve unlu mamullerde bulunan GLİADİNLERDEN, GLUTEN ve LEKTİN'den de uzak durmamız ve bu tür yiyecekleri tüketmememiz gerekiyor.[520] MİKROBİATAYI yok eden şeker, şekerli yiyecek ve şekerli gazlı içecekleri, fabrikalarda paketlenmiş hazır yiyecekleri de bu bağlamda tüketmememiz gerekiyor!

Önceki bölümlerde de detaylı bir şekilde açıklamış olduğum gibi, bağırsaklarımızın doğal florasını yok eden başta ANTİBİYOTİKLER olmak üzere toksik kimyasalları ve endüstriyel boyaları, yapay katkı maddelerini, tarım ilaçlarına defalarca maruz kalmış olan yiyecekleri elimizden geldiğince tüketmemeye çalışmamız ve uzak durmamız gerekiyor. Ayrıca KRONİK DEJENERATİF HASTALIK durumunda, bağırsaklarımızda üretilen K2 VİTAMİNİ miktar olarak yetersiz kaldığından, D VİTAMİNİ gibi birçok kofaktörle birlikte takviye olarak dışarıdan alınması da önerilmektedir.

K2 ve D vitamini arasındaki ilişki hakkında öğrenmemiz gereken özellikler nelerdir, özetleyebilir misiniz?

YAĞDA ERİYEN D VİTAMİNİ ve K2 VİTAMİNLERİ, organizmada bir-

---

520 Cardiolog Wlliam Davis, MD. Wheat Belly: Lose the Wheat, Lose the Weight and Find Your Path Back to Health, New York: Rodale, 2011.

likte sinerjik olarak görev yaparlar.[521] Bu bağlamda konumuz K2 VİTAMİNİ olduğundan dolayı, önce K2 VİTAMİNİNE daha detaylı olarak değinmemiz, anlatmamız gerekiyor.

Masterjohn C. tarafından 2007 yılında yayınlanan önemli bir çalışmadan adapte ederek K2 vitamini hakkında elde ettiğimiz yeni bilgilerimizi şu şekilde özetlemek mümkündür:[522]

1. K2 VİTAMİNİ, meralarda serbest dolaşarak yeşil otlarla beslenen memeli hayvanlardan elde edilen yağlı sütte, kaymağında, yağlı yoğurdunda, doğal tereyağında, yağlı peynirinde ve aynı şekilde beslenen hayvanların iç organlarında, organ yağlarında bulunur.
2. K2 VİTAMİNİ, hayvanların memeleri dahil tüm dokularının içinde K1 VİTAMİNİNDEN sentez edilir.
3. K2 VİTAMİNİ, yağda eriyen A ve D VİTAMİNİ ile birlikte sinerjik olarak çalışır.
4. K2 VİTAMİNİ, üreme organları tarafından oldukça fazla miktarda sentez edilir ve aynı zamanda bu organlarda depo edilir.[523] Özellikle erkeklerin spermlerinde K2 VİTAMİNİNİN aktive ettiği, uyardığı OSTEOCALCİN proteini fazlasıyla bulunur. Son yıllarda ERKELERDE KISIRLIK görülme oranının artmış olması, K2 VİTAMİNİ YETERSİZLİĞİNE bağlanmaktadır.[524]
5. K2 VİTAMİNİ, bebek ve çocukların gelişiminde de önemli rol oynar.[525, 526, 527, 528]
6. K2 VİTAMİNİ, kemik ve dişlere KALSİYUM ve FOSFOR minerallerinin girmesini sağlayan proteinleri aktif hale getirir. Aynı

---

521 Pizzorno L. Vitamin D and vitamin K team up to lower CVD risk. Longevity Med Rev. http://www. 1mreview.com/articles/view/vitamind-and-vitamin-k-teamup-to-lower-cvd-risk-parti-II/
522 Masterjohn C. 2007. On the trail of the elusive X-factor: a sixty two year-old mystery finally solved. *Wise Traditions.*, 2007, 8(1): 14-32.
523 Oury F et al. Endocrine regulation of male fertility by the skeleton. *Cell* 2011, 44(5):796-809.
524 Dindyal S. The sperm count has been decreasing steadily for many years in Western industrialised countries: is there an endocrine basis fort his decrease? *Int J Urol.*, 2004, 2(1).
525 O'Connor E et al. Serum percentage undercarboxylated ostecalcin, a sensitive measure of vitamin K status, and its telationship to bone health incides in Danish g.rls. *Br J Nutr.*, 2007 Apr, 97(4):661-6.
526 Kalkwarf HJ et al. Vitamin K, bone turnover, and bone mass in girls. *Am J Clin Nutr.*, 2004 Oct 80(4): 1075-80.
527 Van Summeren MJ et al. The effect of menaquinone-7 (vitamin K2) supplementation on osteocalcin carboxylation in healthy prepubertal chidren. *Br J Nutr.*, 2009 Oct, 102(8):1171-78.
528 Özdemir MA et al. The effcacy of vitamin K2 and calcitriol combination on thalassemic osteopathy. *J Pediatr Hematol Oncol.*, 2013 Nov, 35(8):623-7.

zamanda yumuşak dokularda, yani akciğerlerde, prostatta, böbreklerde ve memelerde meydana gelen kalsifikasyonları, korkulan kalsifik odakları, kireçlenmeyi önler.[529] Bu nedenle, kanserleri önleyici özelliğe sahiptir ve kanser olma risklerini azaltmaktadır.[530] İleri derece ve son evresinde olan prostat kanserlerinde K2 VİTAMİNİN düşük olduğu bildirilmiştir.[531]

7. Yapılan birçok bilimsel araştırmayla, akciğer kanseri, karaciğer kanseri, mide ve kolon kanseri, meme kanseri,[532] ağız, burun, boğaz ve idrar yolları kanserleriyle[533] mücadelede K2 VİTAMİNİNİN etkili olduğu gösterilmiştir.[534, 535]
8. K2 VİTAMİNİ, damarlarda kalsifikasyonu ve aterosklerotik plakların oluşmasını da önlemektedir. K2 VİTAMİNİ kullananlarda ya da doğal fermantasyon ürünleriyle beslenenlerde, damarların tıkanmasına neden olan aterosklerotik kalsifik plakların küçüldüğü ve yok olduğu bilimsel araştırmalarla kanıtlanmıştır.[536]
9. K2 VİTAMİNİ pankreas, tükürük bezleri ve sternum'dan (iman tahtasından) sonra en yüksek yoğunlukta beyin hücrelerimizde bulunur. Sinir sistemimizi, beyin hücrelerini geliştirir ve sinirlerin koruyucu örtüsü olan MİYELİN KILIFININ oluşmasını ve güçlenmesini sağlar.[537, 538]
10. K2 VİTAMİNİ, beyinde ve sinir sisteminde serbest oksijen radikallerinin harap ettiği beyin, yani santral sinir sistemi ve peri-

---

529 Luo G. Et al. Spontaneous calcification of arteries and cartilage in mice lacking GLA protein. *Nature*, 1997 Mar, 386(6620)78-81.

530 Nimptsch K et al. Dietary vitamin K intake in relation to cancer incidence and mortality: results from the Heidelberg Cohort of the European Prospective Investigatoın into Cancer and Nutrition (EPIC-Heidelberg). *Am J Clin Nutr.*, 2010, 91(5): 1348-58.

531 Nimptsch K et al. Dietary intake of vitamin K and risk of prostate cancer in the cohort of the European Prostective Investigation into Cancer and Nutrition. (EPIC-Heidelberg). *Am J Clin Nutr.*, 2008, Apr,87(4):985-92.

532 Yoshimura K et al. Prognostic value of matrix gla protein in breast cancer. *Mol Med Report.*, 2009 Jul-Aug,2(4):549-53.

533 Levedakou EN et al. Expression of the matrix gla protein in urogenital malignancies. *Int J Cancer.*, 1992 Oct 21,52(4):534-37.

534 Lamson DW et al. The anticancer effects of vitamin K, *Altern Med Rev.*, 2003, 8:303-18.

535 Otsuka M.et al. Vitamin K2 inhibits the growth and invasiveness of hepatocellular carcinoma cells via protein kinase A activation. *Hepatology.*, 2004, 40(1):243-25.

536 Gast GC et al. A high menaquinone intake reduces the incidence of coronary heart disease. *Nutr Metab Cardiovasc Dis.*, 2009 Sep, 19(7): 504-10.

537 Li J et al. Novel role of vitamin K in preventing oxidative injury to developing oligodendrocytes and neurons. *J Neurosci.*, 2003 Jul 2, 23(13):5816-26.

538 Thijssen HH. Et al Vitamin K status in human tissues: tissue-specific accumulation of phylloquinone and menaquinone-4. *Br J Nutr.*, 1996 Jan, 75(1):122-27

ferik sinir sistemi hücrelerini serbest oksijen radikallerine karşı koruyan güçlü bir antioksidandır. Oksidatif stresi önlemektedir.[539] Birçok bilimsel çalışmada, oksidatif stresi önlediği için, ALZHEIMER hastalığını önlediği de bildirilmiştir.[540, 541, 542]

11. K2 VİTAMİNİ kemik sisteminin, yüz ve çenelerin doğal olarak geniş şekilde gelişmesini sağlar. Çocuklarda ve yetişkinlerde çenelerin tam olarak gelişememesi, çenenin dar olarak kalması sonucu dişlerin üst üste sıkışmasını önler.[543, 544]
12. K2 VİTAMİNİ, daha önce de birkaç kez açıkladığım gibi, vücutta damar tıkanıklığından dolayı gelişen öldürücü kalp krizini, yani koroner kalp hastalığını ve inme gibi damar tıkanıklığına bağlı hastalıklarda, damarları tıkayan kalsifik plakları küçülterek tıkalı damarların açılmasına neden olmaktadır.[545, 546]
13. K2 VİTAMİNİNİN, damarların içinde oluşmuş olan tıkayıcı plakları ortadan kaldırarak, tıkalı damarları açtığı birçok bilimsel çalışmayla da gösterilmiştir.[547] Yani kalp krizini ve kalp krizine bağlı erken ölümleri önlemektedir. Demek ki, K2 VİTAMİNİ yeterli ve doğal yollarla vücuda girdiği zaman, tıkalı damar acil durumların dışında, damarlara stent koyulmuş gibi doğal beslenme yoluyla da açılabiliyormuş.

Bir akademisyen kardiyolog olduğum için, bu tür bilimsel bulguların insan hayatı için son derece önemli olduğunu ve bağımsız olarak yapılmış olan araştırma sonuçlarının bilimsel bilgi ve gerçeklerin yaygınlaşmasının şart olduğunu düşünüyorum.

---

539 IBID

540 Moriya M. Et al. Vitamin K2 ameliorates exper, mental autoimmune encephalomyelitis in Lewis rats. *J Neuroimmunol.*, 2005 Dec 30, 170(1-2):11-20.

541 Allison AC. The possible role of vitamin K deficiency in the pathogenesis of Alzheimer's disease and augmentationting the brain damagr associated with cardiovascular disease. *Med Hypoyheses.*, 2001 Aug, 57(2):151-55.

542 Su B et al. Oxidative stress signaling in Alxheimer's disease. *Curr Alzheimer Res.*, 2008, 5(6):525-32.

543 Price WA. Nutrition and Physical Degeneration, 8th ed. (La Mesa, CA: *Price-Pottenger Nutrition Foundation*, 2008), 387.

544 Hove AM et al. Vitamin K-its essential role in craniofacial development. *Austr Dent J.*, 1994, 39(2):88-92.

545 Beulens JW et al. High dietary menaquinone intake is associated with reduced coronary calcification. *Atherosclerosis.*, 2009 Apr, 203(2):489-93.

546 Gast GC et al. A high menaquinone intake reducesthe incidence of coronary herat disease. *Nutr Metab Cardiovascular Dis.*, 2009 Sep, 19(9):504-10.

547 Thijsseen HH et al. Vitamin K status in human tissues: tissue-specific accumulation of phyllquinone and menaquinone-4, *Br J Nutr.*, 1996 Jan, 75(1):121-27.

K2 vitamini ve D vitamini sinerjik çalışıyor demiştiniz...

Evet. A, D, E, K VİTAMİNLERİ yağda eriyen önemli 4 vitamindir. Yağda eriyen tüm vitaminler, önemli olan katalizör ya da kofaktör etkilerinin yanı sıra hücrelerimizi başta toksik serbest oksijen radikalleri olmak üzere iç ve dış zararlı etkenlere karşı koruyan güçlü birer antioksidandır. YAĞDA ERİYEN TÜM VİTAMİNLERİN VÜCUDUMUZA SAĞLIKLI BİR ŞEKİLDE GİRMESİ İÇİN MUTLAKA DOĞAL TEREYAĞI, DOĞAL YAĞLI PEYNİR, DOĞAL MAYALANMIŞ YAĞLI YOĞURT, YAĞIYLA BİRLİKTE KIRMIZI ET, BOL ZEYTİNYAĞLI SALATA (soğuk sıkım sızma zeytinyağlı) GİBİ BESİNLERİN KORKMADAN YENİLMESİNİN, TÜKETİLMESİNİN ŞART OLDUĞUNU SENELERDEN BERİ AÇIKLIYORUZ. *"Yağlı yerseniz kolesterolünüz yükselir, yağlı yerseniz damarlarınız tıkanır kalp krizi geçirirsiniz..."* dogmasının yanlış olduğunu, halkımızda boş yere, yanlış ve doğru olmayan olumsuz korkular yaratıldığını vurgulamaya çalışıyoruz.

Aynı nedenle, kolesterol düşürücü ilaçlar olan STATİNLERİN karaciğerde bir enzimi yok ederek, hücre çekirdeklerinde bulunan MİTOKONDRİALARDA enerji üreten COENZYME Q-10 ENZİMİNİN SENTEZİNİ ÖNLEYEREK BİRÇOK CİDDİ SAĞLIK SORUNUNA NEDEN OLDUKLARINI DA BİLİYORUZ.[548] Coenzyme Q-10 enziminin yalnız kalbimiz için değil, tüm vücudun enerji kaynağı olması açısından önemini birazdan detaylı olarak ele alacağız.

Damarları tıkayanların sağlıklı doymuş yağlar ve kolesterol olmadığı artık bilim adamları ve kardiyologlar tarafından da kabul edilmiştir. Ünlü İngiliz Kardiyolog Dr. Aseem Malhotra da, senelerden beri kalp damarlarını yağların tıkamadığını, kalp krizinin yanlış ve şekerli beslenme sonucu oluştuğunu açıklamaktadır. Dr. Aseem Malhotra aynı zamanda İngiliz Ulusal Obezite Forumu'na da (advisor to the National Obesity Forum) danışmanlık yapmaktadır.[549, 550, 551, 552]

---

548 Camelia s. et al. *J. Cell. Mol. Med.*, Vol 5, No 4, 2001 pp. 378-387.

549 TIME: The Case for Eating Butter Just Got Stronger
Express: Butter Has Been Wrongly 'Demonised' as Unhealthy, Say Experts
PLOS One: Is Butter Back? A Systematic Review and Meta-Analysis of Butter Consumption and Risk of Cardiovascular Disease, Diabetes, and Total Mortality

550 NYT: An Unconventional Cardiologist Promotes a High-Fat Diet

551 The Big Fat Fix Movie Released Today!

552 Dr. Aseem Malhotra Says the Future of Healthcare Is Lifestyle Medicine.

Damar sertliği, damarların kalsifikasyon ya da kireçlenmesi ve tıkanmasının, K2 VİTAMİNİ yetersizliği ya da azlığı sonucu aktif olamayan matrix GLA proteininin düşük miktarına bağlı olduğu birçok bağımsız bilimsel araştırma ile gösterilmiştir.[553, 554]

2009 yılında Gast GC ve arkadaşları, yüksek doz K2 VİTAMİNİ kullanan kişilerde kalp krizi riskinin azaldığını bildirmişlerdir.[555]

1976-1978 yıllarında, Güney Afrika Cumhuriyeti Cape Town Üniversitesi Kalp Hastalıkları Kliniği'nde kardiyoloji alanında uzmanlık eğitimini aldım. Doçentlik tezimi kalp nakli yapılmış hastalar üzerine hazırlamıştım.[556] Dünyada ilk kez kalp naklini gerçekleştiren Dr. Christian Barnard ile birlikte ekibinde çalıştım. Dünyaca ünlü Kalp Cerrahı Dr. Christian Bernard daha sonraları kalp hastalıklarını önlemek amacıyla mücadele başlatmış ve sağlıklı yaşama biçimi ve sağlıklı beslenmenin önemini hayatı boyunca vurgulamıştır. Aynı amaçla bir kitap bile yayınlamış olan ünlü bir kalp cerrahıdır. En can alıcı ifadesini aynen onun dilinden aktarıyorum: *"If I had first concentrated on heart disease prevention, Dr. Bernard once said, Rather than saving the lives of 150 people, I could have saved the lives of 150 million!"*

Dr. Bernard şöyle diyor Türkçe olarak: *"Önceleri kalp hastalıklarını önlemek üzerine konsantre olsaydım, 150 kişinin hayatını kurtaracağıma 150 milyon kişinin hayatını kurtarabilirmişim!"*

SAĞLIKLI YAĞLAR OLMAZSA OLMAZ!

YAĞDA ERİYEN A, D, E, K VİTAMİNLERİ GÜÇLÜ DOĞAL ANTİOKSİDANLARDIR. BU NEDENLE SAĞLIKLI, DOĞAL YAĞLI GIDALARLA BESLENME ŞARTTIR, KORKMAYACAĞIZ!

---

553 Schurgens LJ et al. Role of vitamin K and vitamin K dependant proteins in vascular calcification. *Z Kardiol.*, 90: Suppl 3, 57-63.

554 Cranenburg EC et al. The circulating inactive form of matrix Gla Protein (ucMGP) as a biomarker for cardiovascular calcification. *J Vas Res.*, 2008, 45(5):427-36.

555 Gast GC et al. A high menaquinone intake reduces the incidence of coronary heart disease. *Nutr Metab Cardiovasc Dis.* 2009, 19:504-10.

556 Efendigil MC. 1978. Kalp Nakli Yapılmış Hastalarda Anjiografik ve Hemodinamik Çalışmalar.

D vitamininin önemi nedir?

D VİTAMİNİ, hakkında son bilimsel araştırmaları ***Anne Adayları ve Hamileler için Karatay Diyeti*** adlı kitapda detaylı olarak açıkladığımız gibi, son zamanlarda bütün dünyada hayati önemi anlaşılan yağda eriyen bir VİTAMİNDİR. Hayatta kalmamız, sağlıklı olmamız için önemli bir kofaktördür, katalizördür ve güçlü doğal bir antioksidandır. Bu bilgileri senelerden beri dile getiriyor ve dilimiz döndüğü kadarıyla açıklamaya çalışıyoruz.

D VİTAMİNİ 1930'lu yıllarda ilk keşfedildiği zaman, vücutta KALSİYUM/FOSFOR dengesi ve paratiroid hormonunu regüle ederek kemik ve dişlerin güçlenmesi için gerekli olduğu araştırmacılar tarafından gösterilmişti.

Bu bağlamda D VİTAMİNİ, diş ve kemiklerimizden KALSİYUM minerali eksilmesin diye, yiyeceklerle bağırsaklarımıza kadar ulaşan KALSİYUM MİNERALİNİN vücudumuza geri dönüşümünü ve geri emilmesini sağlayan bir vitamin olarak kabul edilmiştir. Diğer bir deyişle, D VİTAMİNİ kofaktör ya da bir katalizör olarak ortamda bulunmazsa, yediklerimiz ve içtiğimiz gıdalarda bulunan KALSİYUMUN bağırsaklarımızdan geri emilmesinin mümkün olmadığı bildirilmiştir.[557]

D VİTAMİNİ DÜŞÜK OLAN KİŞİLERDE, YİYECEKLERDE BULUNAN KALSİYUM DA EMİLEMEYECEĞİ İÇİN VÜCUTTAN ATILIR GİDER.

İşte, KALSİYUM metabolizması yönünden, D VİTAMİNİNİN rolü yalnız KALSİYUMUN bağırsaklardan geri emilmesiyle sınırlıdır. Geri emilen KALSİYUMUN nerede sonlanacağı, nerede birikeceği ile D VİTAMİNİNİN hiçbir ilişkisi yoktur. D VİTAMİNİNİN KALSİYUM ile olan görevi bu aşamadan sonra sona ermiştir artık.

557 Khalsa, S. *The Vitamin D Revolution*, How the power of tihs amazing vitamin can change your life, ISBN: 978-1-4019-2470-6, Hay House Pub., India, 2009.

Peki, kan dolaşımına geçen kalsiyum minerali hangi dokulara gidip yerleşeceğini nereden biliyor?

Bu sorunun cevabı gayet basit ve kısadır. Yukarıda da detaylı bir şekilde anlatmaya çalıştığım gibi, K2 VİTAMİNİNİN KALSİYUM mekanizmasına İKİ AYRI proteini aktif hale sokarak iki ayrı etki mekanizması bulunur.

OSTEOCALCİN proteini, K2 VİTAMİNİ sayesinde aktif duruma gelir ve KANDA bulunan KALSİYUM ile birleşerek KALSİYUMU olması gereken kemik ve dişlere götürüp yerleştirir.

Matrix GLA proteini de, K2 VİTAMİNİ sayesinde aktifleşir. Aktif hale gelen Matrix GLA proteini de, yumuşak dokularda yerleşmiş olan KALSİYUM ile birleşir. Yumuşak dokulara yerleşmiş olan KALSİYUMU da, yanlışlıkla yerleşmiş olduğu bu dokulardan Matrix GLA proteini dışarı taşır. Böylece doku kalsifikasyonu önlenmiş olur!

OSTEOCALCİN proteini ve Matrix GLA proteini, ancak ortamda yeterli miktarda K2 VİTAMİNİ bulunursa işlevlerini yapabilirler. Bunun aksi mümkün olmamaktadır.

O halde D vitamini fazlalığı böbrek taşı yapmıyor öyle mi?

D VİTAMİNİ fazlalığı, vücutta K2 vitamini ve diğer antioksidanlarla birlikte (C vitamini, A vitamini, E vitamini vb) yeterli olduğu sürece böbrek taşı yapmaz!

K2 VİTAMİNİ eksikliği ve MATRİX GLA PROTEİNİ eksikliği, böbrek ve hücrelerimizde taş oluşmasının, damarlarımızda kireçlenmenin nedenidir.

BEBEKLİK VE ÇOCUKLUKTAN İTİBAREN, DOĞAL SAĞLIKLI YAĞLAR VE SAĞLIKLI PROTEİNLER VE RAFİNE OLMAMIŞ SAĞLIKLI KARBONHİDRATLAR GİBİ MAKRO BESİNLER DOĞAL OLARAK ORGANİZMAYA ARZ EDİLDİĞİ SÜRECE BUNLAR OLMAZ!

- Organizmada metabolik/hormonal/enzimatik dengeler altüst olmaz, bozulmaz. Sağlığımız elden gitmez. Sağlıklı bir yaşam ortaya çıkar.
- KRONİK İNFLAMASYON ve DİSMETABOLİK sorunlar ve aksaklıklar gelişmez.
- Organizmanın normal olarak çalışması için BAĞIRSAK MİKROBİYOTASI, trilyonlarca canlı bakteri yok olmaz ve bozulmaz.

Vücudumuzda bulunan bütün hücrelerimizin ve bütün guddelerimizin dengeli bir şekilde saat gibi çalışması için gerekli olan bütün VİTAMİN, MİNERAL ve TUZLAR gibi, MİKRO BESİNLERİN mutlaka organizmaya doğal bir şekilde girmesi gereklidir.

Bütün bu bilgilerin ışığı altında en çok duyduğumuz, enzimlerden Coenzym Q-10 denilen enzimin önemi nedir?

COENZYM Q-10, yağda eriyen vitaminlere benzeyen bir enzimdir. Vücudumuzun her hücresi içinde bulunur ve birçok enzimatik basamaklarda kofaktör olarak önemli görev yapar.

COENZYM Q-10 enzimi, bütün hücrelerimizin çekirdeğinde, mitokondriyalarda bulunan önemli enzimleri uyararak, tetikleyerek kofaktör olarak görev yapmaktadır. Mitokondriyalarda, hücrelerimizin çekirdeğinde bulunan ve asıl enerji üreten minik enerji fabrikaları olarak kabul edilmektedir. Gerek hücrelerimizin içinde, gerek hücrelerimizin çekirdeğinde yüksek enerjinin üretilmesi ve transferi, yani taşınması için elzem olan bir enzimdir, bir kofaktördür.[558, 559, 560, 561]

558 Mitchell P. (1976) Possible molecular mechanisms of the protonmotive function of cyctochrome systems. In: *J Throret. Biol.*, Vol.62, pp 327-367.
559 Mitchell P.(1991) The vital protonmotive role of coenzyme Q. In: Follkers K et al. (eds) *Biomedical and Clinical Aspects of Coenzyme Q*, vol 6, Ellsevier, Amsterdam, pp 3-10.
560 Mitchell P. (1988) Respiratory chain systems in theory and practice. In: Advances in Membrane Biochemistry and Bioenergetics, Kim CH et al. (eds), *Plenum Press*, New York, pp 25-52.
561 Mitchell P. (1979) Kelin's respiratory chain concept and its chemioosmotic consequences. In: *Journal Science*, vol 206, pp 1148-1159.

COENZYM Q-10, ayrıca güçlü bir de antioksandır. Antioksidan olarak dokularda ve hücrelerde serbest oksijen radikallerini temizleyip oksidatif strese karşı korur. Şöyle ki, hücrelerimizin ihtiyacı olan TOTAL KOLESTEROLÜN (HDL, LDL, VLDL) okside olmasını E vitamininden daha fazla oranda önlediği bilimsel olarak gösterilmiştir. Dolayısıyla kalp krizini ve aterosklerozu, yani damar sertliğini, kalp krizi ile ani ölümleri önlemede önemli bir yeri vardır.[562, 563, 564, 565]

Coenzym Q-10, vücudumuzun her hücresinde bulunur. Bu nedenle vücuttaki bütün hücrelerin normal fonksiyonu, sağlıklı çalışması için gerekli olan bir enzimdir. Özellikle metabolik olarak aktif olan bütün hücre ve organların COENZYM Q-10 enzimine son derece gereksinimi bulunmaktadır. Bu nedenle, metabolizmayı etkileyen, metabolik olarak aktif olan bütün hücreler ve guddeler COENZYM Q-10 enziminin azalmasına karşı son derece hassastırlar.

COENZYM Q-10 eksikliğine bağlı KRONİK İNFLAMASYON ve KRONİK DEJENERATİF hastalıkları kapsayan kalp yetersizliği, meme kanseri gibi birçok klinik hastalığın ortaya çıktığı ya da görüldüğü birçok bilimsel araştırma ile gösterilmiştir.[566, 567, 568]

Özellikle kalp kası hücrelerinin, yani MİYOKARD hücrelerinin zayıflamış olduğu ve kasılma yetkisinin azalmış olduğu kalp yetersizliklerinde ve kardiyomiyopatiler gibi klinik durumlarda, COENZYM Q-10 enzimi ile tedavinin faydalı olduğu, bu hastalıkların tedavisinde kullanıldığı bir-

---

562 Mellors A, et al. (1966) Quinones and quinols as inhibitors of lipid peroxidation. *Lipids*, voli 1, pp 282-284.

563 Mortensen SA. Et al. (1989) Long term efficacy and safety of coenzyme Q10 therapy for idiopathic dilated cardiomyopathy. *The Am J of Cardiol.*, Vol.65, pp 521-523.

564 Bowry V W et al. (1995) Prevention of tocophenol-mediated peroxidation in ubiquinol-10 free human low density lipoprotein. *J Biol Chem.*, 1995 Mar 17;270(11):5756-63.

565 Ingold KU, et al. (1993) Autoxidation of lipids and antioxidation by alpha-tocophenol and ubiquinol in homogenous solution and in aqueous dispersions of lipids: unrecognized consequences of lipid particlesize as exemğlified by oxidation of human low density lipoprotien. *Proc Natl Acad Sci.*, USA 1993 Jan 1;90(1):45-9.

566 Lockwood K, et al. Partial and complete regression of breast cancer in patients in relation to Introduction to Q10 Page 12 of 13.
http://faculty.washington.edu/ely/coenzq10.html 6/3/2008 dosage coenzymeQ10. *Biochem Biophys Res Commun* 1994 Mar 30;199(3):1504-8.

567 Folkers K, et al. (1993) Survival of cancer patients on therapy with coenzyme Q10. *Biochem, Biophys. Res. Comm.*, Ms, No.G-8658.

568 Lockwood K, et al. Progress on therapy of breast cancer with vitamin Q10 and regression of metastases. *Biochem Biophys. Res. Comm.*, 1995 Jul 6;212(1):172-7.

çok bilimsel araştırma ile kanıtlanmıştır.[569, 570]

MİYOKARD hücreleri, enerji kaynağı olarak COENZYM Q-10 enzimini kullanırlar.

Besinlerle Coenzym Q-10 enzimi almak mümkün mü?

COENZYM Q-10, yağda eriyen bir enzimdir. Bu nedenle özellikle doğal yağlı besinler tüketildiği zaman vücudumuza girer ve sağlıklı bir organizmaya sahip oluruz. Sağlıklı yaşarız, enerjimiz artar ve gün boyu güçlü hisseder, güçlü kalırız.

Coenzym Q-10 içeren, tüketilmesini önerdiğimiz besinleri şu şekilde sayabiliriz:

1. Coenzym Q-10, kalp, karaciğer ve böbrekler gibi yağlı hayvan organlarında yüksek oranda bulunur.
2. Coenzym Q-10 hamsi, uskumru gibi yağlı balıklarda yüksek oranda bulunur.
3. Coenzym Q-10 bütün yağlı tohumlarda ve fındık, fıstık, ceviz gibi kuruyemişlerde yüksek oranda bulunur.

Vücudumuzda normal ya da optimum düzeyde bulunması şart olan bir enzim olduğundan dolayı, COENZYM Q-10 ayrıca sağlıklı olan bir vücutta, bütün hücrelerimizde ve dokularımızda sentez edilir. Gerek yiyeceklerimizle, gerek dışarıdan takviye edilerek, her iki yolla optimum kan ve doku düzeylerimizi sağlamak mümkün olmaktadır.

Takviye olarak alınan, doğal elde edilmiş Coenzym Q-10'un bilinen yan etkileri ya da toksik etkileri henüz gösterilmemiştir.

---

569 Ursini T et al. Coenzyme10 treatment of heart failure in the elderly: Preliminary results. *Biomedical and Clinical Aspects of Coenzym Q*, Vol.6 (1991) Folkers K, et al.(eds) Elsevier, Amsterdam, pp 473-480.

570 Poggessi L, et al. (1991) Effect of Coenzym Q-10 on left ventricular function in patients with dilative cardiomyopathyi *Curr. Ther. Res* 49:878-886.

İNSAN VÜCUDU BÜTÜNÜYLE, HENÜZ TAMAMEN ANLAŞILAMAYAN BİR MİKROKOZMOZDUR.

İnsan vücudu bütünüyle bir OKYANUS gibidir!

İnsan vücudu bütünüyle MAKROKOZMOZ misali tüm parçaları ile saat gibi dengeleriyle çalışmaya programlanmıştır.

MİKROKOZMOZUN DENGESİNİ BOZMAYA, ALTÜST ETMEYE KİMSENİN HAKKI YOKTUR!

Doğal beslenme ve doğal yaşama biçimi MİKROKOZMOZU korumak için şarttır!

TELOMERLERİMİZİN KISALMASINI ÖNLEMEK amacıyla hakiki besin olan makrobesinler ve mikrobesinlerin dengeli, doğal/bozulmamış/ yeterli olarak vücudumuza girmesini sağlamalıyız...

BONUS ŞİFRE:

NAMDAR RAHMİ KARATAY'DAN...

"Sende cevher var imiş, onu herkes ne bilsin,
Kimler böyle züğürdün huzurunda eğilsin?
Şöyle bir dairede memur bile değilsin!

Ne çıkar öğrenmişsin mesahayı pi diye?
Geçti Bor'un pazarı, sür eşşeği Niğde'ye..."

Doğru söylemiş... Engellenmiş... Ama namı kalmış,
Namdar'ın yiğitçe...

Sonsöz:
BİR HAYALİM VAR!

50 yılı aşkın süredir 'Türk halkı hastalanmadan nasıl daha sağlıklı yaşar?' sorusuna kafa patlatıyorum. Bu hayati sorunun yanıtını bulmak için yüzlerce kitap, yüzlerce makale okudum. İlerlemiş yaşıma rağmen tıptaki son gelişmeleri günü gününe takip ediyorum. İnsan vücudunun bilinmeyenlerine, hastalanma ve iyileşme mekanizmalarına odaklanıyorum. Bir dedektif gibi ipuçlarından yola çıkarak sonuçlara, halkın uygulayabileceği somut çözümlere ulaşmaya gayret ediyorum.

Evet, benim bir hayalim var...

Türk halkının sağlıklı olmasını hayal ediyorum. Bu toprakların en temiz, en tabii gıdalarıyla beslenen akıllı, dinç, bilinçli, sapasağlam nesiller hayal ediyorum.

Devletin de teşvikiyle Karatay prensipleriyle beslenen bir millet, sağlık harcamalarını yüzde 80 azaltmış bir ülke hayal ediyorum.

Genç yaşta hastalanmayan çocuklar, buluşlara imza atan, zeki, kıvrak, dünya çapındaki bilimsel yarışmalarda birinciliği kimselere kaptırmayan Türk gençler hayal ediyorum.

Hastane labirentlerinde çaresizce şifa aramaktan uzak, arada sırada tenis oynayarak, dans ederek yaşlılığını huzur ve sağlık içinde yaşayan yaşlılar, tertemiz denizin iyodunu içine çekerken jogging yapan orta yaşlılar hayal ediyorum.

Sosyal istatistiklerde zirveleri zorlayan bir Türkiye hayal ediyorum.

Dünya şampiyonu olan Türk milli takımları hayal ediyorum.

Ve biliyor musunuz bunlar hayal değil! Siz bana güvenin. Geleceğin Türkiye'si sağlık ve beslenme üzerine inşa edilecek. Gerçek bu, gerçek tıp bu!

Bu kitapta son yıllarda tüm dünyada ve ülkemizde 7'den 70'e her yaş grubunda hızla artan kronik inflamasyon ve buna bağlı kronik/dejeneratif hastalıkların biz farkında olmadan nasıl beslenip geliştiği ve bu hastalıkların, sağlıklı beslenme ve yaşam biçimi ile nasıl önlenebileceği, iyileşebileceği herkesin anlayabileceği bir dille anlatılmaktadır.

Bu kitap temelde genel bir halk sağlığı kitabıdır ve halkı bilgilendirme amaçlıdır. Kitapta sunulan bilgilerin yanlış anlaşılmasından ve yanlış uygulanmasından doğabilecek her türlü sağlık sorunu, hasar veya kayıptan yazar ya da yayıncı sorumlu tutulamaz!